부부관계 향상을 위한
# 수용전념치료

Avigail Lev · Matthew McKay 공저

천성문 · 조용재 · 김정화 공역

*Acceptance and Commitment Therapy for Couples*

학지사

## 역자 서문

부부는 사회의 기초단위이면서 자신들의 부모 세대로부터 연결되어, 자녀들이나 후손들의 삶을 대하는 태도와 인간관계를 맺는 방식에도 많은 영향을 준다. 그래서 서로 신뢰하고 존중하는 마음으로 배려하면서 평생 사랑하며 사는 모습은 부부뿐만 아니라 자녀나 후손들에게 본보기가 된다는 점에서 매우 중요하다.

이혼을 원하는 부부들의 호소 중 가장 많은 비율을 차지하는 것은 성격 차이라고 한다. 사실 서로 다른 두 사람이 만나는 것이기 때문에 성격 차이가 있는 것은 당연하다. 주변을 둘러보면 쇼윈도 부부, 각방을 쓰는 부부, 졸혼 부부, 함께 살면서도 힘들고 버거워하는 부부가 많다. 그럼에도 불구하고 이런 부부의 반복되는 문제의 원인을 찾아서 이해하고, 삶의 가치에 비추어 행동의 변화를 촉진하고 유지할 수 있도록 한 안내서는 많지 않다.

이 책은 부부를 상담하는 치료사를 위한 임상 안내서이다. 여기에서 **부부**는 영미권에서는 커플로 표현하는데, 커플의 의미는 부부뿐만 아니라 동성 커플, 결혼을 앞둔 커플도 포함되었으므로 본문에서는 **커플이라는 용어를 사용**하기로 했다.

커플은 친밀한 관계이지만 자신만의 가치와 관점에 대해 무비판적인 틀을 가지고 상대방이 변하지 않는다고 탓하는 경우가 많다. 커플 사이에서 자신의 행동에 대해 대가를 바란다면 거래관계와 다른 것이 무엇이겠는가? 커플은 상대방에게 이 정도는 해 줘야 한다며 자신도 알아차리기 어려운 기대와 욕구를 가지고 끊임없이 요구하게 된다. 그래서 사회적 관계보다 친밀한 커플관계에서 더 많은 갈등과 문제가 드러나게 된다. 커플은 누구보다 가까운 사이지만 서로가 이해할 수 없는 이유로 사이가 악화되고 결국 벗어나고 싶은 관계가 되기도 한다.

이 책은 커플이 서로에 대해 깊이 이해하는 과정과 갈등 상황에서 적절한 행동의 변화를 이끌어 내기 위해 두 과정으로 구성되었다. 그것은 관계가 악화된 원인을 알아 가는 과정과 어떻게 다른 방식으로 관계를 맺을 것인가에 대한 것이다. 이를 해결하기 위해 저자들은 스키마치료와 수용전념치료(Acceptance and Commitment Therapy: ACT)를 통합했다.

사람들은 성장 과정에서 가정, 사회, 문화, 환경적으로 영향을 받으며 인지적 · 정서적 · 관계적으로 무의식적인 자신만의 규칙이나 가치를 만든다. 이것은 관계를 맺기 시작하면서 종종 합리적이지 못한 형태로 자신도 알지 못하는 사이에 반복적인 패턴으로 나타난다. 이것을 스키마라고 하며, 이러한 스키마는 인생의 덫이 되기도 한다.

이 책에서는 관계에서 나타날 수 있는 10개의 주요 스키마를 소개하고 있으며, 설문지를 제공하여 부부에게 어떤 스키마가 문제로 작용하는지 알아볼 수 있다. 스키마를 알아보는 것은 자신과 상대방을 이해하는 기초가 되며, 그것이 현재 인간관계에 어떤 영향을 미치는지 알게 되어 갈등의 원인을 찾는 데 도움이 된다.

그리고 저자들은 ACT의 여러 가지 기법을 적용하여 관계를 이해한 것에서 그치지 않고 실제로 행동 변화를 가져올 수 있도록 시도하며, 이 행동을 지속하기 위한 방법으로 가치를 찾도록 하고 있다. 인지행동치료의 제3세대인 ACT는 경험을 수용하고 인지적 탈융합(cognitive defusion)과 마음챙김을 통해 삶의 질을 향상시킬 수 있다고 한다. 상담에서 만난 많은 사람은 똑같은 행동을 하면서 다른 결과를 바라는 경우가 많았다. 사례에 나오는 부부들도 예외가 아니다. 이들은 ACT를 통해 좀 더 좋은 관계가 되기를 바라면서 매번 나쁜 결과를 초래하는 행동을 반복하고 있다는 것을 알아차리게 된다.

사람들은 모두 사랑하며 살고 싶어 한다. 사람을 사랑한다는 것은 그 사람에 대한 이해의 폭이 넓어지는 것이라고 생각한다. 우리 모두는 연결되어 있다. 내가 만나는 사람이 나를 비추는 거울이라 생각하면 상대방이 하는 행동에 연민이 생기고 좀 더 친절해질 수 있을 것이다.

이 책의 원저자인 아비가일 레프(Avigail Lev)와 매튜 맥케이(Matthew McKay)처럼 스키마치료와 ACT를 결합시킬 수 있는 전문가들의 책을 번역하게 되어 감사하며, 이 책이 부부치료 전문가에게 직접적인 도움이 되고 관계에서 어려움을 겪는 모든 분에게 좋은 길잡이 역할을 하기를 바란다.

이 책이 나오기까지 수고해 주신 학지사에 깊이 감사드리며, 소민지, 정은혜 선생님에게도 감사드린다.

2020년
역자 일동

## 서문
----

## 함께 바라보는 것: 가치에 기반한 애정관계

앙트완 드 생텍쥐페리(Antoine de Saint-Exupery)는 "사랑은 서로를 쳐다보는 것이 아니라 같은 방향을 함께 바라보는 것이다."라고 말했다. 『부부관계 향상을 위한 수용전념치료(Acceptance and Commitment Therapy for Couples)』에서 저자 아비가일 레프(Avigail Lev)와 매튜 맥케이(Matthew McKay)는 어린 시절에 형성된 정서적·인지적 패턴과 심리적 유연성을 기르도록 고안된 행동 개입을 독특하게 결합했다. 이는 커플이 애정 어린 관계라는 가치에 기반을 두어 활력 있는 삶을 추구할 수 있도록 행동을 변화시키기 위해 고안된 것이다. 이 치료방법은 상담을 받으려는 커플들을 위해 스키마 작업을 수용전념치료(ACT)에 통합한 것이다. 이것의 핵심 목표는 커플들이 직면하는 대인관계 문제를 신속하고 명확하게 연결하여 개념화하는 것뿐만 아니라 문제가 되는 스키마의 활성화를 막고 개인의 가치에 따른 관계를 선택하는 데 필요한 심리적·행동적 유연성을 키우도록 돕기 위한 것이다. 궁극적으로 사람들은 파트너십 속에서 지금 이 순간은 물론 미래에 대한 희망에도 기반을 두는 더 강력하고 더 건강한 관계를 맺게 된다.

이 책에서 레프와 맥케이는 어린 시절에 배운 것에는 행동에 영향을 미치는 인지적·정서적 과정들이 있다고 말한다. 하지만 이것들이 문제가 되더라도 인지적·정서적 경험 자체는 건강한 기능을 촉진하기 위해 재구성되거나 제거될 필요는 없다. 오히려 이 경험들을 관계 속에서 성장을 지원하는 방식으로 마주하고 인정하며 대응할 수 있다. 이 작업에는 개인적 수준 및 대인관계 수준 모두에서의 생각과 감정에 대한 수용이 포함된다. 이 통합적 개입에서 커플이 문제의 상호작용에서 촉발된 학습 패턴을 인식하도록 돕고, 알아차림과 현존을 더 큰 맥락의 관계 기능으로 가져오도록 도움을 주면, 커플이 추구하는 바로 그 연결성인 소속감과 사랑(belonging and love)으로 이어지는 행동 단계를 설정하게 된다.

『부부관계 향상을 위한 수용전념치료』는 스키마 공식 작업과 ACT의 여섯 가지 핵심 과정인 수용, 탈융합, 현재 순간, 맥락으로서의 자기, 가치 명료화 및 전념 행동을 통합하는 여정이 될 것이다. 또한 관계를 회복하기 위해 애쓰고 있는 커플에게 이 통합 과정을 적용하는 데 필요한 안내서가 될 것이다. 스키마 공식을 배우는 것은 커플의 상호작용과 치료 작업에서 문제가 되는 회피 행동을 예측하고, 커플이 행동의 역기능 패턴을 잘 인식하여 회피 행동을 반복하지 않도록 하는 데 도움이 된다. 관계의 치유는 스키마에서 비롯되는 행동보다 가치에서 유도되는 행동을 통해 이루어진다.

좀 더 구체적으로, 레프와 맥케이는 커플의 상호작용에 관한 스키마 공식의 유용성에 관한 것에서 책을 시작한다. 그리고 나서 이것이 우리에게 끼치는 행동 패턴에 대한 이해는 '왜 우리 사이에 이런 일이 생기는가?'와 같은 커플을 향한 질문에 답하면서 대인관계에서 일어나는 사건을 설명하는 데 사용된다. 그런 다음 스키마 활성화 방지를 탐색한다. 개인이 개인사에 근거하여 자신에 관한 이야기를 만들고 그 이야기가 실제 인과관계에 관계없이 원인과 결과의 관계로 이어지는 방식들을 고려해야 한다. 예를 들어, 우울증에 빠진 부모와 함께 자란 사람은 정서적 박탈 스키마를 형성할 수 있다. 이런 경우에 전개될 수 있는 이야기는 그 사람의 파트너가 어떻게 해도 그 사람의 정서적 욕구를 결코 충족시킬 수 없다는 것 중의 하나일 것이다. 이 이야기의 렌즈로 관계를 보면 실제 경험이 왜곡되어 파트너의 행동을 관계를 해치는 방식으로 잘못 해석할 수 있다. 개인과 커플의 스키마를 평가하고 이해하면 커플의 상호작용에 부정적인 영향을 미치는 문제가 되는 이야기를 구조화하는 방법으로 제시하여 그들과 함께 작업하기가 더 쉽다. 스키마를 규제하고 관리하는 대처 행동이 주기적으로 어떻게 부정적인 역동성을 강화하고 유지하는 데 기여하는지 탐구된다. 그런 다음 ACT 과정의 적용, 즉 가치 명료화, 문제로 내적 경험을 통제하려는 것에 관한 탐색 작업, 대안으로서의 수용, 탈융합, 관점 받아들이기로 안내된다. 그리고 현재 건강한 관계를 구축하는 것을 목표로 가치에 따르는 전념 행동이 제시된다.

또 중요한 것은 단순한 주제가 아닌 기초적인 정보를 찾을 수 있다는 것이다. 이 책에서 제시한 개입은 책의 부록 중 하나에서 경험적 자료로 상세히 설명되고 있다. 그리고 치료법을 쉽게 시행할 수 있도록 8단계 과정뿐만 아니라 수많은 임상 예제, 유인물, 연습 등이 제시되어 있다. 마지막으로, 이 책은 좋은 임상 연구에 적합한 방식으로 작성되어 있다. 연민의 마음을 지닌 치료사의 목소리가 내내 들릴 것이다.

좀 더 개인적으로 나는 레프와 맥케이 박사의 작품을 본 적이 있다. 그들은 커플이 이야기를 넘어서 자신의 파트너를 볼 수 있도록 돕고, 유연성과 가치 그리고 사랑을 통해 관계를 성장시키는 데 도움이 되고자 하는 진정으로 진심 어린 욕구를 가진 헌신적인 임상가이다. 이 책은 커플이 '같은 방향을 함께' 보고, 가치에 따라 건강한 관계를 구축하는 방법으로 행동 패턴을 체계화하고 이해하도록 스키마 공식을 사용하여 커플에게 ACT를 적용하는 방법을 안내할 것이다.

−로빈 D. 월서(Robyn D. Walser) 박사, 『수용과 마음챙김이 우리가 원하는
사랑과 ACT 학습으로 우리를 이끄는 방법(The Mindful Couple: How Acceptance
and Mindfulness Can Lead You to the Love You Want and Learning ACT)』
『치료사를 위한 수용전념치료 기술 훈련 매뉴얼(An Acceptance and Commitment
Therapy Skills Training Manual for Therapists)』의 공동 저자,
외상 및 생명 상담 서비스, PTSD 국립 센터, 캘리포니아 대학교

# 추천의 글

"커플들은 '나는 버림받을 것이다.' '내 파트너는 나의 모든 요구를 들어주어야 한다.'와 같이 삶을 지배할 수 있는 상징적인 주제를 만들어 낸다. 수용전념치료 (ACT)와 스키마에서 비롯된 커플 작업을 흥미롭게 조합하여, 저자들은 이러한 주제를 알아내고 그것이 만들어 내는 고통을 감지하는 방법과 이 주제들이 관계를 빨리 망치는 회피적 대처 전략을 바꾸는 방법에 대해 설명한다. ACT와 인지행동치료사들은 모두 이 모델 안에서 편안함을 느끼며 그들이 기존에 가지고 있던 기술을 효과적인 커플 작업으로 확장하여 개념적이고 실용적인 단계로 나아갈 것이다. 이 책을 적극적으로 추천한다."

―스티븐 C. 헤이즈(Steven C. Hayes) 박사, ACT 공동 개발자

"레프와 맥케이보다 ACT와 스키마 과정 작업을 더 잘할 수 있는 저자는 이 세상에 없다. 커플들이 직면하고 있는 특정 어려움에 전문적으로 대처하는 그들의 방법은 아주 훌륭하다. 본론으로 들어가면, 커플 작업은 어렵고 우리의 기술은 종종 실패로 끝난다. 이 책은 커플치료에 대한 맥락적 행동 접근법에 있어서 예술의 경지에 이르렀으며, 이론적 입장과 상관없이 모든 치료사의 책꽂이에 있어야 한다."

―데니스 터치(Dennis Tirch) 박사,
『The ACT Practitioner's Guide to the Science of Compassion's Science』의 공동 저자,
The Center for Compassion Focused Therapy의 설립자

"이 책은 커플들이 직면하는 문제에 대한 매우 명확하고 일관된 치료 접근법으로서 ACT와 스키마치료, 비폭력적 의사소통의 장점을 명쾌하게 결합하였다. 이 책을 읽으면 무엇을 해야 할지 알 수 있고, 이것은 매우 대단하다고 느껴지며, 정말로 내담자들에게 도움이 될 거라는 자신감을 갖게 될 것이다."

―매티유 빌레트(Matthieu Villatte) 박사,
『Mastering the Clinical Conversation』의 공동 저자

"이것은 우리가 가지고 있어야 할 ACT 교과서이다! 커플이 문제를 극복하고 여유롭고 친밀한 관계를 맺을 수 있도록 도와주는 포괄적이고 실용적인 안내서이다. 나는 특히 스키마가 탈융합, 수용, 자기인식에 신속하게 통합되는 방식을 좋아한다. 치료 세션의 도구와 기법, 연습, 녹취록으로 가득 차 있는 이 훌륭한 책은 커플과 함께 작업하는 모든 ACT 치료사에게 필수품이다. 그리고 보너스로, 자신의 관계를 개선할 수 있는 훌륭한 아이디어를 많이 얻을 수 있을 것이다. 커플들이 고군분투하는 것을 멈추게 하고 사랑을 시작하도록 돕고 싶은 당신을 위한 책이다."

―러스 해리스(Russ Harris) 박사, 『The Happiness Trap and ACT Made Simple』의 저자

"레프와 맥케이는 스키마치료, 커플치료, ACT에 대한 그들의 공통된 전문지식을 엮어서 우리에게 꼭 필요한 커플을 위한 ACT 치료 안내서를 주었다. 스키마 작업에 처음 참여하든 ACT를 처음 접하든 노련한 전문가든 간에 잘 조직되어 있고 따라 하기 쉬운 이 책은 치료를 위한 서가에 추가될 귀중한 또 한 권의 책이 될 것이다. 예시 대화와 체험 연습이 많은 이 책은 부부나 커플과 관계를 맺고 일하는 임상가에게 꼭 필요한 것이다. 기본적으로 우리 모두에게도!"

―질 스토더드(Jill Stoddard) 박사, 『The Big Book of ACT Metaphors』의 공동 저자

"전문가들을 위한 이 책은 스키마에 초점을 맞춘 치료법(SFT)과 ACT라는 두 가지 독특한 치료 전통을 커플치료에 적용하기 위해 강력한 단계적 접근법으로 멋지

게 통합해 놓았다. 주요 SFT 및 ACT 개념과 관련 개입 전략을 읽기 쉽고 실용적인 방식으로 제시해 놓았다. 저자들은 세션 내 수많은 공개적인 대화를 제시하고 있는데, 이는 새로운 치료 접근법의 각 단계를 설명하기 위해 고안된 것이다. 효과적으로 커플치료를 하는 것은 쉽지 않다. 이 책은 여러분의 임상 기술을 실질적으로 향상시키고 어려움에 처한 커플들의 삶을 향상시키는 데 도움을 줄 것이다."

—커크 스트로살(Kirk Strosahl) 박사, ACT 공동 설립자,
『Inside This Moment and Brief Interventions for Radical Change』의 공동 저자

"연민 중심(CFT) 치료사로서 나는 아비가일 레프와 매튜 맥케이가 커플치료에 ACT를 명확하고 분명하게 적용해 쓴 것을 보고 감격했다. 스키마치료와 ACT의 이 훌륭한 결합은 연민의 마음이라는 본질적으로 역설적인 맥락을 제공한다. 이것은 애착 감정의 역학이 까다롭고 심각하며 고통스러운 방법으로 커플관계에 피해를 줄 수 있다는 것을 다루고 있다. 저자들은 경험적으로 뒷받침된 접근법으로 문제가 되는 애착과 관련된 스키마를 확인한 다음, ACT 기술을 사용하여 커플이 마음챙김을 개발하고, 경험적 회피를 줄이며, 관점 받아들이기를 개선하고, 가치기반 행동의 장애물을 해결하고 향상된 관계를 구축하여 행복한 삶을 구축할 수 있도록 안내한다."

—러셀 콜츠(Russell Kolts) 박사, 이스턴 워싱턴 대학교 심리학 교수,
『CFT Made Simple and The Sempassionate-Mind Guide to Managing Your Anger』의 저자

"이 책은 커플치료를 위해 스키마 기반 접근법과 ACT를 성공적으로 결합했다. 치료사를 위한 스키마 공식의 장점은 치료의 초점을 명확하게 설정한다는 것이다. 이것을 통해 치료사들은 많은 갈등의 근간이 되는 스키마를 식별하고, 고통을 견딜 수 있도록 수용과 감정 노출 기법을 사용하여 난관을 극복하는 능력을 촉진하도록 도움을 줄 수 있다. 치료사들은 커플 내담자들이 피할 수 없는 오래된 생각과 감정으로부터 도망치는 것이 아니라 직면할 수 있도록 돕고, 경험적 회피의 대안으로

공유된 가치에 초점을 맞추게 하는 매우 유용한 전략을 배울 수 있다. 이 책은 간단하고 복잡하지 않으며 쉬운 언어로 잘 쓰여서 ACT나 스키마치료에 대한 어떠한 전제적 지식도 요구하지 않는다. 이 책에는 많은 워크시트, 연습, 예시 대화가 있어 내담자들이 갈등을 덜 겪고, 여유롭고 더 만족스러운 삶을 살 수 있도록 돕고자 하는 치료사들에게 훌륭한 자료가 될 것이다."

-게오르그 H. 아이퍼트(Georg H. Eifert) 박사, 채프먼 대학교 심리학과 명예교수,
『The Mindfulness and Acceptance Workbook for Anxiety』의 공동 저자

"이 책은 ACT나 스키마에 초점을 두어 커플을 치료하는 치료사들에게 귀중한 자료이다. 이 책은 커플치료에서 부적응 패턴과 대인관계를 효과적으로 인식하고 다루는 방법을 가르쳐 주며, 명확하고 적용 가능한 다양한 예제와 연습, 워크시트를 제공한다. 저자들은 임상가가 이 작업이 처음이건 경험이 많건 모두 접근할 수 있고 질을 높여 줄 수 있는 의미 있는 방법으로 커플을 위한 스키마치료와 ACT를 온전하게 조합했다. 이 책은 ACT나 스키마에 초점을 맞춘 커플치료법을 심화하고자 하는 치료사들이 모두 인정하는 책이 될 것이다."

-로라 실버스타인-터치(Laura Silberstein-Tirch) 심리학 박사,
The Center for Compassion Focused Therapy의 이사,
알버트 아인슈타인 의과대학 부교수, ACBS 뉴욕 지부의 차기 회장,
Memorial Sloan Kettering Cancer Center의 컨설팅 심리학자,
The Compassionate Mind Foundation USA의 전무이사

"커플치료사가 곤경에 처한 커플에게 줄 수 있는 가장 큰 선물 중 하나는 갈등을 일으키는 파트너의 다른 관점과 경험에 대한 명확하고 수용할 수 있는 정직한 설명이다. 이 관점 받아들이기에 근거하여 커플들은 서로의 말을 듣기 시작하고, 다시 연결되며, 결국 함께 앞으로 나아갈 수 있다. 스키마치료는 갈등을 일으키는 관점과 경험에 훌륭한 통찰력을 준다. 스키마치료는 공식적인 시간, 임상 실습 및 임상 시험을 통과했다. 다음으로 ACT의 핵심 과정은 유연함과 가치기반 방식을 통해

자신과 타인의 경험에 초점을 맞추는 것이다. 레프와 맥케이는 스키마치료 과정의 통찰력을 ACT 과정과 결합함으로써 임상가와 내담자들이 뜨거운 갈등 속에서 일어나고 있는 일을 이해할 수 있는 틀과 이해와 수용의 다리를 만들기 위한 명확하고 실용적인 틀을 제공한다. 이 책은 커플치료사(또는 관계 문제로 사람들과 작업 중인 치료사)가 즉각적이고 지속적인 가치를 발견할 수 있는 매우 유용하고 읽기 쉬운 안내서이다."

－가레스 홀먼(Gareth Holman) 박사, 사생활 심리학자,
『Functional Analytic Psychotherapy Made Simple』의 대표 저자,
OpenTeam의 창립 파트너
(비즈니스 팀이 심리적 유연성을 적용하여 의사소통 및
협업을 목적으로 활용하도록 돕는 컨설팅 회사)

# 차례

역자 서문 _ 3

서문 _ 7

추천의 글 _ 11

## 들어가는 말 ······ 23

스키마 정의하기 // 24

ACT와 스키마 통합하기 // 25

커플에 대한 ACT 개입 // 27

ACT 기반 커플치료에 대한 경험적 증거 // 28

## 제1장 커플의 갈등이 시작되는 지점 ······ 29

대인관계 스키마 // 29

스키마에서 비롯된 고통 // 31

스키마 대처 행동 // 32

커플치료를 위한 ACT−사례 공식화 // 33

스키마 고통으로 무엇을 하는가 // 34

커플을 위한 ACT: 치료의 목표 // 35

치료 단계 // 37

제2장  **스키마 알아보기** ······ 39

스키마에 대한 이해 // 40

스키마에 대한 소개 // 42

관계에 관한 열 가지 스키마 // 45

스키마 평가하기 // 50

스키마와 감정적 고통 // 59

스키마가 관계에 미치는 영향 // 64

과제 // 67

제3장  **스키마 대처 행동과 회피의 역할** ······ 69

스키마 대처 행동과 결과 확인 // 71

스키마 대처 행동의 효율성-커플에게 공식 제공하기 // 73

세션 외부에서의 스키마 대처 행동 및 결과 추적 // 78

창조적 절망감 // 82

통제할 수 있는 것은 무엇인가 // 89

우리의 선택은 무엇인가 // 91

제4장  **커플의 가치 명료화** ······ 93

가치의 정의: 의미 있다고 선택한 삶의 방향 // 94

커플과 함께 가치 확인하기 // 98

**제5장   가치기반 행동에 대한 장애물 파악 및 선택의 순간 인식하기** ······ 131

선택의 순간 인식하기 // 132

장애물 확인하기 // 135

장애물 예상하기 // 137

세션 밖에서 장애물에 대한 마음챙김 실천하기 // 138

세션 중 장애물에 대한 마음챙김 실천하기 // 139

**제6장   가치기반 행동에 대한 인지적 장애물** ······ 145

탈융합 훈련 // 145

커플과 함께하는 인지적 탈융합 // 147

탈융합을 촉진하는 핵심 기술 // 152

**제7장   가치기반 행동에 대한 정서적 장애물** ······ 171

마음챙김 함양하기 // 173

스키마 활성화에 대한 마음챙김 // 180

감정 노출 // 182

세션 중 감정 노출 수행하기 // 183

**제8장** **가치기반 행동에 장애가 되는 기술의 부족** ······ 195

　스키마와 해당 기술의 부족 // 196

　듣기 및 인정하기 // 199

　자기주장하기 // 203

　협상하기 // 219

　타임아웃으로 잠시 멈추기 // 228

　감사하기 // 235

　의사소통 기술의 부족 극복하기 // 240

 **제9장** **가치기반 문제해결** ······ 241

　문제해결을 위한 전제 조건 // 242

　가치기반 문제해결 단계 // 245

　해결책 // 252

 **제10장** **관점 받아들이기** ······ 255

　어린 시절의 주요 사건 다시 보기 // 257

　역할 바꾸기로 공감하기 // 263

　세션 내 관점 받아들이기 // 271

**제11장　세션 구조: 8단계 프로토콜** ······ 273

1단계 ∥ 273

2단계 ∥ 274

3단계 ∥ 274

4단계 ∥ 277

5단계 ∥ 278

6단계 ∥ 281

7단계 ∥ 284

8단계 ∥ 285

핵심 과정 ∥ 287

**부록** ······ 291

**부록 A**: 연구 결과 ∥ 291

**부록 B**: 커플 스키마 설문지 ∥ 293

**부록 C**: 커플을 위한 ACT 세션 대화 ∥ 301

**부록 D**: 유인물 ∥ 319

참고문헌 _ 349

찾아보기 _ 353

# 들어가는 말

애정관계에는 친밀감에 내재된 피할 수 없는 고통이 있다. 모든 관계는 위험을 수반하지만, 애정관계에서 우리는 박탈감, 외로움, 실망, 상처, 불안, 단절의 순간에 나타나는 피할 수 없는 고통에서 벗어날 수 없다. 그 결과, 우리는 파트너가 나와 함께하고, 보고, 받아들이기를 갈망하는 한편, 거부당하거나, 버림받거나, 감정에 휩싸이거나, 심판받는 것을 두려워한다.

우리는 친밀감을 갈망하면서도 두려워하기 때문에 자신을 보호하기 위해 때로 달아나기도 하지만, 연결을 바라는 행동에 이끌리기도 한다. 관계를 파괴하는 전략을 사용하지 않고 친밀감에서 생기는 피할 수 없는 고통을 관찰하고 직면하는 법을 배우는 것이 이 책의 초점이다.

비록 애정관계가 인간의 보편적인 고통을 불러일으키지만, 커플의 독특한 역사와 삶의 경험은 친밀한 파트너십에서 일어나는 일에 대한 구체적인 믿음과 부정적인 예측을 만들 것이다. 이러한 예측은 비록 언어는 다르지만 사실상 모든 커플치료 접근법에 걸쳐 존재하는 개념인 관계 스키마이다. 이마고 관계치료, 감정 중심 커플치료(EFCT), 강화된 인지행동 커플치료(CBCT), 가트맨 방법 커플치료는 모두 파트너가 어린 시절의 경험에서 프로그래밍된 관계에 대한 정신적 표현을 가지고 있다는 것에 동의한다. 그리고 어떤 정신적 표현은 관계를 힘들게 하는 고통의 소용돌이가 되어 매우 나쁜 예측을 형성할 수 있다.

예를 들어, EFCT에서는 부적응적 스키마를 인간관계에서 받은 상처로부터 발생하는 애착 손상이라고 설명한다. 이러한 애착 손상은 관계 속에서 일어날 일과 그에 어떻게 대응해야 할지에 대한 예측을 형성한다(Johnson, 2004). 이마고 관계치료는 초기의 심리적 상처(부적응적 스키마)로 어떤 파트너를 선택할지는 물론 관계에서 어떤 어려움을 겪을지를 미리 파악할 수 있다고 가정한다(Luquet, 2006). 가트맨(Gottman)의 스키마를 뜻하는 용어는 오래 지속되는 취약성(enduring vulnerabilities)으로, 이는 파트너들의 생각, 감정, 관계 속 상호작용에 계속 영향을 미치는 고통스러운 과거 사건으로 정의된다(Gottman & DeClaire, 2001). CBCT에서 구르만(Gurman, 2008)이 지적했듯이, 주요 과제는 커플이 과거의 관계에서 경험한 것으로부터 계발된 스키마를 관찰하고 평가하는 것을 돕는 것이다. 이러한 스키마는 커플이 현재 관계의 갈등과 사건을 보는 렌즈가 된다.

## 스키마 정의하기

마음은 이야기를 생성하고, 의미를 만들며, 사건들이 연관되도록 이어 주고 있다. 스키마는 자신과 관계에 대해 만들어지고 발달(개발)된 이야기들이다(McKay & Fanning, 1991). 스키마는 만남을 통해 기대, 두려움, 예측의 기초를 만들어 가는 관계형 틀의 신경망이다. 따라서 스키마는 대인관계를 설명하고 미래에 일어날 가능성이 있는 사건에 대한 예측을 개발하기 위한 인지 구조를 제공한다. 스키마는 커플들이 하는 영원한 세 가지 질문의 대답에 도움을 준다. 그 질문들은 첫째, 우리

사이에 무슨 일이 일어나고 있는가? 둘째, 왜 그런 일이 생기는가? 셋째, 다음에 어떤 일이 일어날 것인가?이다. 결과적으로 스키마는 생존에 가치를 두고 있다. 스키마는 위협을 설명하고 정의하는 데 도움을 준다. 또한 미래의 위험을 예측하기 위한 예언의 찻잎 역할을 하며, 파트너들이 자기방어적인 반응(스키마 회피 행동)을 준비하도록 도울 것이다.

스키마의 문제는 그것들이 마음의 산물이지 현실이 아니라는 것이다. 문제가 있는 커플들이 제시하는 스키마는 종종 부정적인 편견을 가지고 있고, 심각한 정서적 고통과 연관되어 있으며, 파괴적인 회피 전략을 유발하는 경향이 있다. 예를 들어, 버림받음 스키마를 가진 사람은 사소한 비판적인 말을 거부와 잠재적 버림받음으로 해석할 수 있다. 이때 그는 매우 두려워하며, 대상을 멀리하거나 매달리는 것과 같은 부적응적 감정 회피 행동을 할 수 있다.

## ACT와 스키마 통합하기

우리는 임상가들이 이러한 부적응 패턴을 더 효율적으로 인식하도록 돕기 위해 커플을 위한 ACT 프로토콜에 스키마를 통합했다. ACT 기반 커플치료의 목적은 스키마의 진실성을 바꾸거나 도전하는 것이 아니라 치료사와 커플이 스키마 신념과 감정이 발생할 때 부적응적 회피 행동을 파악하고, 가치에 기반을 둔 대안적 대응을 지원하는 데 ACT 프로세스를 사용하도록 돕는 것이다. 이러한 큰 주제와 패턴을 확인하면 파트너들이 궁극적으로 스키마에서 비롯된 생각과 감정을 관찰하고 그것에 의해 행동하지 않도록 하는 데 도움을 줄 수 있다.

목표는 고통에 직면했을 때 행동의 유연성을 개발하는 것이다. 스키마에 따른 생각과 영향은 피할 수 없고 사라지지 않을 것이기 때문이다. 헤이즈(Hayes)가 『대인관계 문제를 위한 수용전념치료(Acceptance and Commitment Therapy for Interpersonal Problems)』(McKay, Lev, & Skeen, 2012, p. vi)에서 언급했듯이, "더 큰 패턴(schemas)을 찾는 행위는 내담자가 자신의 행동을 좀 더 탈융합적이고 의식적으로 바라볼 수 있도록 도와주며, 새로운 형태의 조절방법을 찾는 데 힘을 실어 줄 수 있다."

스키마 공식에는 두 번째 장점이 있다. 임상가는 스키마 공식으로서 회피 행위로 인한 이차적 고통과 피할 수 없는 일차적 고통을 구별할 수 있다. 스키마로 인한 생각과 감정에서 생기는 일차적 고통으로부터 보호하기 위해 고안된 회피 행동은 소외, 친밀감 상실, 적대감, 상처, 외로움, 관계적 절망과 같은 이차적 고통을 만들어 낸다.

스키마 공식의 세 번째 장점은 치료에 초점을 맞춘다는 것이다. ACT의 마음챙김, 감정 노출, 탈융합 과정은 모두 이차적 고통(부적응 회피로 인한 소외, 적개심, 부적절한 대처로 인한 상처)이 아니라 일차적 고통(스키마 중심 생각과 영향)을 피하는 것을 목표로 한다. 여기에는 이유가 있다. 스키마에서 비롯된 생각과 영향은 가치에 기반을 두고 유연하게 대인관계 행동을 하는 데 있어서 주요 장애물로 작용한다. 가치를 향해 나아가는 것은 필연적으로 스키마로 인한 고통을 유발한다. 따라서 커플치료의 추진력은 이러한 낡고 피할 수 없는 생각과 감정에서 벗어나기보다는 직면하는 것이다.

스키마 공식의 마지막 장점은 임상가가 세션 중에 스키마 회피 행동이 나타날 때마다 그것을 더 잘 인식하고 설명하는 데 도움이 된다는 것이다. 스키마 공식은 특정 스키마에도 공통적인 대처 반응을 보이는 경향이 있어서, 임상가가 어떤 회피 행동이 발생할 가능성을 예측하는 데 도움이 될 수 있다. 예를 들어, 불신/학대 스키마를 가진 사람은 비난 행동을 하는 경향이 있고, 자기희생 스키마를 가진 사람은 굴복하거나 항복하는 경향이 있으며, 특권의식 스키마를 가진 사람은 화를 내거나 일방적인 결정을 내리는 경향이 있다. 스키마 회피 행동에 초점을 맞추면 임상가가 문제를 좀 더 잘 찾을 수 있도록 되어 있다.

요약하면, 스키마는 커플의 특정 대인관계 패턴이 반복되는 것과 그것이 유지되는 법을 명확하고 빠르게 기술하기 위한 지도를 제공한다. 특정 스키마에 따른 고통, 회피 전략과 더 많은 고통이 뒤따르는 패턴은 커플의 투쟁을 지속시키고 심화시킨다. 기본 공식은 다음과 같다.

- 커플은 스키마 활성화에 취약하다. 초기의 부적응적 스키마는 관계에 있어서 일차적으로 피할 수 없는 고통이다.
- 관계의 장애 요인은 커플이 스키마의 고통으로부터 자신을 보호하기 위해 사용하는 파괴적인 회피 반응과 패턴의 결과물이다.
- 어린 시절에 학습된 이러한 회피 반응은 한때 적응력이 있었다. 그러나 지금 스키마의 고통을 피하려는 시도는 괴로움의 근원이 된다.
- ACT 커플치료는 핵심 신념, 생각 또는 감정을 바꾸는 것이 아니라 스키마 고통이 존재함에도 불구하고 두 사람의 행동 변화를 돕는 것을 목표로 한다.

## 커플에 대한 ACT 개입

일단 스키마와 부적응 회피 행동이 확인되면 커플치료 과정은 전적으로 ACT에 기반을 둔다. 두 사람에게는 다음을 통해 스키마 고통에 대한 새로운 관계를 개발할 것을 권장한다.

- 스키마에서 비롯된 생각을 주의 깊게 관찰하고 탈융합하기(거리 두기)
- 스키마에서 비롯된 감정의 영향을 주의 깊게 관찰하고 자기 표현하기
- 부적응 대처로 스키마 고통을 피하는 대신 수용하고 유지하는 법 배우기
- 스키마에서 비롯된 회피 행동을 대체할 가치기반 행동을 확인하고 새로운 행동에 전념하기
- 스키마로 인한 고통이 유발되는 순간을 마음챙김하며 가치기반 행동 또는 감정 회피 행동 중에서 선택하기

• 관계에서 회피 대 참여, 매 순간을 인식하는 것을 학습하고, 정서적(스키마) 고
통에 직면하여 관계를 유지하는 의사소통 기술 개발하기

## ACT 기반 커플치료에 대한 경험적 증거

저자들(Lev, 2011; McKay, Lev, & Skeen, 2012)은 대인관계 문제에 대한 ACT의 효
과를 조사했다.

무작위 통제 실험은 대인관계 문제 목록의 종속 변수를 사용하여 ACT 개입을 위
해 큰 효과 크기(코헨의 d 1.23)를 산출했다. 레프와 맥케이는 커플들을 위해 이 개
입방법을 적용했다. 관계 평가 척도(RAS), 대인관계 문제 목록(IIP-64), 경험 설문
지(EQ) 등이 포함된, 종속 변수를 이용한 무작위 통제 실험에서는 중간에서 큰 효
과 크기[코헨(Cohen)의 d는 0.94, 0.71, 1.05] 및 치료 그룹과 통제 그룹 간의 유의미한
차이가 나타났다. 이 책이 출판되는 시점에 검토 중인 연구에 대한 자세한 설명은
부록 A를 참조하도록 한다.

# 커플의 갈등이 시작되는 지점 제1장

우리는 대인관계에서 불화가 생기는 원인이 스키마와 스키마 회피 전략에 있다는 것을 알게 되었다. 부적절한 스키마는 어린 시절에 형성되어서 현재 발생하는 위협이나 갈등, 스트레스 요인들에 의해 활성화되어 관계에서 시한폭탄이 된다. 사람들은 부적절한 스키마로 자신과 타인에 대해 바람직하지 않은 기대를 하거나, 파트너에게 부적절한 대처 반응을 함으로써 스키마에서 비롯된 고통을 회피하려고 한다(McKay, Lev, & Skeen, 2012).

## 대인관계 스키마

우리는 제프리 영(Young, 1999)의 열여덟 가지 스키마 목록에서 대인관계와 관련성이 높은 열 가지 대인관계 스키마를 확인했다. 이것은 각자의 신념과 서로에 대한 반응을 만들어 내고, 커플들이 만성적인 고통을 만들며 미움을 키우게 한다. 초기에 낭만적인 관계 속에서 행복을 느낄 때, 스키마는 비활동 상태에 있다. 그러나 시간이 지남에 따라 충돌이 생기고, 욕구는 충족되지 않고, 그러한 욕구를 충족하기 위한 전략들이 실패를 거듭하면서 오래된 스키마가 새롭게 살아난다. 그 결과, 오래된 스키마에서 비롯된 신념은 반복적으로 촉발되면서 엄청난 정서적 고통이 뒤따른다. 주요 대인관계 스키마와 스키마에서 비롯된 감정에 대한 자세한 설명은 다음 장에서 할 것이다. 지금은 스키마 활성화 과정의 예를 살펴보겠다.

## 사례

레지나는 이제 막 대학병원에서 일을 시작한 간호사이다. 그녀는 지금 이 자리에 오기 위해 열심히 노력했고, 거기에는 교수나 수퍼바이저로부터 비판을 받으며 학교에서 고군분투하는 과정이 있었다. 그녀는 비판을 '총 맞은 것 같은 느낌'이라고 묘사했다. 레지나는 '나쁘다'는 느낌이나 '부족하다'는 느낌에 쉽게 압도당한다.

그녀의 이런 취약점은 그녀의 아버지에게로 거슬러 올라간다. "아버지는 내가 얼마나 열심히 노력하든 내가 무엇을 이루어 내든 결코 나에게서 좋은 점을 찾지 않았어요. 아버지의 시선은 엑스레이 같았어요. 항상 사과 속에 있는 벌레도 볼 수 있는 것 같았어요."

레지나는 대학교 3학년 때, 프랑스에서 이주해 온 앙투안과 결혼했다. 그들은 남은 대학 시절 동안 서로에게 강하게 끌렸고 열정적으로 관계를 이어 왔다. 그러나 레지나가 간호학교에 다니면서 상황이 바뀌었다. 공부는 어려웠고, 생물학 이해 능력에 대해서는 부정적인 피드백을 받았다. 이에 레지나는 책에 몰두하게 되었고, 앙투안은 친밀감이 없어졌다고 불평하기 시작했다.

"그는 내가 애정이 식었다고 말했어요. 내가 애정을 주지 않는다고요. 그가 옳은 것 같다고 느꼈어요. 학교에서 일을 망치는 게 너무 무섭고, 그다음으로 그와의 관계가 엉망이 되는 게 무서웠어요. 그가 불평을 하면 할수록 기분이 더 나빠졌어요.

그래서 나 자신이 무너지는 것 같아 거리를 두게 되었어요."

레지나의 스키마 고통에는 이름이 있다. 그녀는 그것을 '나쁜 감정'이라고 불렀고, 앙투안에게—가장 부드러운 요청으로—아버지와 그랬던 것처럼 그녀가 느낄 수 있게 해 줄 것을 요구했다.

## 스키마에서 비롯된 고통

스키마에 의해 촉발된 감정들은 고통스럽기는 하지만 커플들이 헤어지도록 강요할 정도는 아니다. 그것은 불화가 일어나기에 충분한 요소가 될 뿐이다. 스키마와 스키마에서 비롯된 감정적 고통을 변화시켜야 하는 것으로 보면 잘못될 수 있다. 부정적인 스키마는 어디에나 있다. 누구나 어느 정도는 가지고 있다. 그리고 그것을 수정하는 것은 매우 어렵다(제2장 참조). 커플치료의 목적은 스키마가 촉발되는 것을 막거나 스키마 고통을 줄이는 것이 아니라 스키마 고통에 대응하는 방법을 바꾸는 것이다. 선의 사례는 이것을 분명하게 보여 준다.

### 사례

선은 자신의 삶에서 대부분 혼자라는 외로움을 느꼈고, 강한 친밀감이 있는 관계에서만 그 느낌이 완화되었다. 그의 두 번째 부인인 아니타는 처음에는 친밀감에 대한 그의 욕구에 매우 민감하게 반응했다. 그녀는 그가 전처와 이별한 것을 위로해 주며 몇 시간씩 보냈는데, 이는 그의 어머니가 냉담했던 것과 암에 걸려 일찍 돌아가신 것 때문에 받은 상처를 악화시켰다.

선은 그가 힘들어하는 것은 다음의 내용이 핵심이라고 말한다. "혼자 있으면 괜찮지 않다는 느낌이 들어요. 그리고 내가 의지했던 사람들, 심지어 아니타도 나를 돌봐 주지 않을 거라는 걱정이 들었어요. 그녀는 내가 항상 함께하고 싶어 하고 그녀의 어머니가 아플 때 아이다호주에 있는 보이시에 가지 말라고 설득하려 해서 짜증이 난 것 같았어요."

선은 그의 스키마 고통을 공허함이라고 묘사했는데, 아니타가 한 많은 일이 그것을 촉발시킨 것처럼 보인다. 하지만 그가 정서적으로 혼자 살아남을 수 없다는 핵심 신념과, 연결이 약해졌을 때 동반되는 공허함은 이 커플의 문제의 원인이 아니다. 그것은 단지 취약점이며 고통의 근원이고 시작일 뿐이다.

선과 아니타의 소외감을 증가시키는 것은 선이 이 고통에 **대응하는** 회피 행동이다. 선은 화를 내고, 요구하며, 매달린다. 이런 것 때문에 아니타는 가끔 그와 결혼하지 말았어야 했다고 후회한다. 그러면서 그녀는 거리를 두었고, 그것은 선의 공허함을 더욱 악화시켰다.

## 스키마 대처 행동

선과 아니타가 보여 준 것처럼 행동은 스키마가 아니라 관계를 파괴한다. 스키마 고통은 현실적이며 종종 강렬하다. 그러나 관계는 고통 자체보다 고통에 대한 부적응적인 대처 행동에서 상대방의 반응 행동에 영향을 받는다.

스키마에서 비롯된 두려움이 활성화되었을 때 선에게 무슨 일이 일어나는지 주목하라. 아니타는 짜증을 내거나 아이다호주의 보이시로 가게 되고, 결국 선은 공허함을 느낀다. 그 스키마는 그에게 오직 아니타만이 이 고통을 덜어 줄 수 있다고 말한다. 그는 스스로 대처할 수 없다. 그의 대응 행동은 화를 내고, 요구하며, 아니타가 그에게 더 가까이 오게 하기 위해 매달리는 것이다. 그들의 관계를 불안정하게 만드는 것은 스키마나 스키마 고통이 아니라 선의 대처 행동이다.

커플이 관계에서 오래된 이야기나 예측 및 기대에서 비롯된 융통성 없는 행동 대처 반응(경험적 회피)과 패턴을 발전시키는 것은 흔한 일이다. 이러한 대처 반응은 대인관계에서 단기적으로는 고통을 완화시키지만 장기적으로는 관계에 손상을 초래한다. 여기에는 매달리기, 물러남, 공격, 안도감 추구, 방어, 설명, 통제 또는 요구와 같은 경험적 회피 행동이 있다.


# 커플치료를 위한 ACT-사례 공식화

사례 공식화를 통해 스키마의 상호 활성화와 각 파트너의 반응이 계속 되풀이되는 방식을 파악한다. 커플을 위한 수용전념치료(ACT) 공식화의 핵심 요소는 다음과 같다.

1. 부정적인 대인관계 스키마는 인간 의식에 기본적으로 존재한다.   대부분은 이런 핵심 신념을 한 개 이상 가지고 있으며, 이것들은 위협이나 갈등, 충족되지 못한 욕구에 의해 활성화된다. 스키마와 그에 수반되는 고통은 피할 수 없는 관계 스트레스의 요인이다. ACT 용어에서, 스키마는 **일차적**이거나 순수한 고통으로 여겨진다. 스키마는 수정 또는 완화될 수 없으며 삶과 관계에서 피할 수 없는 부분으로 나타난다.

2. 스키마 **고통**은 파트너들을 고통-회피 전략(스키마 대처 행동-제3장 참조)으로 몰아넣는다.   이 전략은 경험적 회피의 핵심 전이 메커니즘에 정확히 연결된다 (Hayes, Strosahl, & Wilson, 2012). ACT 관점에서 경험적 회피는 인간이 겪는 고통의 주요 원인으로 **이차적** 또는 **오염된** 고통이다. 많은 회피 전략과 마찬가지로 스키마 대처 행동도 역효과가 생긴다. 친밀한 관계에서 고통을 줄이기 위해 의도한 행동이 오히려 상처와 환멸의 씨앗을 뿌리게 되는 것이다. 다시 말하지만, 문제가 되는 것은 스키마(일차 고통) 자체가 아니라 (고통 회피/스키마 대처) 행동이다.

3. 스키마 대처 행동(경험적 회피)은 혐오적이고, 상호 보완의 능력을 약화시키고, 문제해결 능력을 감소시키며, 관계에 독이 된다.   스키마 대처 행동은 상처를 주거나 교

묘하게 조작하는 전략을 사용하여 상대방의 스키마 촉발 행동을 중단하도록 고안되어 있지만, 결과는 관계를 더욱 고통스럽게 만든다. 상대방과의 부정적인 경험이 증가함에 따라 관계는 더욱 악화되고 합의(문제해결에 관한 결정)되는 경우는 더 줄어든다. 그 결과, 갈등과 불화 및 커플의 병리는 증가한다.

4. 스키마 대처 행동(경험적 회피)은 치료 대상이다.

## 스키마 고통으로 무엇을 하는가

ACT 관점에서 보면 스키마 고통은 통제할 수 없고 변화시킬 수 없으므로 그 고통을 어떻게 할 수 없다. 스키마 고통은 변화가 어렵고 종종 불가능하기도 하지만, 스키마와의 관계는 극적으로 바뀔 수 있다. 스키마 고통과의 관계를 바꾸는 것은 스키마에서 비롯된 영향을 기꺼이 받아들이고 스키마에서 비롯된 생각과 이야기로부터 의식적으로 거리를 두어서 스키마와 관련된 생각과 감정의 방식을 바꾸는 것이다. 스키마를 식별하고 그것에 이름을 붙이는 것은 **탈융합**(defusion)의 한 형태이다(제6장 참조). 이것은 생각과 거리를 두어 생각이 믿을 만한 것이 아니라는 것을 알게 한다. 이것은 스키마가 어린 시절에 세상에 대해 배운 이야기일 뿐이며 더 넓고 다각적인 어른들의 세계에는 적합하지 않을 수 있다고 설명한다. 그리고 스키마 고통은 그 **이야기의 부산물**로서 현실이 아니라 생각과 관련된 것으로 여긴다. 따라서 이 치료법은 스키마 고통을 없애지는 못하지만, 커플들이 감정적인 고통에 대해 더 연민 어린 태도를 취하고 이야기로부터 거리를 두도록 도와줌으로써 관계에서 더 유연하게 대처할 수 있도록 한다.

생각과 신념이 아니라 파트너의 회피 행동을 치료 대상으로 삼음으로써, 커플을 위한 ACT는 치료사에게 가장 쉽게 보고 변화시킬 수 있는 것, 즉 우리가 친밀한 타인에게 행동하는 방법을 바꿀 수 있는 도구를 제공한다.

# 커플을 위한 ACT: 치료의 목표

커플치료의 주된 목표는 커플들이 스키마가 활성화되는 순간에 효과적인 행동을 선택하게 하기 위해서 심리적·행동적 유연성을 키울 수 있도록 돕는 것이다. 이것은 가치, 전념 행동, 인지적 탈융합, 맥락으로서의 자기, 현재 순간과의 접촉 및 수용과 같은 ACT의 여섯 가지 핵심 과정을 통해 설정된다. 이 여섯 가지 과정은 행동의 유연성을 높이고 경험적 회피를 감소시키는 기술이다.

1. **가치.** 커플의 가치를 파악하면 그들이 어떤 유형의 파트너를 원하는지를 명확하게 하는 데 도움을 줄 수 있다. 가치는 각 파트너가 관계에서 지키고 싶어 하는 것과 가장 중요한 것을 포함하려고 선택한 방향이다. 가치는 행동을 이끌어 낸다. 커플이 가치를 명확히 하면 그 관계 속에서 하고 싶은 행동에 대한 지침을 제공하고 새로운 행동을 시도할 수 있도록 동기를 부여할 수 있다.
2. **전념 행동.** 전념 행동은 지금까지 사용하던 오래된 스키마 대처 행동을 하지 않고 가치에 기반한 행동을 하는 것이다. 이것은 자신의 가치를 위해 헌신하는 의도적인 행동이다.

파트너들이 가치기반 행동을 시도할 때 장애물이 나타난다. 장애물에는 고통스러운 스키마에서 비롯된 생각과 감정이 포함되어 있어 이들이 새로운 행동을 하지 못하게 한다. 또한 커플들이 효과적인 행동을 취하는 데 필요한 기술이 부족할 수도 있다. 커플들은 효과적인 의사소통을 위한 전략을 익힐 수 있는 기술을 배우게 될 것이다. 다음의 두 가지 ACT 과정은 관계에서 가치기반 행동에 대한 장애물 역할을 하는 스키마에서 비롯된 생각을 대상으로 작업할 때 사용된다.

3. **인지적 탈융합.**   인지적 탈융합 기법은 오래된 회피 행동으로 끌어들이는 스키마에서 비롯된 생각으로부터 거리를 두기 위해 사용된다. 인지적 탈융합은 가치기반 행동에 대한 장애물로 작용하는 스키마에서 비롯된 생각으로부터 벗어나도록 하는 데 도움이 된다. 이것은 생각들이 행동에 미치는 영향을 감소시킨다.

4. **맥락으로서의 자기**(관점 받아들이기).   내용으로서의 자기(self-as-content)란 자신의 스키마와 관련된 이야기에 사로잡혀 자신을 그 스키마와 동등한 존재로 인식하는 것을 말한다. 자신과 타인에 대한 이러한 개념과 서술은 관계의 어려움을 야기한다. 반면, **맥락으로서의 자기**(self-as-context)는 관찰자로서의 자기를 계발하고, 자신과 파트너에 대한 내적 느낌과 생각이 일시적이고 끊임없이 변화하는 것을 관찰하는 것이다. 관찰자로서, 사람들은 스키마에 따른 생각과 감정을 포함한 모든 내적 경험을 알아차리고 그 이야기와 거리를 둘 수 있다. 맥락으로서의 자기는 자신과 파트너에 대한 이야기를 유연한 관점으로 받아들일 수 있도록 돕는다. 이 과정의 목표는 상대방이 누구인지 그리고 그의 의도가 무엇인지에 대한 내용에 말려들지 않고 서로에게 유연하고 연민 어린 관점을 갖도록 돕는 것이다.

마지막 이 두 개의 ACT 과정은 관계 속에서 가치기반 행동을 하는 데 장애물이 되는 스키마에서 비롯된 감정을 다루는 데 사용된다.

5. **현재 순간과의 접촉.**   현재 순간과의 접촉은 일이 일어나는 순간 자신의 경험과 완전히 접촉하며 머물 수 있다는 것을 의미한다. 이는 현재에 존재하면서 모든 내외적 경험을 비판단적으로 관찰하는 것을 의미한다. 이 과정은 커플이 그들의 스키마 렌즈를 통해서가 아니라 현재에 머물며 서로를 직접 경험하도록 한다. 행동은 기존의 반응 패턴이 아니라 더 유연하고 실행 가능한 것에 기반을 두게 된다. 현재 순간과 접촉할 때, 개념화된 자기나 과거와 미래의

자기와 덜 융합되며 그때 무엇을 자유롭게 선택할지 잘 알 수 있다. 이렇게 새로운 행동을 시험하고 대체 반응의 결과를 직접 관찰할 수 있는 여유가 만들어진다.

6. **수용.**    수용은 생각, 감정, 충동, 기억 및 감각을 포함한 모든 내적 경험을 판단하지 않고 비판단적으로 온전히 받아들이는 것이다. 또한 현재 순간에 완전히 접촉하고 개인적으로 고통스러운 사건을 변화시키거나 통제하려고 하지 않고 현재의 내적 경험에 머물겠다는 의지가 포함되어 있다. ACT는 수용이 이루어지면 회피적 대처 행동이 감소하고 가치기반 행동이 증가한다고 제안한다(Twohig, 2007). 따라서 ACT는 가치 있는 삶을 살기 위해 스키마에서 비롯된 고통에 노출되는 것을 촉진한다. 수용은 자신의 경험을 통제하기 위해 고군분투하는 것에서 벗어나 기꺼이 경험하는 과정으로 행동을 자유롭게 선택할 수 있도록 한다. 수용은 커플치료에서 특히 중요하다. 왜냐하면 수용은 커플이 자신이나 파트너를 바꾸려고 싸우기보다 있는 그대로 받아들이는 태도를 기를 수 있도록 도와주기 때문이다.

마음챙김과 감정 노출은 열린 마음과 호기심으로 현재의 모든 경험과 완전히 의식적으로 접촉할 수 있는 능력을 배양하는 기법이다. 마음챙김과 감정 노출은 이 여섯 가지 ACT 과정을 촉진하는 데 도움이 된다.


## 치료 단계

치료 단계는 개인치료 세션과 일치하지 않는다. 어떤 사람들은 세션을 한 번만 할 것이고, 다른 사람들은 두세 번 할 수도 있다. 이는 그들이 어떤 커플인지와 그들의 자료 통합 능력에 달려 있다. 이 프로토콜은 치료 과정에 대한 세션별 설명이 아니라 커플이 일상생활에서 ACT 기술을 활용하기 위해 필요한 단계에 대한 순차적인 설명이다.

1. 스키마와 촉발 요인 확인(제2장)

2. 경험적 회피 전략 확인: 각 파트너가 스키마 고통을 피하기 위해 사용하는 스키마 대처 행동(SCBs, 제3장)

3. 커플이 악순환에 빠져 버리는 공식과 이것이 어떻게 이차 고통을 촉발하는지에 대한 설명(제3장)

4. 효율성과 창조적 절망감(제3장)

5. 가치 명료화(제4장)

6. 가치기반 행동과 선택의 순간 확인(제4장)

7. 가치기반 행동에 대한 장애물 확인(제5장)

8. 스키마에서 비롯된 생각이 행동에 미치는 영향을 줄이기 위한 탈융합 연습(제6장)

9. 수용과 마음챙김을 키워 가치기반 행동에 대한 장애물 역할을 하는 스키마 기반 감정 다루기(제7장)

10. 갈등 해결 능력 향상을 위한 효과적인 의사소통 기법 연습(제8장)

11. 커플과 함께 가치기반 문제해결 적용하기(제9장)

12. 커플과 함께 유연한 관점 개발하기(제10장)

13. 세션 내 모든 치료 과정의 통합(제11장)

# 스키마 알아보기 제2장

스키마는 대부분의 커플을 갈등으로 몰아가기 때문에 치료 초기에 각 파트너의 주요 스키마를 확인하는 것이 중요하다. 이 장에서는 파트너들의 스키마를 파악하고 스키마가 무엇인지, 어디서 유래했는지 그리고 관계에 어떤 영향을 미치는지에 대해 설명할 것이다. 또한 커플이 스키마 촉발 요인을 인식하는 데 도움을 주는 방법과 특정 스키마와 연관되어 활성화되는 일반적인 감정 목록에 대해서도 논의할 것이다. 커플이 그들의 촉발 요인을 추적하고 세션 밖에서 스키마를 관찰할 수 있도록 워크시트와 유인물이 제공된다. 이 책의 부록 D에서 직접 유인물을 복사하거나 웹 사이트 http://www.newharbinger.com/34800에서도 PDF 파일을 무료로 다운로드할 수 있다.

## 스키마에 대한 이해

제프리 영에 따르면, 스키마는 우리와 우리의 관계와 관련하여 만들어진 핵심 신념과 이야기이다. 스키마는 우리가 정보를 구성하고 세계를 이해하는 데 도움이 되는 뿌리 깊은 인지 구조 또는 체계이다. 스키마는 렌즈와 같다. 우리는 그 렌즈를 통해 세상을 보고, 경험을 구성하며, 사건을 해석한다.

스키마는 우리가 자신에 대해 평생 만들어 온 이야기이다. 이 이야기들은 다른 사람들과의 관계에서 경험을 왜곡하여 인식하거나 부적절한 자기충족적 예언으로 이어질 수 있다. 스키마는 어린 시절 가족이나 또래와 함께 했던 초기 경험에서 발전되어 현재 관계 속에서도 지속된다.

우리의 마음은 비록 상관관계가 별로 없음에도 인과관계를 만들고 사건들을 연결한다. 이러한 상관관계를 만드는 것은 여러 면에서 유리하지만, 우리가 세상에서 일어나는 사건들을 우리의 정체성과 자아의식에 대한 인과관계로 해석하게 되면 적절한 해석으로 볼 수 없다. 우리는 욕구가 충족되지 않은 어린 시절의 경험을 바탕으로 자신에 관한 이야기를 만들어 낸다. 우리는 왜 욕구를 충족시키지 못했는지에 대한 자신의 이야기와 이론을 만들어 낸다. 우리는 세상에서 일어나는 사건들을 이해하고 왜 그런 일이 일어났는지 이해하려고 시도하면서 스키마를 만든다. 예를 들어, 만약 어떤 사람이 우울증에 시달리며 자신의 정서적 욕구를 충족시킬 수 없는 부모에게서 자랐다면 그는 정서적 박탈 스키마를 개발하고 파트너가 자신의 정서적 욕구를 결코 충족시키지 못할 것이라고 믿을 수 있다. 그는 자신이 다른 사람이거나 더 나은 사람이었다면 욕구가 충족되었을 것이라고 믿을 수도 있다. 그는 자신의 감정이 너무 강렬하고 자신이 부모의 우울증의 원인이라는 이야기를 지어낼지도 모른다. 이로 인해 그는 관계 시 감정을 억압하거나 억압하도록 유도하여 표현하지 못하게 되고, 박탈감을 더 많이 느끼게 될 것이다.

스키마는 선글라스와 같다. 이것은 우리가 정보를 받아들이고 사건에 의미를 부여하는 방법을 왜곡하게 만든다. 예를 들어, 버림받음(abandonment) 스키마를 가진 사람은 다른 사람들이 자신을 거부하거나 버리는 것으로 해석하는 경향이 있으며, 자신이 버림받는다는 결론에 도달할 가능성이 더 크다. 거기에 그렇다고 할 만한 증거가 거의 없더라도 말이다. 이 렌즈는 우리의 인식과 다른 사람들과의 경험을 왜곡하고, 관계에서 자기파괴적인 패턴을 만들 수 있다. 스키마는 우리가 경험을 구성하고 세상에서 안전과 예측 가능성에 대한 환상을 만들어 내는 것을 도와주기 때문에 포기하기 어렵다. 또한 스키마는 관계의 결과를 예측할 수 있고 우리를 보호할 수 있다는 인상을 만들기 때문에 도전하기 어렵다.

부적응적 스키마는 성인이 되어 갖게 되는, 관계 전반에 걸쳐 계속 반복되는 자기패배적인 주제와 패턴으로 이어질 수 있다. 어린 시절에 형성된 이러한 스키마는 스트레스가 많은 모든 상황에서 촉발되며, 커플들은 자극을 받으면 이전에 하던 반응을 하면서도 그들이 두려워하는 상황을 만들어 낼 수 있다. 일단 스키마가 자극을 받으면, 스키마에서 비롯된 강력한 생각과 감정, 감각, 기억, 충동 등을 포함한 모든 경험을 떠올리게 된다.

스키마는 대인관계에 영향을 미치고 현재 관계에서 기본적인 욕구를 충족시킬 수 없도록 방해할 수 있다. 관계에서 스키마가 자극되면, 우리는 스키마와 관련된 고통을 조절하거나 차단하기 위해 어릴 때 배운 특정 대처 행동(제3장 참조)을 사용하는 경향이 있다. 이러한 대처 행동은 자기충족적 예언으로 스키마를 보강하고 유지하는 것으로 끝날 수 있다. 버림받음 스키마를 가진 사람을 예로 들어 보자. 그가 과도하게 확신을 추구하거나, 집착하거나, 질투와 소유욕을 느끼거나, 남의 탓을 하거나 비난하는 것으로 대처한다면, 이러한 행동들 때문에 실제로 다른 사람들이 그를 멀리하거나 떠날 가능성이 높다. 사람들은 제프리 영이 말하는 '스키마 궁합(schema chemistry)'을 기반으로 파트너를 선택할 수 있다. 우리는 친숙하고 잘 아는 것을 선택한다(Young, 2012). 사람들은 자신의 스키마를 거울로 보는 듯한 스키마를 가진 파트너를 선택할 수 있다. 따라서 버림받음 스키마를 가진 사람은 복종(subjugation) 스키마를 가진 사람과 같이 관계에서 사로잡히거나 구속된 것처럼 느끼는 경향이 있는 파트너에게 끌릴 수 있으며 그 반대의 경우도 마찬가지이다.

## 스키마에 대한 소개

당신은 파트너들이 가지고 있는 구체적인 핵심 신념(스키마)을 확인하기 시작했다. 그리고 그 뒤에 이어지는 생각일지(Thoughts Journal)와 커플 스키마 설문지(Couples Schemas Questionnaire)를 이용해서 계속 확인할 것이다. 이 시점에서 잠시 멈추고 스키마가 무엇인지, 어떻게 작동하는지를 간략하게 설명하는 것이 좋겠다.

논의된 스키마의 속성을 설명하거나 커플 스키마를 이해하기 위한 유인물을 제공한다(부록 D 및 http://www.newharbinger.com/34800에서도 제공).

### 커플 스키마 이해하기

스키마는 자신과 자신의 관계에 대한 핵심적인 신념으로 자신이나 친밀한 관계에 뭔가 문제가 있다는 느낌을 만들어 낸다. 스키마는 어린 시절에 형성되며 보호자, 형제자매, 또래 등과 함께 진행된 역기능적 경험(dysfunctional experiences)의 결과로 발전한다.

스키마는 자신에 대해 가지게 된 반복된 메시지(예: "너는 나쁘다." 또는 "넌 옳은 일을 할 수 없다.")나 특정 외상 사건으로 만들어진다. 일단 스키마가 형성되면 그것은 매우 안정적이며 자신과 관계를 보고 이해하는 지속적인 방법이 된다.

스키마는 모든 경험을 왜곡하는 선글라스와 같다. 이것은 사물을 보는 방식에 색을 입히고, 스키마가 사실이라거나 사실로 밝혀질 것이라고 말해 주는 가정과 예측에 영향을 미친다. 어린 시절에 형성된 스키마는 평생 영향을 미친다. 일반적인 촉발 요인에는 갈등, 강한 욕구, 힘든 생각과 감정이 있다. 일단 스키마가 촉발되면 수치심, 상실, 슬픔, 두려움, 분노 등과 같은 극도로 고통스러운 감정들이 일어난다. 스키마는 관계에서 안전하다고 느낄 수 있는 능력과 자신의 욕구를 충족시키는 능력 그리고 타인의 욕구를 충족시키는 능력을 발휘하기 어렵게 한다.

### 커플 스키마의 특성[1)]

- 분명한 진실처럼 경험된다.
- 자기영속적이며 변하지 않으려고 한다.
- 미래를 예측하는 것처럼 보이는데, 특히 관계에서 더욱 그렇다. 왜냐하면 커플 스키마는 앞으로 어떤 일이 일어날지 알 수 있고 그에 따라 준비할 수 있다는 환상을 만들어 내기 때문이다.
- 보통 강한 스트레스를 주는 사건들, 즉 일반적으로 관계 속에서 많이 힘들 때 촉발되는데, 이것은 자신에 대한 오래된 신념을 활성화시킨다.
- 항상 높은 수준의 감정을 동반한다.

## 생각일지

치료를 하는 처음 몇 주 동안 두 사람에게 갈등이 생길 때마다 생각일지(다음 페이지와 부록 D 및 http://www.newharbinger.com/34800에서도 제공)를 쓰도록 한다. 이것은 인지적 주제를 찾아내는 데 사용될 수 있고 관련 스키마가 될 수도 있다. 또한 무엇이 특정 갈등을 일으키는지에 대한 좋은 정보가 될 수 있다.

---

1) 『대인관계 문제를 위한 수용전념치료』(McKay, Lev, & Skeen, 2012)에서 인용함.

## 생각일지

| 파트너와 있었던 일 | 감정 | 생각 |
|---|---|---|
|  |  |  |
|  |  |  |
|  |  |  |
|  |  |  |
|  |  |  |
|  |  |  |
|  |  |  |
|  |  |  |
|  |  |  |
|  |  |  |
|  |  |  |
|  |  |  |
|  |  |  |
|  |  |  |
|  |  |  |
|  |  |  |
|  |  |  |
|  |  |  |
|  |  |  |

치료사: 빌, 나는 당신의 일지를 통해 체리가 거리를 두는 것에 대해 당신이 생각하
　　　　고 있는 것을 몇 가지 알게 되었어요. 그리고 여기 체리가 관계를 포기할지
　　　　도 모른다는 예상도 있어요. 그런 것들이 당신에게 어떤 영향을 미치나요?

빌: 무서워요.

치료사: 두 사람에게 무슨 일이 일어나고 있는지, 무슨 일이 일어날 것인지 하는
　　　　생각 뒤에는 어떤 신념이 있나요?

빌: 항상 그녀가 떠날 것 같아요. 결국 그녀는 그냥 떠나게 될지도 몰라요.

## 관계에 관한 열 가지 스키마

　첫 번째나 두 번째 세션 중에 커플을 위한 열 가지의 스키마 목록을 소개할 수 있
다. 다음은 각 스키마에 대한 자세한 설명과 그에 수반되는 주된 고통에 대한 내용
이다. 다음 목록은 커플에게 줄 수 있는 유인물(부록 D 및 http://www.newharbinger.
com/34800에서도 제공)이다.

1. **버림받음/불안정 스키마.**　이 스키마를 가진 사람들은 '다른 사람들은 너무
　믿으면 안 되며, 안정적으로 나를 위한 존재로서 있을 수 없다.'라는 핵심 신
　념을 가지고 있다. 이들은 다른 사람들에게 의지할 수 없고, 사람들은 너무 예
　측할 수 없으며, 결국 떠나 버릴 것을 두려워한다. 버림받음 스키마를 가진 사
　람들은 자신이 관계에서 버려지고 거절당할 가능성이 있으며, 잘못된 행동이
　관계를 끝낼 수 있다고 믿는다. 이러한 사람들은 차갑고 거리를 두는 파트너
　에게 끌릴 수 있는데, 이들의 파트너는 복종 스키마(심리적으로 사로잡히는 경
　향이 있다)나 특권의식/과장 스키마를 가진 사람일 수 있다.

2. **불신/학대 스키마.**　이 스키마를 가진 사람들은 다른 사람들을 신뢰할 수 없

으며, 그들이 자신에게 의도적으로 상처를 주거나 해를 입힐 것이라고 믿는다. 이들은 다른 사람들이 거짓말을 하거나, 속이거나, 이용할 것이라고 예상한다. 이 스키마를 가진 사람들은 자신의 파트너가 믿을 만하다는 것을 증명하기 위해 시험을 할 수 있다. 이들은 다른 사람의 의도와 동기를 의심하고, 다른 사람들이 조종하거나 속일까 봐 두려워한다. 이들은 관계 속에서 믿을수 없는 파트너나 불신을 인정하고 책임지는 파트너에게 끌린다. 이들의 파트너는 특권의식/과장 스키마, 실패 스키마, 결함/수치심 스키마 또는 자기희생/복종 스키마를 가진 사람들일 수 있다.

3. **정서적 박탈 스키마.**    이 스키마를 가진 사람들은 다른 사람들에게 실망하고 박탈당할 것으로 예상한다. 이들은 다른 사람들이 결코 자신의 욕구를 충족시키거나 만족시켜 줄 수 없다고 믿는다. 이들은 자신이 진정으로 이해나 관심, 동조, 인정 또는 지지가 필요할 때 자신의 파트너가 결코 그렇게 해 줄수 없을 것이라고 믿는다. 이들은 끊임없이 자신들의 관계에서 무언가가 부족하다고 느낀다. 이들은 종종 외로움과 파트너와의 단절감을 느낀다. 또한다른 사람들에게 자신을 돌보아 달라고 하는 것도 힘들어한다. 이들은 차갑고 거리를 두며 욕구를 충족시켜 줄 수 없는 파트너에게 끌리는 경향이 있다. 이는 박탈감과 분노의 감정을 부채질한다. 이들의 파트너는 특권의식/과장 스키마, 복종 스키마 또는 결함/수치심 스키마를 가진 사람들일 수 있다.

4. **결함/수치심 스키마.**    이 스키마를 가진 사람들은 자신이 어떻게든 결함이 있거나, 열등하거나, 사랑스럽지 않다고 믿는다. 이들은 근본적으로 무언가가 잘못되었다는 핵심 신념을 가지고 있다. 이들은 자신이 망가졌거나, 불완전하거나, 심각한 결함이 있으며 이런 사실을 알게 되면 아무도 자신을 진정으로 사랑하지 않을 것이라는 이야기를 만들어 낸다. 이들은 드러나는 것을 두려워한다. 이들은 만약 누군가가 자신의 진짜 모습을 알게 된다면 자신의 진정한 자아가 사랑스럽지 않고 받아들일 수 없는 존재라는 것이 드러날 것이라고 믿는다. 이들은 거부하거나 비판적인 파트너, 엄격한 기준 스키마, 불

신/학대 스키마 또는 정서적 박탈 스키마를 가진 파트너에게 끌리는 경향이
있다.

5. **사회적 고립/소외 스키마.**     이 스키마를 가진 사람들은 자신들이 어디에도
어울리지 않고 누구에게도 속하지 않는다고 믿는다. 이들은 함께 있을 때도
눈에 띄지 않고 혼자라는 느낌이 싫음에도 어울리지 않는다는 오해를 받는
다. 이들에게 나타나는 핵심적인 고통은 다른 사람과 다르며 소속되지 않는
다는 느낌이다. 이들은 결함/수치심 스키마, 정서적 박탈 스키마, 다른 관점
을 인정하는 것에 어려움을 겪는 불신/학대 스키마를 가진 파트너에게 끌리
는 경향이 있다.

6. **의존 스키마.**     이 스키마를 가진 사람들은 파트너에게 의지하고 혼자서는 살
아갈 수 없다는 신념을 가지고 있다. 이들은 정서적 생존을 위해 파트너가 필
요하다고 믿으며, 그 관계를 벗어나면 자신을 돌볼 수 없다고 믿는다. 의존 스
키마를 가진 사람들은 자신이 필요로 하는 것이나 취해야 할 조치에 대한 자
신의 판단과 직관을 믿는 데 어려움을 겪는 경향이 있다. 이들은 자신과 자신
의 결정을 의심하며 다른 사람들의 피드백에 지나치게 의존한다. 이들은 스
스로 살아남거나 성공할 수 없고 파트너에게 의존해야 한다는 믿음을 가지고
있다. 이러한 사람들은 독립적이고 주도적이며 결정을 대신 해 주는 파트너
를 찾는 경향이 있다. 파트너는 특권의식/과장 스키마나 엄격한 기준 스키마
를 가진 사람들일 수 있다.

7. **실패 스키마.**     이 스키마를 가진 사람들은 실패에 대한 두려움을 가지고 있
고, 자신이 부족하고 부적절하며, 상대방을 실망시키고 끝내 실패할 것이라는
지속적이고 만연된 신념을 가지고 있다. 이들은 불가피하게 상대방을 실망시
킬 것을 걱정하며, 성공할 수 있다고 믿지 않는다. 이러한 사람들은 정서적 박
탈 스키마를 가진 사람이나 엄격한 기준 스키마를 가진 사람을 포함하여 자신
이 실패할 것으로 예상하는 파트너를 선택하는 경향이 있다. 이것은 자신이
무엇이든 잘하지 못한다는 느낌을 계속 가지게 한다.

8. **특권의식/과장 스키마.**　이 스키마를 가진 사람들은 관계에서 휩싸이거나 사로잡힌다고 느끼는 경향이 있고, 파트너의 감정적인 요구에 쉽게 압도되거나 좌절한다. 핵심 신념은 이들의 요구가 우선이라는 것이다. 이들은 자신의 요구는 당연히 들어주어야 하고 다른 사람들의 요구는 수용할 필요가 없다고 생각한다. 이 스키마를 가진 사람들의 전형적인 표현은 자신은 특별하고 상호주의 원칙에 구속되지 않는다는 것이다. 이들은 파트너의 요구를 부담스럽고 불편하게 느낀다. 이들은 파트너의 관점을 이해하는 데 어려움을 겪는다. 이들은 파트너에게 미치는 영향에 상관없이 원하는 것을 말하고 행동할 수 있어야 한다고 주장한다. 이러한 사람들은 자기희생/복종 스키마, 정서적 박탈 스키마, 버림받음 스키마 또는 결함/수치심 스키마를 가진 사람을 포함하여 자신의 요구에 기꺼이 응할 파트너를 찾는 경향이 있다.

9. **자기희생/복종 스키마.**　이 두 가지 관련 스키마를 모두 가지고 있는 사람들은 자신이 희생하여 다른 사람들의 요구를 만족시키는 데 지나치게 집중한다. 자기희생 스키마가 있는 사람들과 복종 스키마가 있는 사람들의 가장 큰 차이는 자기희생 스키마를 가진 사람들은 스스로 자발적인 선택을 한다고 경험하는 반면, 복종 스키마를 가진 사람들은 다른 사람의 통제하에 있다고 경험하는 것이다. 복종 스키마를 가진 사람들은 보복이나 거부에 대한 두려움 때문에 다른 사람들의 요구에 굴복하는 반면, 자기희생 스키마를 가진 사람들은 죄책감이나 이기심을 느끼지 않으려고 한다. 자기희생을 하는 사람들은 아주 많은 것을 주면서 관계 속에서 박탈감과 분노 및 화를 느끼는 것으로 끝난다. 이러한 사람들은 특권의식/과장 스키마, 버림받음 스키마 또는 정서적 박탈 스키마를 가진 사람들과 같이 자기만 알고 상대방으로부터 많은 것을 요구하는 파트너에게 끌리는 경향이 있다.

10. **엄격한 기준 스키마.**　이 스키마를 가진 사람들은 자신과 타인에게 매우 높은 기준을 적용하는 경향이 있다. 이들은 쉽게 만족하지 않는다. 이들은 다른 사람들과 마찬가지로 자신의 행동과 성취에 지나치게 비판적이다. 핵심 신

념은 이들이 완벽해야 한다는 것이다. 이들은 자신과 다른 사람들의 단점이나 한계를 받아들이는 것을 어려워한다. 이들은 실수, 결함, 불완전성에 초점을 맞추고 끊임없이 불만을 제기한다. 엄격한 기준 스키마를 가진 사람들은 실패 스키마나 결함/수치심 스키마를 가진 사람들을 비롯하여 자신의 기준을 만족시키는 데 어려움을 겪는 파트너에게 끌리는 경향이 있다.

## 커플에 관한 열 가지 스키마

1. 버림받음/불안정 스키마: 파트너가 신뢰할 수 없는 사람이고 관계를 끊거나 떠날 것이라는 신념

2. 불신/학대 스키마: 파트너가 자신을 해치고 학대하거나 소홀히 할 것이라고 예상

3. 정서적 박탈 스키마: 정서적 지지를 받고 싶은 자신의 욕구가 충족되지 않을 것이라고 예상

   a. 보살핌 결핍—주의의 부재

   b. 공감 결핍—이해의 부재

   c. 보호 결핍—도움의 부재

4. 결함/수치심 스키마: 자신은 어떤 면에서든 결함이 있거나, 열등하거나, 사랑스럽지 않다는 신념

5. 사회적 고립/소외 스키마: 자신이 어디에도 어울리지 않고 소속되지 않는다는 신념. 함께 있어도 혼자 있는 것 같고, 눈에 띄지 않고 이해받지 못하는 느낌

6. 의존 스키마: 파트너 없이 정서적으로 살아남기 힘들고 관계를 떠나서는 스스로를 돌볼 수 없을 것이라는 신념

7. 실패 스키마: 자신이 관계 및 삶의 핵심적 측면에서 실패할 것이라는 신념

8. 특권의식/과장 스키마: 파트너가 자신이 필요한 것을 만족시켜 주어야 하고, 자신은 파트너의 지속적인 지지를 기대할 권리가 있다는 신념

9. 자기희생/복종 스키마: 파트너의 욕구가 더 중요하거나 거절을 두려워하기 때문에 항상 파트너의 욕구를 자신의 욕구보다 우선시해야 한다는 신념

10. 엄격한 기준 스키마: 자신과 파트너는 삶과 관계 속에서 높은 성과 기준을 충족
해야 한다는 신념. 이 기준들이 충족되지 않으면 자신이나 파트너가 잘못한 것
이며 비난받아야 한다는 신념

두 사람에게 스키마 유인물을 제공한다. 그들에게 열 가지 스키마에 대해 토론
하고 어떤 스키마를 적용할지 기록하게 한다. 서로가 가지고 있는 특정 스키마 신
념에 대해 비난하기보다 자신의 스키마에 초점을 맞추도록 한다.

스키마를 평가하는 과정은 첫 번째 세션에서 두 사람에게 최근에 있었던 갈등 문
제를 설명하도록 요청하면서 시작된다. 각자가 원했던 것이나 원하지 않았던 것부
터 시작하게 한다. 두 사람이 방어적인 자세가 되거나, 목소리가 커지거나, 비난하
는 등의 표현을 할 때까지 대화를 점점 확장할 수 있도록 한다.

감정적으로 활성화되는 시점의 내용을 가지고 다음 과정으로 전환한다.

• 신체적인 감각을 포함하는 현재 느낌은 무엇인가?
• 서로에 대해, 그들의 관계에 대해, 그들의 미래에 대해 자동적으로 드는 생각
은 무엇인가? 그들은 상호작용에서 어떤 일이 일어날 것으로 예상하는가? 그
들은 추측하고 있는가? 판단하고 있는가?
• 각자의 핵심 생각을 기록하고 스키마 신념을 밝히기 위해 더 깊이 들어갈 수
있는 아래 방향 화살표 기법(Downward Arrow Technique)을 사용한다.

## 스키마 평가하기

아래 방향 화살표 기법과 커플 스키마 설문지는 스키마를 평가하는 두 가지 주요
전략이다.

## 아래 방향 화살표

  아래 방향 화살표는 간단한 과정으로 다음과 같은 질문을 한다. "만약 _____
(자동적 사고)가 사실이라면 그것이 당신과 관계에 무엇을 의미합니까?" 알아볼 수 있
는 스키마에 도달할 때까지 매번 새로운 생각이 떠오를 때마다 질문을 반복한다.
감정이 아니라 **신념**을 찾고 있다는 것에 주목한다.

**예시 대화**

치료사: 체리, 빌. 빌이 음악을 하기 위해서 파트타임으로 일하고자 하는 것에 대
　　　　해 각자가 제기한 몇 가지 생각을 살펴볼게요. 체리, 당신 생각은 '빌은 단
　　　　지 그가 하고 싶은 것을 원할 뿐이다.'라는 거죠. 제 말이 맞나요?

체리: 맞아요.

치료사: 만약 그것이 사실이라면 그것은 당신과 당신의 관계에 무엇을 의미하죠?

체리: 빌은 그가 원하는 것을 알고 그것을 얻는다는 거죠. 그는 그것을 추구해요.

치료사: 좋아요. 만약 빌이 자신이 원하는 것을 알고 있고 그것을 추구하는 것이
　　　　사실이라면 그것은 당신과의 관계에서 무엇을 의미하죠?

체리: 빌이 내가 필요한 것에 대해서는 생각하지 않는다는 거죠. 즉, 나한테 관심
　　　을 두지 않는다는 거예요.

치료사: 그것이 사실이라고 말하는 것은 아니지만 만약 실제로 빌이 당신이 필요
　　　　로 하는 것에 관심을 두지 않는다면 그것은 무슨 뜻일까요?

체리: 그건 그가 음악을 할 거라는 거죠. 그는 내가 나가떨어질 때까지 이용해 먹
　　　을 거예요.

치료사: 빌이 당신을 부당하게 이용할지도 모른다는 생각으로 그를 **믿지 못하는**
　　　　거네요. 빌, 당신 생각 중 하나를 잠깐 살펴볼게요. '나는 결코 내 삶을 살
　　　　수 없을 것이다.' 만약 이것이 사실이라면 그것은 당신과 당신의 관계에

어떤 의미지요?

빌: 체리는 내가 중요하게 여기는 것을 하지 못하게 할 거라는 거죠.

치료사: 그게 사실이라면요? 그게 당신과 당신의 관계에 무슨 의미지요?

빌: 그녀한테서 내가 필요한 것을 결코 얻지 못할 것이라는 거죠.

치료사: 좋아요. 그럼 이 관계에서 당신은 필요한 것을 **빼앗길** 것 같다는 생각이 드는군요. 우리가 이런 생각을 자세히 들여다보면, 생각의 근원에는 중요한 신념이 있다는 것에 주목하세요. 체리, 당신에게는 파트너가 당신을 이용할 것이라는 신념이 있어요. 그리고 빌, 당신은 행복해지는 데 필요한 것을 파트너가 주지 않을 거라는 신념이 있어요.

## 커플 스키마 설문지

공식적인 측정을 통해서도 스키마를 밝힐 수 있다. 다음 제프리 영의 작업에서 영감을 받은 커플 스키마 설문지(부록 B 및 http://www.newharbinger.com/34800에서도 제공)로 각 파트너의 주요 스키마를 식별할 수 있다.

### 커플 스키마 설문지

다음 설문지는 자신의 관계 속에서 어떤 스키마가 자신과 가장 관련되어 있는지 결정하는 데 도움이 될 것이다. 각 문장을 읽은 후 제공된 척도를 사용하여 각 문장이 자신을 얼마나 잘 설명하는지에 따라 점수를 매긴다.

질문 옆의 밑줄에 점수를 표시한다. 마지막에 간단한 결과를 안내할 것이다.

0-그렇지 않다

1-그저 그렇다

2-약간 그렇다

3-그렇다

4-매우 그렇다


### 1. 버림받음/불안정(Ab/In)

_____ 1. 나는 파트너를 믿고 의지할 수 있을 것 같지 않다.

_____ 2. 나는 종종 나에게 헌신할 수 없는 파트너에게 끌린다.

_____ 3. 내 관계는 불안하고 불안정한 느낌이다.

_____ 4. 내 관계는 아주 취약해서 곧 끝날 것 같은 느낌이다.

_____ 5. 파트너가 항상 나를 위해 곁에 있어 줄 거라고 기대할 수 없다.

_____ 6. 파트너가 떠날까 봐 늘 걱정하고 있다.

_____ 7. 나는 종종 파트너가 선호하는 다른 사람을 찾을까 봐 걱정된다.

_____ 8. 나는 파트너와 멀리 떨어져 시간을 보내거나 파트너가 자신만의 공간을
          필요로 할 때 겁이 난다.

_____ 9. 파트너가 옆에 없을 때 파트너가 나에게 헌신하지 않는 것에 걱정한다.

_____ 10. 나는 종종 파트너에게서 버림받거나 파트너를 잃을까 봐 두렵다.


### 2. 불신/학대(M/A)

_____ 1. 나는 종종 파트너가 나를 이용할까 봐 걱정된다.

_____ 2. 파트너가 나를 해치거나 배신할까 봐 걱정된다.

_____ 3. 파트너를 믿기 어렵다.

_____ 4. 대부분의 사람은 믿을 수 없다.

_____ 5. 관계에서 안전하다고 느끼려면 나 자신을 보호하고 경계해야 한다.

_____ 6. 나는 종종 파트너의 의도와 동기가 의심스럽다.

_____ 7. 파트너가 약속을 지킬 거라고 확신할 수 없다.

_____ 8. 파트너가 거짓말을 하거나 약속을 어길까 봐 경계한다.

_____ 9. 파트너가 나를 학대할까 봐 두렵다.

_____ 10. 파트너가 어떤 식으로든 나를 속이는지 자주 궁금하다.

## 3. 정서적 박탈(ED)

_____ 1. 파트너로부터 정말 필요한 사랑과 보살핌을 받지 못하고 있다.

_____ 2. 파트너는 나를 이해하지 못하거나 내가 필요한 보살핌을 제공해 주지 않는다.

_____ 3. 나는 애정관계에 있어서 만족스럽지 않다.

_____ 4. 파트너가 더 감정 표현을 하고 내 욕구를 충족시켜 주면 좋겠다.

_____ 5. 파트너가 날 돌봐 준다고 느끼기 힘들다.

_____ 6. 파트너는 종종 내 감정적 욕구에 냉담하고 거리를 두는 방식으로 반응했다.

_____ 7. 나는 항상 파트너가 제공할 수 있는 것보다 더 많은 관심과 애정이 필요했다.

_____ 8. 나는 종종 파트너에게 박탈감을 느끼고 더 많은 것을 원했다.

_____ 9. 파트너에게 감정적 지지를 기대하는 것이 어렵다.

_____ 10. 파트너와 함께 있어도 자주 혼자인 것 같고 외롭다.

## 4. 결함/수치심(D/S)

_____ 1. 파트너가 진짜로 나를 안다면 나에게 실망할 것이다.

_____ 2. 파트너가 나의 결점이나 결함을 모두 안다면 나를 받아들이지 않을까 봐 걱정된다.

_____ 3. 나에 대해 너무 많이 드러내면 파트너가 나를 사랑하지 않을까 봐 걱정된다.

_____ 4. 나는 근본적으로 나쁘거나 망가졌다고 느낀다.

_____ 5. 나의 문제가 뭔지 알려고 노력하므로 난 바뀔 수 있다.

_____ 6. 파트너에게 내 모습을 완전히 드러내면 나를 거절할까 봐 걱정된다.

_____ 7. 나는 종종 파트너가 나에게 과분해서 나보다 더 나은 누군가를 찾을 수 있

다고 생각한다.

_____ 8. 파트너가 진짜 나를 안다면 나와 함께 있고 싶지 않을 것이다.

_____ 9. 나는 종종 대부분의 파트너에게 실망을 안겨 주었다.

_____ 10. 나는 가장 깊은 불안을 파트너와 나눌 수 없다.


## 5. 사회적 고립/소외(SI/A)

_____ 1. 나는 파트너나 공동체에 소속되어 있다는 느낌이 들지 않는다.

_____ 2. 자주 집단에서 소외되고 외부인인 것처럼 느낀다.

_____ 3. 파트너와 나는 우리의 친구 그룹과 잘 어울리는 데 어려움이 있다.

_____ 4. 파트너의 친구나 가족과 관계를 맺을 때 어색하고 다르다는 느낌을 받는다.

_____ 5. 나는 파트너와 너무 다르고 서로 다른 세계에 사는 것 같아 걱정된다.

_____ 6. 파트너가 사회적 상황에서 나와 함께하고 싶어 하지 않아 걱정된다.

_____ 7. 나는 파트너와 함께 사회적 상황에 있을 때 소외감을 느낀다.

_____ 8. 나는 파트너가 사회적 상황에서 나를 당황하게 하거나 부끄러워할까 봐 걱정된다.

_____ 9. 파트너의 친구나 가족과 잘 어울리지 못할까 봐 걱정된다.

_____ 10. 나는 파트너와 사회적 상황에 있을 때 당황스럽거나 다른 사람의 시선을 의식한다.


## 6. 의존(De)

_____ 1. 파트너의 도움 없이는 일을 끝내기가 어렵다.

_____ 2. 파트너가 대부분의 결정을 하는 것을 선호한다.

_____ 3. 오랫동안 혼자 있는 게 힘들다.

_____ 4. 나 혼자서는 감당하기 어려운 문제가 많아 파트너의 도움이 필요하다.

_____ 5. 파트너의 의견 없이 스스로 결정을 내리는 것이 어렵다.

_____ 6. 파트너의 도움 및 조언에 크게 의존한다.

_____ 7. 파트너의 지지 없이는 대부분의 문제를 처리할 수 없다.

_____ 8. 나는 종종 무력감을 느끼거나 무엇을 해야 할지 몰라 당황스럽다.

_____ 9. 일상의 문제를 해결하기 위해 파트너가 도움을 주고 안심시켜 주는 것이 필요하다.

_____ 10. 파트너의 조언이 없으면 실수를 하고 잘못된 결정을 내릴까 봐 두렵다.

## 7. 실패(Fa)

_____ 1. 파트너의 기대에 미치지 못할까 봐 걱정된다.

_____ 2. 나는 대부분의 파트너에게 실망했다.

_____ 3. 나는 대부분의 관계에서 실패했다.

_____ 4. 좋은 결정을 내릴 자신이 없다.

_____ 5. 파트너가 나에게 뭔가 해 달라고 부탁하면 보통 일을 망친다.

_____ 6. 내 잠재력에 부응하지 못할 것 같아 두렵다.

_____ 7. 나는 항상 성취적인 면에서 부족하다.

_____ 8. 나는 계속 실패해서 파트너를 실망시키고 있다.

_____ 9. 나는 파트너의 기준에 맞지 않는다.

_____ 10. 내가 시도하는 모든 것을 망쳤다.

## 8. 특권의식/과장(En)

_____ 1. 파트너에게 원하는 것을 얻지 못하면 화가 난다.

_____ 2. 자주 파트너가 나에게 너무 많은 것을 요구한다고 느낀다.

_____ 3. 나는 보통 내 관계에서 내가 원하는 것을 얻는다.

_____ 4. 파트너가 나에게 이래라저래라 하는 것을 받아들이지 않는다.

_____ 5. 파트너가 나를 구속하는 것에 자주 좌절감을 느낀다.

_____ 6. 내 요구가 파트너의 요구보다 우선시되어야 한다.

_____ 7. 파트너는 내가 하고 싶은 일을 막아서는 안 된다.

_____ 8. 파트너가 내게 원하는 몇 가지 제한은 받아들일 필요가 없다고 생각한다.

_____ 9. 인생에서 좋은 일에 관한 한, 나는 대부분 받을 만한 것을 얻는다.

_____ 10. 나는 파트너가 내 방식대로 하도록 설득을 잘한다.

## 9. 자기희생/복종(Su/SS)

_____ 1. 관계에서 내 욕구를 충족시키기가 어렵다.

_____ 2. 파트너의 욕구보다 내 욕구를 우선시하면 죄책감이 든다.

_____ 3. 파트너에게 동의하지 않거나 거절하는 것이 두렵다.

_____ 4. 나는 보통 파트너의 계획에 잘 따른다.

_____ 5. 나는 하고 싶지 않다는 것을 알면서도 파트너를 위해 하기로 자주 동의한다.

_____ 6. 상대방의 욕구를 충족시키지 못하면 보복하거나 벌을 줄까 봐 걱정된다.

_____ 7. 지금 내가 원하는 것을 콕 집어서 찾는 것이 어렵다.

_____ 8. 파트너의 마음에 들기 위해 열심히 노력하고, 상대방의 욕구를 내 것보다 우선시한다.

_____ 9. 관계에서 나 자신을 옹호하거나 필요한 것을 주장하기가 어렵다.

_____ 10. 내가 원하는 것과 필요한 것을 알리는 것이 어렵다.

## 10. 엄격한 기준(US)

_____ 1. 파트너와 나 자신에게 매우 높은 기준을 세운다.

_____ 2. 내가 하는 일은 거의 만족스럽지 않다. 나는 보통 내가 더 잘할 수 있다고 생각한다.

_____ 3. 파트너가 내 삶에 기여하는 것보다 단점을 보는 것이 더 쉽다.

_____ 4. 내가 만족할 정도로 성취하지 못하면 쉽게 침체되어 있는 것 같다.

_____ 5. 파트너나 내가 실수를 하면 비판적이 된다.

_____ 6. 실패하면 매우 화가 난다.

_____ 7. 파트너가 내 기대에 미치지 못하면 자주 실망한다.

_____ 8. 나는 파트너가 더 나아지거나 더 나은 일을 할 수 있는 방법을 잘 찾는다.

_____ 9. 나는 파트너와 나 자신에 대한 기대치를 높이 설정한다.

_____ 10. 나는 결코 적당히 끝내지 않는다.

## 점수

_____ 1. 버림받음/불안정

_____ 2. 불신/학대

_____ 3. 정서적 박탈감

_____ 4. 결함/수치심

_____ 5. 사회적 고립/소외

_____ 6. 의존

_____ 7. 실패

_____ 8. 특권의식/과장

_____ 9. 자기희생/복종

_____ 10. 엄격한 기준

## 커플의 스키마 해석

• 0~10점: 해당 없음. 이 스키마는 아마 적용되지 않을 것이다.

• 11~19점: 상당히 낮음. 이 스키마는 미미하게 영향을 미친다.

• 20~29점: 중간. 이 스키마는 중간 정도의 영향을 미친다.

• 30~40점: 높음. 이것은 중요한 스키마이다.

비록 이러한 스키마와 관련된 고통이 인간관계에서 보편적이고, 우리는 모두 불신, 박탈, 버림받음 등의 순간들을 경험했지만, 사람들은 그들의 개인사를 감안해 볼 때 특정 스키마 성향을 가지는 경향이 있다. 특정 스키마에서 점수가 높을 때 그 스키마는 그 사람에게 더 자주 촉발되는 경향이 있다. 커플에 관한 열 가지 스키마에서 25점 이상의 점수는 높은 스키마를 나타내며 서로의 관계에 영향을 미칠 가능성이 있다. 만약 어떤 스키마도 높지 않다면 그중에서 높은 점수를 받은 두 개의 스키마를 사용할 수 있다. 높은 스키마가 여러 개 있는 경우 두세 개만 가지고 작업한다. 그 이상의 스키마를 가지고 작업하면 치료가 너무 복잡하고 혼란스러워질 것이다. 다음 특징을 가진 스키마에 집중하여 작업한다.

- 상당히 높은 것
- 갈등 시 자주 나타나는 것
- 파트너를 자극하는 행동으로 이어지는 것

일단 함께 작업할 핵심 스키마를 선택했으면 스키마가 활성화될 때마다 알아차리게 하고, 세션 내내 그 핵심 스키마로 되돌아가 작업하도록 한다. 그러면 두 사람이 어떻게 반응하는지 알게 될 것이다. 커플과 스키마 용어를 사용할 필요는 없으며, 대신 파트너의 스키마 경험을 설명하고 명칭을 붙이기 위해 자신의 단어를 사용할 수 있어야 한다.

## 스키마와 감정적 고통

스키마에 대한 신념은 엄청나게 고통스러운 감정을 촉발한다. 사실 그 감정이 너무 고통스러운 나머지, 사람들은 그것이 활성화될 때마다 스키마 고통을 억제하거나 회피하려고 한다. 각 스키마와 관련된 일반적인 영향은 다음의 스키마 영향 유인물에 요약되어 있다(유인물은 부록 D 및 http://www.newharbinger.com/34800에서도 제공).

## 스키마 영향

| 스키마 | 영향 |
|---|---|
| 사회적 고립/소외 | 외로움, 수치심, 낙담, 당황, 고립, 막막한 갈망, 두려움, 불안 |
| 자기희생/복종 | 죄책감, 두려움, 무력함, 의무, 분노 |
| 특권의식/과장 | 분노, 실망, 박탈, 압도 |
| 버림받음/불안정 | 두려움, 외로움, 질투, 불안, 갈망, 비탄 |
| 실패 | 두려움, 슬픔, 실망, 무력함, 분노, 수치심 |
| 정서적 박탈 | 외로움, 긴급함, 박탈, 허기, 무력함, 갈망, 슬픔, 분노 |
| 결함/수치심 | 수치심, 슬픔, 두려움, 무력함, 분노 |
| 엄격한 기준 | 실망, 불만, 허무, 두려움, 수치심 |
| 불신/학대 | 두려움, 의심, 외로움, 경계, 분노, 의혹, 갈망 |
| 의존 | 두려움, 불확실, 외로움, 취약성, 열등감, 의심, 혼란, 불안 |

커플과 함께 스키마 영향에 대한 정보를 검토한다. 두 사람에게 핵심 스키마와 관련된 특정 감정을 알 수 있도록 한다.

**예시 대화**

치료사: 체리, 당신의 불신 스키마가 나타나면 그것 때문에 어떤 감정을 느끼나요?

체리: 빌이 저를 이용하고 싶어 한다는 생각이 들면 화가 나요. 그리고 그가 그렇게 하도록 내버려 둔 제가 바보 같고 부끄럽게 느껴져요.

치료사: 좋아요, 분노와 부끄러움. 그 감정은 얼마나 큰가요?

체리: 너무 커요. 그냥 벗어나고 싶어요.

치료사: 정말 힘들겠네요. 빌, 당신에게 촉발된 두 가지 스키마에 대해 얘기했어요. 하나는 박탈 스키마인데, 체리에게서 당신이 필요한 것을 얻지 못할

것이라는 신념이에요. 그렇게 생각하면 어떤 느낌이 들어요?

빌: 약간 절망적인 느낌이 들면서 항상 불행할 것 같아요. 그리고 그녀가 저를 도울 수 있지만 도와주지 않을 것 같아서 화가 나요.

치료사: 당신의 절망감이 매우 아프게 들리네요. 우리가 살펴본 버림받음 스키마는 어떨까요? 체리가 떠난다고 생각하면 어떤 느낌이 드나요?

빌: 그 상태까지 가고 싶지 않아요.

치료사: 알아요. 하지만 적어도 그 느낌에 이름을 붙일 수 있을까요?

빌: 일종의 아프고 겁먹은 느낌이에요.

치료사: 어떤 것은 너무 커서 그것과 접촉하고 싶지도 않을 거예요. 하지만 여기 이 스키마 때문에 생기는 감정에 중요한 것이 있어요. 뜨거운 난로를 만졌을 때처럼 상처를 너무 크게 입어서 가능한 한 빨리 멈추고, 회피하고, 없애고 싶을 거예요. 그리고 그 고통이 갈등을 부추기고 있어요.

이것은 수용전념치료(ACT) 개념 중 **경험적 회피**(experiential avoidance)를 처음으로 소개하는 순간이다. 경험적 회피는 고통으로부터 달아나고자 하는 부적응적 방식으로 오히려 고통을 증가시키는 역할을 한다. ACT의 관점에서 보면, 스키마 고통의 회피는 관계에서 생기는 고통과 역기능의 주요 원인으로 이해된다.

## 스키마 기원에 대한 설명

부적응적 스키마는 어린 시절에 핵심적인 정서적 욕구가 충족되지 않았을 때 생긴다. 제프리 영(Young, 2004)에 따르면, 아이들이 잘 자라기 위해서는 여섯 가지 욕구가 충족되어야 한다. 그것이 무시되면 관계에서 재연되는 스키마가 만들어진다. 이러한 스키마는 초기 아동기에는 환경에 적응할 수 있는 대응책이 되지만, 현재의 관계까지도 지속되고 유지될 수 있다. 다음은 아동기에 필요한 여섯 가지 기본적인 정서적 욕구이다(McKay, Lev, & Skeen, 2012).

- **안전감.**    아이들이 안정적이고 안전한 환경을 제공받지 못하면 기본적인 안전의 필요성이 충족되지 못한다. 아이들은 세상에서 안전하다고 느끼기 위해 일관되고 신뢰할 수 있는 보호자가 필요하다. 이것이 충족되지 않으면 버림받음/불안정 스키마나 불신/학대 스키마가 만들어지거나 또는 이 두 가지 모두 만들어질 수 있다.

- **유대감.**    아이들은 가족, 보호자, 또래의 사랑, 애정, 공감, 이해, 지도가 필요하다. 아이들이 필요로 하는 사랑과 공감을 받지 못할 때 정서적 박탈 스키마, 버림받음 스키마, 결함/수치심 스키마 또는 사회적 고립/소외 스키마가 만들어질 수 있다.

- **자율성.**    부모와 건강하게 분리되려면 자율성과 독립성이 필요하다. 아이들이 자립적 책임과 좋은 판단력을 배우지 못하면 의존 스키마나 자기희생/복종 스키마가 만들어질 수 있다.

- **자아존중감.**    아이들은 건강한 사랑과 관심, 인정, 존중을 받을 때 자존감을 가지게 된다. 가족 및 또래로부터 이러한 지지를 받지 못할 경우에 결함/수치심 스키마, 실패 스키마 또는 정서적 박탈 스키마가 만들어질 수 있다.

- **자기표현.**    양육 환경에서 아이들은 그들의 필요와 욕망을 공개적으로 표현하도록 장려된다. 이런 자기표현이 좌절될 때, 아이들은 보호자와 관계를 유지하기 위해 자신의 욕구와 감정을 억제해야 한다고 느낀다. 이 아이들은 자신의 감정과 욕구가 받아들여지지 않거나 보복당하는 것을 두려워할 수도 있다. 자기표현이 지지받지 못할 때 자기희생/복종 스키마, 엄격한 기준 스키마, 결함/수치심 스키마 또는 세 가지 모두가 만들어질 수 있다.

- **현실적 한계.**    아이들은 책임, 자기통제, 자기규율 그리고 남을 존중하는 환경에서 자랄 때 현실적인 한계 내에서 사는 법을 배운다. 부모가 지나치게 관대하면 아이들은 행동하기 전에 다른 사람들을 배려해야 할 필요가 있다는 것

을 이해하지 못한 채로 성장한다. 현실적인 한계가 없는 경우에는 아이들에게 특권의식/과장 스키마가 만들어질 수 있다.

일단 핵심 스키마와 관련된 영향을 확인했으면, 어린 시절의 경험과 연결시키는 것이 효과적이다. 이러한 핵심 신념은 특정 외상으로부터 비롯되거나 보호자가 온전히 그 마음을 알아주지 않았을 때 생기는데, 이 시기에는 핵심적인 정서적 욕구가 충족되지 않는다. 치료사는 사람들이 현재 존재하는 갈등과 스키마 촉발 요인을 어린 시절의 경험과 연결시키고, 커플이 이전 관계에서 충족하지 못한 욕구와 현재의 정서적 욕구를 인식하도록 돕는다.

치료사는 스키마 기원을 확인함으로써 다음과 같은 몇 가지 목표를 달성한다.

- 스키마 신념과 고통은 개인이 통제할 수 없는 힘에 의한 것으로 설명된다. 스키마는 개인의 잘못이 아니다.
- 두 사람이 서로 상대방의 두려움과 반응이 만들어지는 이야기를 들었기 때문에 공감대가 형성된다.
- 스키마는 이제 이해할 수 있는 특정 사건과 연결되어 한 사람의 과거와 현재의 관계를 어떻게 연결하고 있는지 보여 줄 수 있다.

**예시 대화**

치료사: 빌, 당신이 어렸을 때 필요한 것을 결코 얻지 못했던 절망감에 대한 기억이 있나요? 어린 시절에 그것과 관련된 상황이 있었나요?

빌: 엄마와 아빠가 헤어지고, 엄마는 누군가 혹은 무언가를 찾으러 뛰어다니고 있었어요. 저는 엄마와 시간을 보내고 싶었고, 뭔가를 하고, 저와 이야기해 주길 바랐어요. 하지만 엄마는 가 버렸어요.

치료사: 혼자 남겨진 기분이었겠네요.

빌: 한동안 혼자라고 느꼈어요.

치료사: 그런 경험이 당신의 버림받음에 대한 신념과 관련이 있다는 느낌이 들어요.

빌: 엄마를 기다리면서 깨어 있으려고 노력했어요. 하지만 엄마가 집에 왔을 때 저는 항상 잠이 들어 있었어요.

치료사: 체리 때문에 촉발된 스키마 감정은 오래전으로 거슬러 올라가지 않나요? 엄마가 당신을 떠난 것처럼 느껴졌던 그때처럼.

(체리를 돌아보며) 같은 질문을 할게요. 사람들이 당신을 신경 쓰지 않는다는 생각과 그에 따른 분노와 수치심을 과거에 어딘가에서 경험했던 기억이 있나요?

체리: 자주 그랬어요. 예를 들면, 아빠가 주지사 선거에 출마했는데 갑자기 저한테 관심을 가졌어요. 아빠는 딸과 잘 지내는 모습을 보여 주면 표를 얻을 수 있을 거라고 생각했어요. 마치 가정적인 사람처럼 보이도록 말이죠. (경멸하듯 손을 흔들며) 제가 아빠와 함께 선거운동을 하고 싶어 하지 않으면 아빠는 제가 가서 미소를 지을 때까지 저를 괴롭혔어요.

치료사: 하지만 아버지는 다른 때에는 신경을 쓰지 않았나요?

체리: 네.

치료사: 어떻게 누군가를 믿는 것이 위험하다고 느끼게 되었는지 알 수 있네요.

## 스키마가 관계에 미치는 영향

커플에게 스키마를 소개하고 각자에게 영향을 미치는 한두 개의 핵심 신념을 확인했으므로, 이제는 관계에서 전형적으로 발생하는 스키마 촉발 요인을 인식할 때이다. 이러한 촉발 요인은 특정 스키마에 따라 달라진다. 다음 유인물(부록 D 및 http://www.newharbinger.com/34800에서도 제공)은 무엇이 누구를 촉발시키는가에 대한 이야기를 시작하는 데 사용될 수 있다.

## 커플의 스키마 촉발 요인

스키마는 특히 두 사람의 욕구가 다른 상황에서 관계에 대한 관점을 왜곡하는 경향이 있다. 스키마가 촉발되었을 때 우리는 그 결과로 인해 생기는 감정적 고통으로부터 자신을 보호하기 위해 고안된 방법으로 반응을 한다. 관계에서 촉발 요인은 피할 수 없다. 하지만 자신의 주요 스키마의 촉발 요인을 알 수 있다면 싸움과 충돌을 부채질하는 반응을 변화시키는 데 한 걸음 더 가까워질 것이다. 여기 각 스키마에 대한 대표적인 촉발 요인이 있다.

- **버림받음/불안정 스키마.**　이 스키마는 파트너가 멀리하거나, 말을 하지 않거나 또는 곁에 있어 주지 않을 때 활성화될 가능성이 높다. 또한 파트너가 비난하거나, 관계에 만족하지 못하는 것처럼 보이거나, 직접적으로 또는 간접적으로 떠나겠다고 위협했을 때도 활성화될 수 있다.
- **불신/학대 스키마.**　이 스키마는 종종 파트너가 상처를 주는 말이나 행동을 하거나, 내가 배려받지 못한다고 인식할 때 또는 내가 싫어하는 것(행동)을 강요할 때 활성화될 수 있다.
- **정서적 박탈 스키마.**　이 스키마는 외로움을 느끼거나, 파트너가 남처럼 느껴질 때, 이해나 보호 또는 사랑을 받지 못한다고 느낄 때 활성화될 수 있다.
- **결함/수치심 스키마.**　이 스키마는 비판을 받거나, 파트너가 기대에 부응하지 못한다고 느낄 때 활성화될 수 있다. 내가 가치가 없다(별 볼 일 없다) 또는 너무 부족하다(제대로 하는 게 없다)는 메시지로 인해 크게 활성화될 수도 있다.
- **사회적 고립/소외 스키마.**　이 스키마는 가치, 관심사, 취향 등의 면에서 파트너, 파트너의 친구 또는 가족과 다르다고 느끼거나 이해받지 못한다고 느낄 때 활성화될 수 있다. 때때로 파트너와 같은 공간에 있으면서 외로움을 느끼면 활성화될 수도 있다.
- **의존 스키마.**　이 스키마는 어려움이나 도전에 직면할 때 활성화될 수 있으며, 파트너가 멀리하거나 곁에 있어 주지 않는 것처럼 보일 때도 활성화될 수 있다. 파트너가 필요할 때 없는 경우—정서적으로나 신체적으로나—에도 활성화될 수 있다.

관계에 대해 위협을 느끼는 경우에도 이 스키마는 활성화될 수 있다.

- **실패 스키마.** 이 스키마는 실수, 비판 또는 파트너의 기대에 부응하지 못하고 있다는 메시지로 인해 활성화될 가능성이 있다. 자신의 업적, 재능, 능력 또는 지성에 대해 무엇인가가 부족하다는 의견으로 인해서도 이 핵심 신념이 활성화될 수 있다.
- **특권의식/과장 스키마.** 이 스키마는 파트너가 내가 원하는 것이나 필요로 하는 것을 하지 않을 때, 나보다 파트너의 필요나 욕구를 선택할 때 활성화될 수 있다.
- **자기희생/복종 스키마.** 이 스키마는 파트너가 무언가를 필요로 할 경우에 자신이 그것을 해 주어야 한다고 느낄 때마다 활성화될 수 있다. 또한 자신이 원하든 원하지 않든 파트너가 욕구를 강요하며 나를 통제한다고 느끼면 활성화될 수 있다.
- **엄격한 기준 스키마.** 이 스키마는 자신이나 파트너가 친밀한 관계에서 어떻게 행동해야 한다는 기준에 맞게 살지 않을 때 활성화될 수 있다. 또한 비판이나 갈등, 불만에 의해 활성화될 수 있다.

---

일단 두 사람이 일반적인 촉발 요인 중 몇 개를 이야기한 후에는 **주중에 발생하는** 촉발 상황을 관찰하고 모니터링하도록 할 수 있다. 커플에게 다음에 나오는 스키마 촉발 요인 기록표(부록 D 및 http://www.newharbinger.com/34800에서도 제공)의 사본을 제공하고, 관계에서 있었던 일이 핵심 스키마를 활성화할 때마다 이 기록표를 쓰게 한다. 이것은 두 사람이 촉발되었을 때 무슨 일이 일어나는지 연관시킬 수 있도록 해 주기 때문에 매우 중요한 과제이다. 기록표의 오른쪽 칸[행동(당신이 한 일)]은 스키마 활성화에 대처하는 방법에 대한 중요한 자료를 제공한다. 이러한 반응들—스키마 대처 행동—은 치료의 다음 단계에서 주목해야 할 점이다(제3장 참조).

스키마 대처 행동(schema coping behaviors: SCBs)은 스키마가 관계를 손상시키는 수단이다. 커플은 그들의 행동에 대한 결과(다음 장 참조)를 검토하면서 이 사실을 깨닫기 시작할 것이다. 지금은 두 사람이 촉발 요인이 되는 사건과 반응을 관찰하고 기록하는 것으로 충분하다.

## 과제

 이 치료의 초기 단계의 과제는 ① 각 갈등에 대한 생각일지를 작성하고, ② 커플 스키마 설문지를 작성하며, ③ 관계에서 핵심 스키마가 활성화될 때마다 스키마 촉발 요인을 기록하는 것이다.

## 스키마 촉발 요인 기록표

| 촉발 상황 | 스키마 | 감정 | 행동(한 일) |
|---|---|---|---|
|  |  |  |  |
|  |  |  |  |
|  |  |  |  |
|  |  |  |  |
|  |  |  |  |
|  |  |  |  |
|  |  |  |  |
|  |  |  |  |
|  |  |  |  |
|  |  |  |  |
|  |  |  |  |
|  |  |  |  |
|  |  |  |  |
|  |  |  |  |
|  |  |  |  |
| 촉발 상황 | 스키마 | 감정 | 행동(한 일) |
|  |  |  |  |
|  |  |  |  |
|  |  |  |  |
|  |  |  |  |

# 스키마 대처 행동과 회피의 역할 제3장

두 사람 각각의 스키마와 그 촉발 요인을 탐색하고, 관계 속에서 계속해서 나타나는 일차적 고통을 확인한 후, 각 파트너가 관련된 스키마 대처 행동(SCBs)을 확인할 수 있다. 스키마 대처 행동은 관계에 있어 스키마에서 비롯된 고통을 통제, 제거 또는 방어하기 위해 노력하는 방법으로서 사용하는 행동 전략이다. 우선 스키마 대처 행동이 무엇인지, 어떻게 배우는지 그리고 관계에서 어떻게 유지되는지에 대한 심리 교육을 시작한다. 그런 다음 각 파트너가 관계에서 사용하는 특정 스키마 대처 행동을 확인하고, 그것이 **반복되는 공식**을 알려 준다. 커플에게 고착된 고유한 패턴에 대해 설명하고, 각 파트너의 스키마 대처 행동이 역동을 유지하는 데 어떻게 기여하는지 강조한다.

ACT의 렌즈를 통해 볼 때, 스키마 대처 행동은 고통스러운 내적 경험과 스키마 활성화를 피하기 위해 배운 **경험적 회피** 행동이다. 이러한 회피 행동은 때때로 일시적으로 스키마 고통을 완화 또는 지연시킬 수 있지만 장기적으로 더 많은 고통과 괴로움을 주고 관계를 더욱 악화시킬 것이다.

우리는 어린 시절에 부모와 다른 가족이 고통에 대처하고 상호작용하는 모습을 지켜보았고, 우리 주변에 있는 다른 사람들과의 상호작용을 통해 스키마 대처 행동을 배운다. 우리가 시끄럽게 하거나 히스테리 상태가 되면 우울한 부모는 우리에게 관심을 기울일 것이다. 또는 우리가 말없이 조용해지면 간섭하거나 비판적인 부모는 우리에게 필요한 공간을 줄 것이라고 배웠을 수도 있다. 만약 우리가 부모님의 모든 욕구를 충족시켰다면 일시적으로 죄책감이나 비난의 감정을 피할 수 있을 것이다. 우리는 삶의 어느 시점에서 적응하는 전략을 배웠지만, 지금은 그 전략으로 인해 현재의 관계를 손상시키고 우리의 욕구를 충족시키는 방법을 배우지 못하고 있다.

이제 어른이 되었음에도 불구하고 우리는 현재 관계에서 스키마 고통을 피하려고 시도할 때 어린 시절에 배운 것과 동일한 회피 전략을 사용하도록 조건화되어 있다. 문제는 이러한 전략들이 단기적으로는 때때로 안도감을 줄 수 있지만, 장기적으로는 관계를 해치고 실제로 두 사람의 스키마를 강화하는 자기충족적 예언을 만들어 낼 수도 있다는 것이다. 이것은 현재 관계에서 어린 시절과 유사한 패턴을 만들어 낸다.

예를 들어, 버림받음 스키마를 가진 사람은 스키마가 촉발되면 과도한 안정감을 추구하여 질투심이나 소유욕에 매달리거나, 비난하거나 자극을 함으로써 이러한 경험에 대처할 수 있다. 그는 자신에게 필요한 관심을 얻기 위해 파트너에게 계속해서 전화를 걸거나, 죄책감을 이용해 자신의 파트너가 다른 사람들과 시간을 보내는 것을 막을 수도 있다. 이러한 대처 행동은 그 순간에는 거절받는 느낌이 아닌 안도감을 줄 수도 있지만 장기적으로는 관계를 악화시키고, 실제로 파트너가 멀어질 가능성이 커지며, 계속해서 버림받은 경험을 강화시키고 촉발하게 된다.

스키마가 촉발될 때 한 사람이 반응하는 방식은 파트너의 스키마와 스키마 대처 행동을 촉발시키며, 이것이 반복되면 관계에서 자기파괴적인 패턴이 지속된다. 두 사람에게 특정 스키마 대처 행동이 촉발되었을 때 그것을 파악할 수 있도록 유인물을 사용한다(부록 D 및 http://www.newharbinger.com/34800에서도 제공).

## 관계에서 볼 수 있는 열 가지의 일반적인 스키마 대처 행동

다음 목록은 커플들이 스키마가 촉발될 때 하는 일반적인 부적응적 대처 행동 열 가지이다.

1. 공격: 비난, 비판, 공격적인 말, 비하, 의도 강요
2. 요구: 통제, 주장, 과도한 요청, 관심, 지지, 보살핌 요구
3. 항복: 포기, 굴복, 굴종, 자기희생, 수동적 또는 복종하기
4. 매달리기(추적자): 의존, 관심, 문제해결을 위한 도움, 안심 추구
5. 멀리하기(멀리하려는 자): 침묵, 단절, 의사방해, 감정적 · 신체적 · 성적 도피
6. 자극 추구: 충동적인 쇼핑, 섹스, 도박, 위험 감수, 과로 등 흥분과 산만함을 추구하며 회피
7. 중독성 있는 자기위안: 술, 마약, 음식, TV, 인터넷 등으로 무감각해지며 회피
8. 조작: 무엇을 하거나 하지 않겠다는 협박, 탈선, 유혹, 속임수, 죄책감
9. 처벌: 빼앗기, 수동적−공격적 지연, 지체, 불평
10. 얕봄: 상대방의 요구는 중요하지 않다고 주장하거나 최소화하고, 방어하며, 자신의 제안이나 주장을 설명하거나 정당화함

## 스키마 대처 행동과 결과 확인

일단 두 사람 모두 어떤 스키마 대처 행동을 하는지 확인한다. 그리고 스키마 고통을 회피하면 관계에서 부정적 역동이 반복적으로 유지되고 강화된다는 것을 명확히 한다. 그 후 최근 갈등과 관련한 스키마 대처 행동의 결과를 검토하고 각 파트너가 관계 속에서 사용하는 다른 스키마 대처 행동을 계속 명확히 검토한다.

각자는 서로 다른 스키마에 대해 서로 다른 스키마 대처 행동을 할 수도 있고, 동일한 스키마에 대해 서로 다른 스키마 대처 행동을 할 수도 있다. 예를 들어, 복종

스키마를 가진 사람은 서로 다른 극단적 대처 행동 사이를 오갈 수 있다. 그 사람은 순응, 굴복 또는 수용함으로써 복종이라는 경험으로 반응할 수 있고, 때로는 정반대로 반항과 요구로써 대응할 수도 있다. 이러한 모든 스키마 대처 행동의 기능은 동일하다. 즉, 복종 스키마와 관련된 고통을 피하기 위한 것이다.

스키마 대처 행동이 효율적인지 평가하기 위해서 두 사람이 하는 모든 스키마 대처 행동을 명확하게 파악하는 것이 중요하다. 이 과정은 두 부분으로 나뉜다. 첫 번째는 스키마 대처 행동이 관계 속에서 만들어 내는 부정적인 결과를 파악함으로써 스키마 대처 행동의 **효율성**을 탐색하는 것이며, 두 번째는 **창조적 절망감**(creative hopelessness)으로 스키마 고통을 통제하고 제거하려는 커플의 시도를 약화시키는 ACT 과정이다. 효율성은 두 사람이 스키마 대처 행동이 관계 속에서 어떻게 부정적인 결과로 이어지는지 파악하는 데 도움이 된다. 창조적 절망감은 스키마 고통이 피할 수 없으며 관계 속에서 계속 촉발될 것이라는 점을 깨닫는 것이다. 다음 단계는 각 파트너가 사용하고자 하는 특정 스키마 대처 행동을 계속해서 명확히 하는 데 사용할 수 있다.

1. 두 사람에게 스키마 대처 행동 목록과 함께 유인물을 보여 주고 어떤 행동을 하는지 탐색한다. 커플의 스키마 촉발 요인 내용(pp. 65~66)을 살펴보면서 다음과 같은 몇 가지 질문에 답하게 한다.
   - 스키마가 촉발될 때 어떻게 행동하십니까?
   - 스키마 고통(상처, 거부, 버림받음, 무력함)을 느낄 때 무엇을 하십니까?
   - 당신이 가지고 있는 _____ 스키마가 촉발되면 어떻게 행동하십니까?
   - 파트너가 _____(특정 스키마 대처 행동)을 할 때 어떻게 대응하십니까?
2. 각자 묘사된 스키마 대처 행동에 동의하는지 확인한 후 파트너의 스키마 대처 행동에 대한 피드백을 받는다.
3. 최근에 있었던 갈등을 검토하고, 각 파트너의 스키마와 촉발 요인 및 대처 행동을 특정 충돌과 관련시켜 보며 이런 행동이 반복되는 것도 명확하게 파악한다.

이 단계는 각 파트너가 관계 속에서 사용하는 스키마 대처 행동의 명칭을 정하고 인식하며 세션에서 나타날 스키마 대처 행동을 예측하는 데 도움이 된다. 커플과 함께 스키마 대처 행동을 파악해 가면서 어떤 스키마 대처 행동이 치료 대상이 될 것인지를 검토하여 결정한다.

## 스키마 대처 행동의 효율성–커플에게 공식 제공하기

최근에 있었던 갈등 상황을 검토할 때, 각 파트너가 스키마 대처 행동이 자신과 파트너 및 관계에 대해 가진 결과를 확인하도록 한다. 스키마 대처 행동이 상대방을 촉발시키고, 스키마 신념을 강화하며, 고통을 심화시키는 방식에 주목한다. 이러한 방식이 두 사람의 스키마 고통을 유지하고 악화시키는 행동을 어떻게 반복하는지에 대한 공식을 제공한다. 공식은 피할 수 없는 고통, 즉 촉발되어 나타나는 고통과 스키마 대처 행동에 의해 야기되는 이차 고통을 구별한다.

커플에게 공식을 제시할 때 스키마 고통에 대한 두 사람의 반응을 합해서 표현하는 것은 어려운 일이다. 마이크와 미셸의 경우, 둘 다 실망을 겪을 때 나타나는 고통을 견딜 수가 없다. 미셸은 실망했을 때 갖게 되는 박탈감과 외로움의 경험을 견딜 수가 없고, 마이크는 그녀를 실망시킨 경험을 참을 수가 없다. 그는 부족하고, 무력하며, 수치심을 느낀다. 커플에게 이런 경험이 발생할 때마다 그들은 고통과 실망을 가중시키는 매달리기/거리 두기 패턴(pursuer/distancer pattern)으로 반응한다. 공식의 한 가지 기능은 누구도 잘못이 없는 방식으로 문제를 외부화하는 동시에 두 사람 모두 문제를 변화시키는 데 어떤 책임이 있는지 보여 주는 것이다. 치료사는 이 문제를 관계에서 피할 수 없는 고통(이 경우에는 실망)에 대한 각자의 반응에 의해 만들어진 패턴으로 설명한다. 두 사람의 스키마 대처 행동은 문제를 유지하는 데 기여했으며, 두 사람 모두 역동을 변화시키는 데 책임이 있다.

모든 갈등 상황에서 동일한 스키마와 스키마 대처 행동이 나타난다는 것을 커플이 인식하도록 돕는다. 스키마 대처 행동은 자기충족적 예언을 만들어 냄으로써 고통(두 사람 모두의 스키마)을 강화하고 유지한다. 다음은 두 사람의 스키마 대처 행동을 식별하고 순환 공식을 제공하는 방법에 대한 예시이다.

**예시 대화**

치료사: 우리는 스키마 대처 행동의 목록을 검토했고, 두 사람 다 어떤 것에 관련되어 있는지 잘 알게 되었어요. 두 사람 모두 찬성한다면 최근에 있었던 특정 갈등 상황에 대해 이야기해 봅시다. 아마 이번 주나 지난주에 있었던 갈등에서 당신의 스키마 중 하나가 자극받았을 텐데, 어떤 행동을 했으며 그 결과는 무엇이었나요?

마이크: 음, 어제 아내가 설거지 때문에 잔소리를 하기 시작했고, 저는 너무 화가 났어요.

치료사: 전반적인 상황을 설명해 주세요.

마이크: 전 TV를 보고 있었고, 미셸은 퇴근해서 집으로 왔어요. 아내가 저에게 처음으로 한 말은 "그릇이 여전히 더럽다니 믿을 수가 없어! 당신은 항상 이렇지. 당신은 이 망할 그릇들을 씻어 놓을 거라고 해 놓고는 안 했잖아. 아무것도 믿을 수 없어."라고 말했어요. 그래서 저는 화가 났어요. 미셸은 매일 그래요. 퇴근하고 집에 오면 제일 먼저 하는 일이 제가 한 일을 비판하는 거죠.

치료사: 미셸이 그렇게 말했을 때, 당신은 어떻게 했어요?

마이크: 저는 "당신한테는 마음에 드는 것이 아무것도 없지." 하고는 다른 데로 가 버렸어요.

치료사: 그다음에는 무슨 일이 일어났나요?

마이크: 글쎄요, 그녀는 저를 혼자 있게 내버려 두지 않아요. 침실로 따라와서 제가 얼마나 끔찍한 사람인지 말하기 시작했어요. 전 너무 화가 폭발해서 집을 나갔어요.

치료사: 미셸, 지금 이 순간에 당신에게 어떤 일이 일어났나요?

미셸: 마이크가 제 말을 전혀 듣지 않는 것 같아요. 그리고 저에게 어떤 영향을 미치는지 전혀 신경 쓰지 않는 것 같아요.

치료사: 제 생각에 당신은 매우 외롭고 상처받았다고 말하는 것 같아요. 하지만 어떻게 묘사하고 있는지 아세요? 지금 당신이 대처 행동에 관련되어 있다고 생각하세요? 목록을 보죠. (치료사는 그 순간 대처 행동을 확인하고 비판단적 언어를 사용하여 두 사람의 진술을 재구성한다.)

미셸: 제가 비판적이라고요? 비난한다고요? 그를 어떻게 대해야 할지 모르겠어요.

치료사: 당신에게 무슨 일이 일어나고 있는지 그리고 그에게 어떻게 전달하려고 하는지 이해하도록 노력해 봅시다. 당신 둘 사이에 무슨 일이 있었는지 설명해 줄 수 있나요? 집에 왔을 때 기분이 어땠어요?

미셸: 집에 들어가 보니 엉망이고, 설거지는 안 되어 있고, 마이크는 TV를 보고 있었어요. 실망스러웠고 저 혼자밖에 없는 것 같았어요.

치료사: 박탈 스키마가 자극받았나요?

미셸: 맞아요. 저는 완전히 혼자라고 느꼈고, 제 요구 중 어느 것도 이 관계에서 만족되지 않을 거라는 생각이 들었어요.

치료사: 외롭고 박탈당한 느낌이었나요? 그리고 당신의 요구가 절대로 충족되지 않을 거라고 생각했나요?

미셸: 네.

치료사: 그리고 무엇을 했나요? 자극을 받은 순간 어떻게 행동했나요? 대처 행동 목록을 보고 어떤 스키마 대처 행동을 사용했는지 확인해 보세요.

미셸: 비판이랑 비난(탓)을 했어요.

치료사: 네. 당신은 외로움과 박탈감을 느끼기 시작했고, 자신의 고통을 마이크에게 이해시키려는 시도로 그에게 비판과 비난을 하게 되었어요. 맞습니까? 마이크, 그때 자극을 받은 것 같아요? 어떤 스키마가 자극되었나요? 그 순간에 어떤 대처 행동을 사용했나요?

마이크: 계속 같은 일로 싸우는 것을 반복하면서 제가 얼마나 나쁜 남편인지 상기 시키는 것에 짜증났고, 좌절했고, 지쳤어요.

치료사: 어떤 판단이 들더라도 알아차리고 다시 경험으로 돌아가 보세요. 상처받은 기분이 들었나요? 무력했나요? 어떤 부적절감을 느꼈나요? 무슨 일이 있었죠? 그 순간에 어떤 스키마가 촉발되었나요?

마이크: 결함/수치심 스키마가 자극받은 것 같아요. 제가 정말 부족한 사람이라는 느낌이 들었어요. 저는 앞으로도 계속 아내를 실망시킬 거예요.

치료사: 부적절하고 충분하지 못하다고 느꼈던 그 순간에 무엇을 했나요?

마이크: 나가 버렸어요. 아내를 결코 기쁘게 할 수 없다고 느꼈기 때문에 평소처럼 그만두었어요.

치료사: 그리고 당신이 떠난 후에 무슨 일이 있었나요? 미셸은 어떻게 반응했나요?

마이크: 아내는 집 안에서 계속 저를 따라다니며 잔소리를 하고 더 비난했어요.

미셸: 남편이 절 두고 갈 때마다 그냥 버림받은 기분이 들어요. 그래서 저는 남편이 얼마나 많이 상처를 주는지, 그것이 저에게 왜 중요한지 말하려고 했어요. 그것은 단지 설거지 문제만이 아니에요. 어떤 것에 관해서도 남편을 믿을 수 없다는 것 그리고 남편은 자기 때문에 제가 어떤 느낌을 받는지 신경 쓰지 않는다는 거예요.

치료사: (마이크에게) 그래서 당신이 부족함과 수치심의 감정을 피하고 거리를 두려고 할수록 그것은 더 강해지죠. 잔소리를 피하려고 할수록 더 크게 하지요?

마이크: 맞아요, 제가 폭발해서 집을 떠날 때까지 멈추지 않았어요.

치료사: (미셸에게) 그리고 남편에게 이것이 얼마나 상처를 주는 것인지 이해시키려고 노력할수록 남편은 더 말을 안 하고 거리를 두었어요. 남편이 당신의 말을 듣고 이해해 주기를 바랐지만 당신이 얼마나 기분이 나빠지는지 설명하려고 할수록 남편이 더 많이 멀어지고, 당신은 박탈감을 더 많이 느꼈지요?

미셸: 남편은 제 말은 한마디도 들으려고 하지 않았어요. 그냥 계속 다른 데로 가
　　　버리고 나중에 할 거라고 말했는데, 그게 더 화가 났어요.

치료사: 더 화가 났을 때 무엇을 했나요?

미셸: 분명히 저한테는 관심도 없고 제 감정에 신경 쓰지 않는다고 말했어요. 또
　　　아무것도 믿지 못하겠다고 했어요.

치료사: 그래서 당신은 더 비판적이 되고 더 많이 요구하게 되는 거죠? (마이크에
　　　게) 미셸이 그렇게 말한 후에 무엇을 했나요?

마이크: 제가 제대로 할 수 있는 일이 없다면 우리가 함께 있을 수 없겠다고 하고
　　　집에서 나와 버렸어요.

치료사: 당신은 부족하고 무력하다고 느꼈어요. 이 경험에서 너무 벗어나고 싶어
　　　서 최후통첩을 하고는 마음의 문을 닫아 버렸나요?

마이크: 네, 그 순간에는 제가 할 수 있는 일이 아무것도 없는 것 같았어요. 이미
　　　저는 아내를 실망시켰고, 아내는 저를 싫어하고, 제가 할 수 있는 일은 아
　　　무것도 없었어요.

치료사: 자, 악순환이 되어 커지는 방식은 이렇습니다. 이것은 여러분의 스키마
　　　중 하나가 자극받는 데서 시작합니다. 이 경우에 미셸의 박탈 스키마는
　　　설거지가 다 안 된 것을 보고 촉발되었어요. 그 후 그녀는 박탈감을 느꼈
　　　고, 비판, 요구와 비난을 하면서 자신의 욕구가 받아들여지지 않을 것이
　　　라는 절망감을 피하려고 했어요. 결국 그것은 마이크의 결함/부족함 스
　　　키마를 촉발시켰어요. 마이크는 무력하다고 느꼈을 때 떠났어요. 이것은
　　　결국 미셸의 외로움과 박탈감을 촉발시켰어요. 맞습니까? 미셸은 마이크
　　　가 거리를 더 많이 둘수록 더 외롭고, 더 박탈감을 느끼면 느낄수록 비판
　　　과 요구를 더 하게 되고, 그것은 마이크의 결함을 증가시켜 그를 더 멀어
　　　지게 하였지요?

둘 다: 네.

치료사는 각 커플이 사용하는 모든 스키마 대처 행동에 명칭을 붙이고 각자의 스키마 대처 행동이 상대방의 스키마와 스키마 고통을 촉발하는 방법을 확인한다. 이것은 각 파트너의 스키마 대처 행동이 관계가 악순환하는 데 기여하는 방식을 간략하게 나타낸다. 이 순환이 서로 다른 맥락에서 나타난다 해도 두 사람이 싸울 때 같은 스키마와 스키마 대처 행동이 나타나는 경향이 있다는 사실을 알게 될 것이다. 이러한 행동은 치료의 주요 초점이자 목표가 되며, 두 사람과 함께 모든 갈등을 계속 명확히 공식화하는 것이 중요하다. 관계 속에서의 문제는 갈등의 내용이 아닌 사용하고 있는 회피 전략에 있다. 피할 수 없는 고통에서 벗어나려고 고군분투하는 것이 근본적인 문제이다. 치료사는 커플이 회피하는 것 하나로 문제를 공식화하도록 도와준 후에 커플이 피할 수 없는 고통을 수용하고 다른 대응방법을 기를 수 있도록 도움을 준다.

## 세션 외부에서의 스키마 대처 행동 및 결과 추적

세션에서 스키마 대처 행동과 그 결과를 확인한 후에 커플들은 스키마 대처 행동 결과 기록표(부록 D 및 http://www.newharbinger.com/34800에서도 제공)를 사용하여 세션 외부에서 자신의 스키마 대처 행동과 결과를 추적하고 모니터링한다. 이 기록은 커플이 스키마 대처 행동을 모니터링하기 시작한 스키마 촉발 요인 기록표(Schema Trigger Log, 제2장 참조)에서 배운 내용을 기반으로 작성된다. 이제 스키마 대처 행동 결과 기록표(SCBs Outcomes Log)를 통해 스키마에서 비롯된 생각과 회피 전략을 사용함으로써 생기는 관계적이고 감정적인 결과에 대해 보다 구체적인 데이터를 수집한다. 각 파트너에게 과제로 기록표를 작성하게 하고, 세션에서 검토하게 한다.

스키마 대처 행동 결과 기록표를 소개할 때는 다음과 같이 설명한다.

치료사: 두 사람 중 한 명이 자극을 받을 때마다 새로운 행동을 할지 또는 오래된 스키마 대처 행동을 할지 선택할 수 있습니다. 관련된 각자의 행동은 자신과 자신의 관계에서 결과로 나타날 것입니다. 자신이 한 행동의 결과를 주의 깊게 관찰하고 그 행동으로 인해 상황이 좋아지는지 또는 나빠지는지 평가하는 것이 중요합니다. 이 워크시트로는 자신이 가장 자주 사용하는 스키마 대처 행동을 계속 확인할 수 있고, 스키마 대처 행동으로 인한 장단기 손실을 평가할 수 있습니다. 두 사람 다 이번 주에 이 워크시트를 작성하세요. 그렇게 하시겠습니까? 이번 주에 갈등의 징후가 있거나 스키마가 자극받는 순간에 기록하세요.

먼저, 자신을 자극한 특정 사건을 설명하세요. 이것은 자극이 된 특정 행동이나 사건에 대한 설명으로 판단이 아닌 사실을 명시해야 합니다. 예를 들어, '제이슨은 관계를 끝내고 싶다고 말했다.'는 사실입니다. '제이슨이 나를 위협했다.'는 판단입니다.

다음으로 자극을 받았을 때 떠오르는 모든 감정의 명칭을 적어 두세요. 다시 말하지만, 판단이 아니라 감정을 묘사하는 단어를 사용하고 있는지 확인하세요. '나는 아프게 느꼈다.'는 감정의 한 예입니다. '그는 무심한 것 같았다.'는 판단입니다. 도움이 필요한 경우에 관계에서 욕구가 충족되지 않았을 때의 감정 목록(부록 D 참조)을 사용할 수 있습니다. 감정에 이름을 붙인 후에 자신이 자극을 받았을 때 자신과 파트너에 대해 가지고 있던 모든 생각을 적어 보세요.

그런 다음 자신이 자극을 받았을 때 어떤 행동을 했는지 적어 보세요. 그 순간에 자신이 한 일을 명확하게 묘사하는 것이 중요합니다. 왜냐하면 치료에서 추구하는 것이 변화하기 위한 노력이기 때문입니다. 마지막으로, 행동의 결과를 설명합니다. 행동을 한 직후에 무슨 일이 일어났나요? 기분이 좀 나아졌나요? 더 나빠졌나요? 더 가까워졌다고 느꼈나요, 아니면 더 혼자인 것 같다고 느꼈나요? 행동의 모든 결과를 적어 보세요.

## 스키마 대처 행동 결과 기록표

| 촉발 요인 | 감정 | 자신에 대한 생각 | 파트너에 대한 생각 | 스키마 | 행동 | 결과 |
|---|---|---|---|---|---|---|
|  |  |  |  |  |  |  |
|  |  |  |  |  |  |  |

## 예: 스키마 대처 행동 결과 기록표

| 촉발 요인 | 감정 | 자신에 대한 생각 | 파트너에 대한 생각 | 스키마 | 행동 | 결과 |
|---|---|---|---|---|---|---|
| 마이크가 한 시간 동안 내 문자에 답을 하지 않았다. | 외로움, 두려움, 화 | 사람들을 믿을 수 없다. 나는 항상 혼자일 것이다. | 마이크는 얼간이이다. 그는 나를 신경 쓰지 않는다. 그는 나를 우선시하지 않는다. 나는 그에게 중요하지 않다. | 정서적 박탈 스키마, 버림받음 스키마 | 남편에게 계속 전화가 와서 문자를 했다. 남편에게 그를 믿을 수 없고, 그가 신뢰할 수 있는 사람이 아니라고 말했다. | 남편은 나에게 화가 나서 더 멀어졌다고 느꼈다. 남편은 내가 항상 그를 탓한다고 말했다. 우리는 서로 다투고 소리쳤다. |
| 마이크는 늦어서 아이들을 데리러 학교에 갈 수 없다고 말했다. | 분노, 배신감, 외로움, 절망 | 나는 이 관계에서 혼자이다. 나는 모든 것을 직접 해야 한다. | 남편을 믿을 수 없다. 그는 이기적이다. 남편에게 의지할 수 없다. | 정서적 박탈 스키마 | 내가 학교에서 아이들을 데려왔는데 내 기분을 표현하지 못했다. 그냥 저녁 내내 그를 무시했다. | 더 혼자인 것 같고 거리감이 느껴졌다. |

이 워크시트를 작성해 봄으로써 두 사람은 촉발 요인과 스키마 대처 행동 및 결과를 포함하여 주중에 발생하는 갈등을 추적할 수 있다. 두 사람은 세션 중 매주 이것을 작성해서 가치와 의도가 명확해질 때까지 그것을 검토하도록 한다. 일단 가치와 의도를 명확히 하고 나면(약 3~4회 세션), 세션 외부에서 촉발되는 스키마 대처 행동을 추적하기 위해 주간 촉발 요인 기록표(Weekly Trigger Log, 제4장 참조)를 사용하는 것으로 바꿀 수 있다.

## 창조적 절망감

일단 커플이 빠져 있는 반복 공식을 명확히 하고 커플이 관계 속에서 하는 스키마 대처 행동으로 인한 부정적인 결과를 확인하면, 이제는 **효율성**에서 **창조적 절망감**을 기르는 것으로 전환해야 할 시점이다.

창조적 절망감은 ACT에서 중요한 과정이다. 커플이 삶의 관계에서 피할 수 없는 고통을 없애기 위해 회피 전략을 사용하려고 노력하는 것이 무의미하다는 것을 인식하도록 도와주기 때문이다. 실망, 두려움, 상처, 거절, 고립감과 같은 스키마와 관련된 경험들은 우리 프로그래밍의 일부분이며, 모든 관계에서 계속해서 나타날 것이다. 창조적 절망감은 그 고통에 대응할 수 있는 대안적인 방법을 향한 첫 단계이다.

스키마 대처 행동은 관계에서 생기는 문제의 근원이며 관계에서 부적응의 반복을 지속한다. 스키마에 연결된 생각, 감정, 감각, 기억 그리고 충동은 우리의 통제력을 벗어난다. 파트너의 계획이나 행동도 우리가 통제할 수 없다. 우리가 모든 애정관계에서 촉발된 피할 수 없는 뿌리 깊은 고통을 통제하고 회피하기 위한 시도로 사용하는 전략은 결국 우리가 두려워하는 고통을 만들고 악화시킨다. 이러한 부적응적 전략과 관계에서 피할 수 없는 스키마 고통을 억제, 마비, 관리, 통제하려는 시도는 해결책이 아니라 문제가 된다.

우리가 스키마에 연결된 일차적인 고통을 피하거나 막으려고 할 때마다 우리의 관계는 손상된다. 창조적 절망감은 고통에 대응하는 대안적인 방법을 제공한다. 우리가 통제할 수 있는 행동이나 스키마 고통에 어떻게 반응하는지 노력하고 집중하기보다 통제할 수 없는 것을 바꾸려고 계속 애를 쓸 때 고통은 지속되고 악화된다. 우리의 내적 경험은 문제가 아니다. 우리의 스키마 고통에 어떻게 반응하는가가 문제이다.

　　다음은 창조적 절망감의 과정을 만들어 내도록 하기 위해 커플에게 할 수 있는 몇 가지 질문이다.

- 이번 주에 당신의 _____ 스키마와 관련된 느낌이 얼마나 자주 들었습니까? 이번 달에는 또 어땠습니까?
- 이 경험이 다른 관계에서는 얼마나 나타났습니까?
- 당신의 스키마와 연결된 생각과 감정이 전혀 생기지 않은 애정관계를 맺어 본 적이 있습니까?
- 어떤 다른 관계에서 이 고통이 나타납니까? 어머니, 아버지, 형제자매, 동료, 상사 또는 친구와의 관계에서도 이런 일이 일어났습니까?
- 당신의 스키마가 다른 사람으로부터 촉발되었을 때도 비슷한 방법으로 반응합니까? 비슷한 스키마 대처 행동을 사용합니까? 다른 관계에서는 어떤 결과가 나타납니까?
- 이 경험은 얼마나 자주 있습니까?
- 이 경험이 얼마나 오래되었습니까?
- 당신의 스키마와 관련된 그 생각은 얼마나 오래되었습니까?
- 이 고통에 대한 첫 기억은 무엇입니까? 이 경험이 당신에게 처음 나타난 것은 언제입니까?

　　커플은 이 질문에 답을 하며 고통이 전 생애에 걸쳐 있었고 다른 많은 상황에서도 나타난다는 것을 인식하게 된다. 커플에게 스키마 고통을 덜어 보려는 모든 시도가 이 고통을 영원히 제거하지 못했으며 사실은 더 악화시킨다는 것을 인식하도록 도와준다. 이것은 고통을 제거하거나 단기간에 없애려고 노력할수록 장기적으로는 자신과 관계에 더 많은 피해를 준다는 생각이다.

## 창조적 절망감에 대한 비유적 표현

이것은 과거에 사용했던 전략이 관계 속에서의 고통을 줄이는 데 거의 도움이 되지 않았고, 고통을 피하려고 노력할수록 더 강해진다는 사실을 커플들이 인식하도록 돕는 것을 목표로 하는 비유이다.

처음에는 절망적이고 가망이 없어 보이는 개념이지만 실제로는 유용하다. 이 개념으로 자신의 스키마 고통을 자기연민과 수용 및 자애로 받아들이는 연습을 할 수 있을 뿐만 아니라 파트너의 스키마 고통에 대해서도 연민과 사랑의 마음으로 수용하는 태도를 취할 수 있다. 커플과 작업할 때 비유로 표현할 수 있도록 다음의 예를 사용한다.

### 가려운 데 긁기

이 비유법은 스키마 대처 행동이 고통을 일시적으로 완화시키지만 결국에는 악화시키는 방식임을 설명한다.

> **예시 대화**
>
> 치료사: 스키마 대처 행동을 사용하여 스키마와 관련된 고통을 제거하고 진정시키려고 하는 것은 덩굴옻나무에 닿아 옻이 오른 부분을 긁는 것에 비유할 수 있습니다. 손이 덩굴옻나무에 닿았고 참을 수 없을 정도로 가려울 수 있습니다. 다른 손으로 가려운 손을 긁으면 잠시 위안이 되고 달래지는 느낌이 들지만, 이제 다른 손도 감염되어 손과 닿는 모든 것이 감염될 것

입니다. 긁으면 긁을수록 그 순간에는 기분이 좋아지지만 결국 점점 악화됩니다. 긁을수록 발진이 더 많이 퍼집니다.

덩굴옻나무에 대처하는 대안은 스키마 고통에 대처하는 것과 유사합니다. 통증을 마주하는 것은 어디가 가려운지, 어디가 가장 아픈지 알아내고, 통증이 어떤 느낌인지 주의 깊게 관찰하는 것입니다. 그리고 자신의 생각과 감정 및 긁고자 하는 충동을 살피고, 그 충동에 따라 행동하지 않는 것입니다. 스키마 대처 행동을 사용하여 감정적인 고통을 피하려고 할수록 당신은 더 깊이 파고들게 될 것입니다. 도망치고 싸우려고 할수록 더 갇히게 됩니다.

저항과 애쓰는 것을 멈추면 어떻게 될까요? 감정과 싸우기보다는 감정을 느끼도록 허용한 적이 있습니까? 만약 애쓰거나 도망치고 싶은 충동을 알아차리고 내버려 두면 어떤 기분이 들까요? 만약 당신이 애쓰는 것을 그만두고 호기심과 연민 및 친절함을 가지고 고통을 부드럽게 관찰한다면 어떨까요? 스스로 천천히 움직이거나 줄어들기 시작하는 순간을 주목하십시오.

### 하늘에 비유하기

이 연습은 **맥락으로서의 자기**(self-as-context) 연습(제10장에서 더 자세히 논의됨)이나 창조적 절망감의 비유로 사용될 수 있다. 이 연습은 스키마와 관련된 생각과 감정을 날씨와 비교함으로써 스키마 고통은 일시적이고 피할 수 없다는 점을 강조한다. 스키마와 관련된 생각, 감정, 감각을 통제할 수 있다는 믿음은 우리가 날씨를 조절할 수 있다고 믿는 것과 같다.

커플에게 고통이 항상 그들과 함께해 왔는데 그것을 피할 수 있는지 물어보라. 살아가면서 날씨가 나쁜 것이 피할 수 없는 부분인 것처럼 스키마 고통도 관계에서 피할 수 없는 경험이다. 나쁜 날씨가 오고 가는 것처럼 스키마 고통도 나타났다가 사라진다. 그것은 영원한 것은 아니지만 항상 다시 돌아온다. 고통은 계속 나타날 것이다. 고통은 부정적인 대인관계와 관련된 사건으로 촉발될 것이고, '나는 항상 박탈당할 것이다.' '그는 상관하지 않는다.' '내 욕구는 결코 충족되지 않을 것이다.' '나는 이 관계에서 혼자이다.'와 같은 구체적인 생각과 스키마와 관련된 수치심, 외로움, 분노, 상처, 실망 같은 감정을 불러일으킬 것이다. 우리는 매일 수십 가지 감정을 느끼고 수천 가지 생각을 한다. 그래서 생각과 감정은 영구적인 상태가 아니다. 생각과 감정은 날씨처럼 계속 변화하는 일시적인 사건이다. 우리의 생각과 감정이 일시적이라는 것을 명확히 하기 위해 당신은 날씨가 아니라 하늘이라는 비유를 제시할 수 있다(Hayes, Strosahl, & Wilson, 1999).

**예시 대화**

치료사: 인생에서 다양한 날씨를 갖는 것이 필요합니다. 매일 하늘이 밝고 파랗다면 화창하게 아름다운 날에도 똑같이 기쁨을 누리지 못할 것입니다. 게다가 우리에게 물이 있으려면 비와 눈이 필요합니다. 마찬가지로 우리가 가는 길을 벗어났을 때, 인생에서 뭔가에 불만이 있을 때, 중요한 것이 무엇인지를 잊어버렸을 때 우리를 상기시키기 위해 힘든 감정도 필요합니다. 인생에는 다양한 날씨가 필요합니다. 비록 날씨가 때때로 흐리고 어둡고, 가끔 눈과 비가 오고, 햇살이 비치거나 가려지더라도 하늘은 여전히 똑같습니다. 하늘은 절대 변하지 않습니다. 하늘은 변하지 않고, 날씨가 가져다주는 변화를 완전히 기꺼이 받아들입니다.

하늘은 날씨와 같지 않습니다. 마찬가지로 당신은 생각이나 감정이 아닙니다. 당신이 외로움을 느낄지도 모르지만, 그것이 당신이 혼자라는 것을 의미하지는 않습니다. 죄책감을 느낄 수도 있지만, 그것이 당신이 뭔가 잘못했다는 것을 의미하지는 않습니다. 당신이 실패했다고 생각할지도 모르지만, 그것이 당신이 실패했다는 것을 의미하지는 않습니다. 당신은 하늘처럼 다른 모든 날씨를 담을 수 있습니다. 당신의 스키마가 촉발될 때 나타나는 힘든 생각과 감정은 천둥과 번개를 동반한 끔찍하고 무서운 폭풍과 같습니다. 하지만 결국 폭풍은 잠잠해지고 날씨는 맑아집니다. 아무것도 바꿀 필요가 없습니다. 우리는 날씨를 바꾸기 위해 어떤 조치도 취할 필요가 없습니다. 하늘은 이러한 폭풍이 일어나고 사라지는 것을 지켜봅니다.

당신은 자신의 모든 날씨 조건과 싸우거나 바꾸려고 노력하지 않고 관찰할 수 있다고 생각하십니까? 당신은 단지 몸에서 느껴지는 감각들, 마음속에 떠오르는 생각들 그리고 떠오르고 사라지는 감정들을 관찰할 수 있습니까? 당신은 때로는 행복하고, 때로는 슬프고, 때로는 두려울 겁니다. 그 순간에 펼쳐지는 모든 경험을 기꺼이 알아차릴 수 있습니까? 그 경험이 오가는 대로 지켜보면서, 그 경험이 자신이 누구인지 혹은 자신의 관계에 대한 반영이 아니라는 사실을 알아차리면서, 그 경험을 그저 지켜보는 것을 배울 수 있습니까? 고통스러운 생각, 감정, 충동이 나타나고 사라지는 것을 지켜볼 수 있습니까?

## 우는 아기에 비유하기

이 비유는 스키마 고통을 피할 수 없다는 것을 명확히 하는 데 도움이 되며, 자신과 파트너의 스키마 고통과 관련이 있는 대안을 제안한다.

커플이 관계 속에서 박탈감, 외로움, 실망, 상처, 거부, 죄책감 등을 피하려고 시도했던 모든 전략이 효과가 없다는 사실을 인식할 수 있을 때 스키마 고통에 대응하고 관련시키는 대안을 제시하는 과정을 계속한다. 치료사는 다음의 질문을 제기한다.

- 만약 당신의 스키마와 관련된 고통을 피하려고 노력하는 것이 소용없다면 전혀 다른 것에 답이 있을 수 있습니까? 예전에 시도해 보지 않은 것이 있습니까?

- 만약 해결책이 이 고통으로부터 도망치는 것이 아니라 고통 그 자체에 있다면 어떻겠습니까?
- 만약 그 답이 고통과 마주하고 자신을 진정으로 느끼고 당신의 스키마에 연결된 모든 힘든 감정과 연결시키는 것에 있다면 어떻겠습니까?

**예시 대화**

치료사: 당신의 스키마 고통이 아기와 같다고 상상해 보세요. 때때로 아기는 배가 고프고, 혼란스럽고, 무섭고, 무력하다고 느낍니다. 아기는 무엇이 필요한지, 자신의 욕구를 어떻게 충족시켜야 할지 모릅니다. 아기는 그냥 울고, 소리치고, 고함칩니다. 만약 당신이 아기와 한 방에 있다면 이런 비명과 울음소리를 피하거나, 아기에게서 멀리 떨어지거나, 아기를 더 멀리 밀어내고 싶은 충동을 느낄지도 모릅니다. 하지만 그렇게 하면 아기는 더 크게 울고 더 힘들어할 것입니다. 그렇게 하지 말고 아기를 가까이 데려오세요. 울음소리가 더 크게 들리고 불안감이 더 강할지라도 아기를 꼭 안고 달래 주세요. 당신은 친절과 연민을 가지고 부드럽게 아기를 안고 있습니다. 당신은 아기의 소리를 듣고 달래면서, 아마도 "괜찮아." "무섭구나." "내가 여기 있어." 또는 "너무 슬퍼하지 마."라고 말할지도 모릅니다. 당신은 아기가 배가 고프거나, 목이 마르거나, 변화가 필요한지, 왜 고통스러운지 궁금할 수 있습니다. 당신은 아기가 비명을 지르고 소리를 치는 것 이면에는 욕구가 있다는 사실을 인정할 것입니다. 거기에는 타당한 고통과 두려움이 있습니다. 당신이 아기에게서 멀어지거나 아기의 울음소리를 무시한다면 아기는 더 크게 울지도 모릅니다. 그러나 당신이 사랑과 애정을 가지고 아기를 안아 준다면 아기는 조만간 울음을 그칠 것입니다.

스키마 고통도 이와 같은 것입니다. 울고 있는 아기처럼 때때로 그것은 촉발되어 상처받고, 거부되거나, 버림받은 느낌입니다. 하지만 우리가 기꺼이 그 자리에 앉아 사랑과 연민으로 부드럽게 대한다면 그것은 지나갈 것입니다. 우리가 친절하고 호기심이 가득한 태도로 받아들이는 대신 가혹하고 조급하고 편협하게 대한다면 그 고통은 더욱 강해질 것입니다.

당신과 파트너의 스키마 고통은 당신이 의도하든 그렇지 않든 관계에서 계속 생겨날 것입니다. 자신과 파트너의 스키마 고통을 마치 울고 있는, 박탈되고 무력한 아기와 연관시킬 수 있겠습니까? 인내하고, 받아들이고, 사랑하며 함께할 수 있겠습니까? 이 고통을 적으로 대해야 할까요, 아니면 당신이 관찰할 수 있고 친절하게 대해 줄 수 있는 다른 무언가로 보아야 할까요?

창조적 절망감은 이 고통이 피할 수 없으며 관계 속에서 계속 나타난다는 것을 받아들이는 것이다. 이것은 더 많은 연민으로 자신의 스키마 고통과 관계 맺는 법을 배우고, 파트너에게 나타나는 스키마 고통을 위한 공간을 만드는 것을 의미한다. 파트너의 스키마 고통이 반드시 적대적일 필요는 없다. 그것을 개인적으로 받아들여야 할 필요도 없다. 그것에 대해 비난할 필요도 없고, 고치거나 바꿀 필요도 없다. 스키마 고통이 표면으로 나타났을 때 관계에서 그것을 위한 공간을 만들고, 호기심, 수용, 연민과 연관시키면서 기꺼이 받아들이고 통합하는 방법을 배울 수 있다.

## 통제할 수 있는 것은 무엇인가

중요한 것은 커플이 감정을 통제하려는 것이 문제라는 것을 깨닫는 것이다. 자신의 스키마에 연결된 감정, 생각, 감각, 충동과 같은 내적 경험을 통제하려고 애쓰는 것이 문제이다.

어떤 경험을 하고 싶지 않을수록 그것은 더 강해진다. 우리가 어떤 것을 생각하지 않으려고 하면 할수록 그것은 우리의 머릿속에 더 많이 남아 있다. 좋아하지 않는 노래가 머리에 맴돌았던 적이 있는가? 얼마나 그것을 없애고 싶은지에 더 집중하면 할수록 그것은 마음속에 더 오래 남아 있다. 반면에 거기에 있다는 것을 받아들이자마자 그것은 갑자기 예고 없이 사라진다.

커플들이 생각과 감정을 조절하려는 것이 무의미하다는 것을 이해하도록 돕는 또 다른 방법은 그들이 내적 경험을 통제하기 위해 애쓰고 있는 순간에 그들 자신의 경험을 확인해 보라고 하는 것이다. 그들에게 1에서 10 사이의 숫자를 줄 것이라고 알리고 다음과 같이 말한다. "1 다음, 3 전에 오는 숫자를 생각하지 않도록 하세요. 1과 3 사이의 숫자를 생각하지 않도록 최선을 다하세요." 잠시 멈추고 나서 이렇게 말한다. "제가 언급한 숫자를 알겠어요? 당신의 스키마를 통제하기 위해 애를 쓰면 쓸수록 그것이 더 세지고 강렬해집니다. 당신의 스키마와 연결된 생각, 감정, 감각, 기억을 통제하려고 노력할수록 그것은 더욱 강력해집니다. 당신의 스키마가 촉발되지 않도록 파트너의 행동을 통제해도 당신의 스키마 고통을 막지 못하고 관계에 해를 끼칩니다. 통제가 제대로 되지 않으면 어떤 선택을 할 수 있습니까? 통제할 수 있는 것은 무엇입니까? 상황을 개선하기 위해 무엇을 할 수 있습니까?"

커플에게 통제할 수 있는 것과 그렇지 않은 것에 대해 상기시켜 준다.

### 통제할 수 없는 것

- 보편적 관계에서 오는 고통: 모든 관계는 약간의 고통을 동반한다. 박탈감, 거절, 외로움, 무력감, 실망, 상처, 불안정 등이 그것이다.
- 스키마 활성화: 상황이 촉발되면 스키마에 연결된 생각, 감정, 감각, 충동이 활성화된다. 애정관계를 포함하여 모든 관계로 우리의 스키마를 가지고 간다.
- 파트너의 스키마, 행동 및 반응

**통제할 수 있는 것**

- 우리의 행동
- 우리의 가치

# 우리의 선택은 무엇인가

우리의 내적 경험이 통제할 수 없는 것이고, 통제할 수 없는 것을 바꾸려고 애쓰는 것이 우리를 붙잡아 두는 것이라면 우리의 선택은 무엇인가? 우리가 관계의 한 측면이나 관계 전반에 만족하지 못할 때, 다음은 우리가 선택할 수 있는 것이다.

1. 관계를 해칠 수 있는 우리의 행동을 바꿀 수 있다.　우리는 요구 대신 요청을 할 수 있고, 감사하는 마음과 애정을 키우며, 상처를 주는 행동을 줄일 수 있고, 한계와 경계를 설정함으로써 자신을 주장할 수 있다.
2. 파트너나 파트너의 행동을 있는 그대로 받아들일 수 있다.　싸우는 것을 내려놓고, 변화를 요구하지 않으며 우리 자신과 파트너, 행동 또는 관계를 받아들이기로 선택할 수 있다.
3. 관계가 받아들여질 수 없다는 것을 인식하고 관계를 떠날 수 있다.
4. 싸움을 계속할 수 있다.　같은 방식으로 대응하고, 같은 행동을 하고, 자신의 행동보다는 파트너를 통제하고 변화시키려고 노력하며, 관계 속에서 계속 불행하다고 느낄 수 있다.

목표는 자발적인 통제하에 있는 부적응적 행동을 커플의 가치와 일치하는 행동으로 대체하는 것이다. 이를 통해 커플은 치유되고, 자신의 욕구를 충족시키는 새롭고 효과적인 방법을 배울 수 있다. ACT는 스키마 고통을 극복하는 데 초점을 맞추기보다는 스키마가 있음에도 불구하고 오래된 행동을 가치기반 행동으로 대체

하는 데 중점을 둔다.

다음 장에서 당신은 파트너의 가치를 명확히 하고, 상대방이 자극을 받을 때 각 파트너에 대한 구체적이고 대안이 되는 가치에 기반을 두는 대응 행동을 확인할 것이다. 당신은 커플이 그들의 가치와 그들이 되고자 하는 파트너상에 기초하여 구체적으로 할 수 있는 행동을 알도록 도울 것이다. 또한 커플이 이러한 새로운 행동의 결과를 추적하고 지켜보도록 도울 것이다.

# 커플의 가치 명료화  제**4**장

일단 커플이 그들의 스키마와 관련된 촉발 요인, 스키마 대처 행동, 생각, 감정, 충동을 잘 인식하게 되면, 치료는 새롭게 가치에 근거한 대안 행동을 실천하는 것으로 초점을 옮겨 가게 된다.

ACT 접근법은 가치를 이용하여, 특히 활성화 순간에 스키마 대처 행동을 대신할 수 있는 대안 행동을 확인하는 데 도움이 된다. 이 과정은 관계에서 각 파트너의 핵심 가치를 명확하게 하고 이러한 일반적인 개념을 그들의 가치와 일치하는 특정한 행동(가치기반 행동이라고도 함)으로 바꾸는 것으로 시작한다. 이 모든 작업을 통해 새로운 가치기반 행동과 오래된 스키마 대처 행동을 지속적으로 구별하는 것이 중요하다.

이 과정은 세 단계로 진행할 수 있다. 첫 단계는 어떤 가치가 있고 어떤 가치가 없는지 이해하는 데 중점을 둔다. 다음 단계는 각 파트너가 관계에서 자신의 가치를 명확히 하는 것이다. 마지막 단계는 각 파트너가 관계에서 실천하고자 하는 특정 가치기반 행동을 확인하는 것이다. 그들이 새로운 가치기반 행동을 실천함에 따라 이러한 새로운 행동이 그들의 가치와 일치하는지를 계속 평가할 필요가 있다. 이 장에는 과정의 각 단계에 대한 많은 연습과 예가 있다. 실제로 어떤 연습이 각 커플에게 가장 적절하고 효과적인지 평가해야 한다. 모든 것을 사용할 필요는 없다.

## 가치의 정의: 의미 있다고 선택한 삶의 방향

가치는 우리가 세상에서 어떻게 살고 싶은지, 다른 사람들과 상호작용하며 어떻게 행동하고 싶은지, 가장 중요한 것은 무엇인지 그리고 무엇을 지지하고 싶은지에 대한 가장 깊은 욕구를 반영한다. 가치는 우리가 되고자 하는 파트너의 모습을 보여 주기 때문에 관계에서 우리를 유도하고 행동에 동기를 부여한다. 개인 수준에서 가치를 탐색하려면 일반적인 의미에서 어떤 가치가 있는지 설명하는 것부터 시작한다.

---

**예시 대화**

치료사: 당신의 가치는 당신이 어떤 사람이 되고 싶은지와 어떻게 행동하고 싶은지에 대한 정의입니다. 당신의 가치는 당신이 되고 싶은 파트너와 관계에서 나타내고 싶은 것을 실현하는 데 도움이 됩니다. 핵심 가치를 식별하는 것에서 중요한 것은 그 순간 행동을 유도하는 힘에 있습니다. 매 순간 우리는 자신이 되고자 하는 파트너의 모습과 더 가까워지거나 멀어질 수 있는 행동을 할 기회를 가집니다.

가치는 방향 감각을 제공하기 때문에 나침반과 같습니다. 가치와 목표 사이에는 중요한 차이가 있습니다. 가치는 방향을 제공하지만 목표는 목적지를 제공합니다. 가치는 삶의 방식이자 존재의 방식이기 때문에 목표가 할 수 있는 것과 같은 방식으로는 결코 '성취'될 수 없습니다.

## 가치는 무엇이고 무엇이 아닌가

가치는 치료 전체에 걸쳐 매우 중요한 구성요소로서 스키마 대처 행동에 대한 대안 행동을 명확히 하는 데 도움이 되기 때문에, 실제로 어떤 것이 가치이고 어떤 것이 가치가 아닌지 치료사들이 이해하는 것이 중요하다.

- **가치는 목표가 아니다.**  목표는 도달하거나 도달하지 못할 수도 있는 구체적이고 달성 가능한 목적지이다. 반면에 **가치**는 가까운 동반자 같은 것이다. 가치는 감지할 수도 없고 달성할 수도 없다. 가치가 충족되거나 달성되는 시나리오는 없다. 가치는 단지 우리가 세상을 통과할 때 방향과 지향하는 바를 알려 준다. 이것은 우리가 우리의 이상적인 모습에 결코 도달하지 못할 수도 있지만, 그 사람이 되는 것에 더 가까이 다가갈 수 있는 단계를 매 순간 선택할 수 있다는 것을 의미한다. 어떤 사람에게 감사라는 가치가 있다고 해 보자. 그 사람이 항상 100% 감사하는 것은 아닐 것이다. 하지만 감사하는 것에 더 가까워지거나 더 멀어질 수 있는 선택의 순간들이 있을 것이다. 그 사람이 감사라는 가치에 더 가까워지는 것이 목표라면 그것의 예는 더 자주 "감사합니다."라고 말하는 것이다.
- **가치는 자유롭게 선택된다.**  이는 가치가 우리 자신, 다른 사람, 세계, 관계 또는 사물이 어떻게 존재해야 하는지에 대한 규칙에 근거하지 않는다는 것을 의미한다. 오히려 가치는 우리가 깊이 간직하고 있는 원칙을 자유롭게 표현한 것이다. 가치는 선택 사항이기 때문에 사회적 규범이나 외부 기대에 좌우되지 않으며 방어나 정당화를 할 필요도 없다. 개인의 음악적 취향이나 음식 선호도와 마찬가지로 결코 틀린 가치란 있을 수 없다. 가치는 스스로 그리고 스스로를 위해 정했기 때문에 유효하다. 때때로 파트너들이 '해야 한다'고 믿는 가치나 그들이 하기를 원한다고 믿는 가치를 선택하는 것처럼 보일 수도 있다. 당신이 파트너들이 '해야 할 것'에 대한 규칙과 가정에 따라 가치를 선택하고

있다는 사실을 인식한다면 그 규칙에 도전하고 그들이 진정한 이상과 연결되도록 돕는다. 이 장에 나오는 복제 인간 연습(My Clone Exercise)과 완벽한 파트너 연습(Perfect Partner Exercise)을 통해 커플들은 그들의 진정한 가치에 연결될 수 있다.

- **가치는 감정이나 생각이 아니다.**    행복, 자신감, 불안과 같은 감정은 가치가 아니다. 그것들은 매우 다양한 **감정 상태**이다. 가치는 세상에 존재하는 방법으로, 외부 상황과 제한되는 것에 따라 달라지지 않는다. 만약 한 사람이 안전함과 신뢰감 같은 감정을 가치로 표현한다면 다음과 같은 질문을 하라. "만약 당신이 이 관계에서 더 안전하고 신뢰할 수 있다고 느낀다면 행동을 어떻게 다르게 할 건가요? 그것이 어떻게 나타날까요? 당신이 이 관계를 더 안전하고 신뢰할 수 있다고 느끼는 것을 파트너는 어떻게 알까요?" 이러한 질문에 대한 대답은 파트너의 특정 가치기반 행동과 기본 가치를 식별하는 데 도움이 될 것이다.

- **가치는 욕구나 원하는 것이 아니다.**    파트너에게 바라는 특성과 성격은 우리의 가치가 아니라 관계에서 갖게 되는 **욕구**이다. 가치는 자신이 바라는 파트너가 되기 위해 해야 할 행동과 활동을 알게 해 준다. 욕구는 우리가 파트너로부터 바라는 것이나 우리가 원하는 대로 파트너가 하면 좋겠다는 바람이다. 욕구는 우리가 통제할 수 있는 것이 아니다. 우리는 파트너에게 욕구를 충족시켜 달라고 하거나 들어줄 수 있는지 부드럽게 물어볼 수는 있지만, 궁극적으로 욕구를 충족시켜 줄지의 여부는 파트너에게 달려 있다. 반면에 가치는 우리가 항상 직접 통제할 수 있다. 제8장의 '기본적인 욕구 대 원하는 것'이라는 절에서 가치와 욕구의 차이에 대해 더 자세히 살펴볼 것이다.

- **가치는 결과에 좌우되지 않는다.**    가치기반 행동은 장기적으로 효율성에 따라 평가된다. 행동을 변화시키는 것은 처음에는 불편할 수 있다. 그러나 가치는 특정 결과에 따라 달라지지 않는다. 가치는 한 사람이 어떤 사람으로 기억되고 싶은가에 다가가는 과정에 관한 것이다. 예를 들어, 한 사람이 적극적으

로 주장하기라는 가치를 가지고 있는데, 적극적으로 요청을 하거나 거절을 함으로써 그 가치를 향해 한 걸음 내딛을 때 그 사람은 자신이 원하는 결과를 얻지 못할 수도 있다. 파트너가 그 요청을 들어주지 못할 수도 있고 거절당한 것에 대해 화를 낼 수도 있다. 하지만 그 사람은 여전히 적극적으로 주장하기라는 자신의 가치에 한 걸음 더 다가간 것이다.

- **가치는 부족한 것이 아니다.**　　가치는 약점이나 부족한 것에 이름을 짓는 방법이 아니다. 파트너들의 가치를 확인한다는 것은 부족하거나 개선할 필요가 있는 것을 평가하는 것이 아니라 가장 중요한 것을 명확히 하는 것이다. 비록 우리가 이미 특정 가치에 따라 일관되게 행동한다고 하더라도, 가치가 우리의 행동을 유도하기 때문에 가치를 확인하는 것은 여전히 도움이 된다. 따라서 가치를 명확히 하면 그 순간 우리 행동에 대한 의도적인 알아차림을 촉진하고 행동과 가치가 일치하는지 평가하는 데 도움이 된다.

- **가치는 거의 충돌하지 않는다.**　　충돌이나 경쟁 시 특정 가치가 있는 것처럼 보일 수 있다. 일반적으로 이 충돌은 가치 사이에 있는 것이 아니라 **가치 영역**의 우선순위를 정하는 것 사이에 있다. 영역은 가치를 실현할 수 있는 삶의 범주이다. 가치 영역의 예로는 일, 애정관계, 우정, 건강 등이 있다. 이 영역은 유사한 가치나 다른 가치를 반영할 수 있다. 예를 들어, 엘리자베스에게는 생산적이라는 가치와 가족적이라는 가치가 함께 있다. 이것은 가치 사이의 충돌처럼 보일 수도 있지만, 사실 일과 가족이라는 다른 두 영역 사이의 충돌이다. 이 두 영역은 모두 그녀의 시간이 필요하다. 모든 영역에 항상 100% 존재하는 것은 불가능하다. 따라서 관계 영역 전체에 걸쳐 가치의 우선순위를 정해야 한다(이 장의 가치 영역 워크시트 참조). 또한 우리는 삶의 다양한 시기에 다른 영역을 우선시할 수도 있다. 예를 들어, 청소년기에는 우정과 낭만적 관계를 우선시할 수 있고, 나이가 들어서는 건강과 가족을 더 우선시하는 것을 발견할 수 있다. 파트너들이 서로 다른 영역의 중요성을 평가하도록 도움을 주면 가치가 충돌하는 것처럼 보이는 것을 해결할 수 있다.

가치는 목적을 위한 수단이 아니다. 그것은 목적 그 자체이다. 가치는 상황에 상관없이 항상 우리의 통제하에 있다. 그것은 조건이 아니라 선택 사항이며, 언제라도 실현될 수 있다.

## 커플과 함께 가치 확인하기

일단 가치에 관한 개념을 설명하고 그것이 이해되면 커플이 자신의 개별 가치 목록을 작성하도록 한다. 다음 연습을 통해 이러한 핵심 원칙을 좁혀 나간다. 커플에게 다음과 같은 질문을 하는 것으로 시작할 수 있다.

- 어떤 파트너로 기억되고 싶습니까?(예: 자발적인, 감사하는, 애정이 있는, 수용하는, 감정적으로 도움이 되는, 표현력 있는, 독단적인 파트너 등)
- 관계에서 무엇을 지지하고 싶습니까? 관계에서 중요한 것은 무엇입니까?
- 당신의 _____ 스키마가 촉발되면 어떤 파트너가 되고 싶습니까?
- 슬플 때는 어떤 파트너가 되고 싶습니까?
- 부적절하거나 불안해할 때는 어떤 파트너가 되고 싶습니까?
- 화가 나면 어떤 파트너가 되고 싶습니까?
- 자신의 관계에 대해 의심과 양면성을 느끼면 당신은 어떤 파트너가 되고 싶습니까?

## 관계 속에서의 가치

다음은 관계 속에서 찾을 수 있는 가치의 예로, 커플이 핵심 가치를 명확히 하는 데 도움이 될 것이다.

| | | |
|---|---|---|
| 수용하는 | 참여하는 | 끈기 있는 |
| 모험하는 | 표현하는 | 현존하는 |
| 이타적인 | 공정한 | 생산성 있는 |
| 감사하는 | 확고한 | 시간을 지키는 |
| 자기주장을 하는 | 융통성 있는 | 믿음직한 |
| 주의하는 | 용서하는 | 존경하는 |
| 조화로운 | 솔직담백한 | 애정이 있는 |
| 유용한 | 재미있는 | 자기옹호하는 |
| 전념하는 | 관대한 | 자기인식하는 |
| 동정적인 | 온화한 | 자비로운 |
| 침착한 | 진실한 | 자기수양하는 |
| 신중한 | 감사하는 | 민감한 |
| 일관성 있는 | 정직한 | 감각적인 |
| 기여하는 | 유머가 있는 | 성적인 |
| 호기심을 가진 | 독립적인 | 자발적인 |
| 결단력 있는 | 궁금해하는 | 지지하는 |
| 숙고하는 | 친절한 | 재치있는 |
| 의지할 수 있는 | 사랑하는 | 신뢰하는 |
| 단호한 | 충실한 | 이해하는 |
| 공감하는 | 마음챙김하는 | 인정하는 |
| 격려하는 | 인내하는 | 취약한 |

## 결혼식

이 연습은 러스 해리스(Harris, 2009)의 치료 작업에서 채택한 것이다. 커플에게 파트너의 관점에서 결혼 서약을 쓰는 것을 상상해 보라고 한다. 파트너가 나에 관한 것, 성격, 행동 그리고 가장 인정할 만한 자질에 대해 어떻게 말하기를 바라는가? 이것은 한 사람이 상대방에 대해 실제로 어떤 말을 할지가 아니라 자신이 가장 듣고 싶은 것에 관한 것임을 기억하라.

## 장례식

이 연습은 헤이즈, 스트로살과 윌슨(Hayes, Strosahl, & Wilson, 1999)에 의해 개발되었다. 커플에게 그들이 세상을 떠나 자신의 장례식을 보는 상상을 하게 한다. 파트너가 자신에 대해 뭐라고 말하면 좋을지 묻는다. 파트너에게 어떻게 기억되고 싶은가? 가족과 친구들이 그들의 관계에 대해 그리고 그들이 어떤 커플이었는지에 대해 무엇을 말하기를 바라는가? 다시 말하지만 이것은 현실에서 말할 것이 아니라 그들이 이상적으로 듣고 싶은 것에 관한 것이다.

## 손주와 대화하기

커플에게 그들의 손주들에게 가치에 기반을 둔 관계를 가르치는 것을 상상해 보라고 한다. 그들의 관계를 설명하면서 시작하게 한다. 그들은 손주들과 무엇을 나누고 싶어 할까? 각자 그 관계에서 어떤 역할을 했고 어떤 사람이었는지에 관해 아이들에게 무엇을 표현하고 싶겠는가?

## 존경하는 사람 묘사하기

커플이 이상적인 파트너의 자질과 특징을 탐구할 수 있도록 그들이 존경하는 사람을 생각해 보게 한다. 그 사람은 친구, 친척 또는 영화에 나오는 허구적 인물이 될 수 있다. 그 사람이 무엇을 나타내고 구현하는지에 대한 토론을 시작한다. 커플에게 그 사람에 대해 어떤 자질을 존경하는지, 높이 평가하는 특징과 가치가 있는지 물어본다. 그 사람은 어떻게 의사소통을 하는가? 그 사람의 신체 언어는 어떠한가? 그 사람은 파트너와 충돌할 때 어떻게 행동하는가? 자극을 받을 때, 화가 났을 때, 지루할 때, 외로울 때, 믿지 못할 때, 상처받을 때는 어떻게 행동하는가?

이 연습은 커플이 같이 가지고 있는 핵심 가치를 확인하는 데 도움이 될 것이다. 그런 다음 이 핵심 가치는 그들이 관계에서 하는 특정 행동과 연결될 수 있다. 종종 자신이 어떤 파트너가 되고 싶은지 알기 어려운 사람들은 다른 누군가를 묘사함으로써 이러한 자질들을 인식하는 것이 훨씬 더 쉬워진다.

---

**예시 대화**

다음 대화는 커플과 함께 핵심 가치를 식별하는 과정을 보여 준다.

치료사: 오늘은 가치에 대해 말하려고 합니다. 가치는 자신이 어떤 파트너가 되려고 하는지와 관계에서 어떤 역할을 하고 싶은지를 나타냅니다. 오늘 가치를 확인하고 그 가치들로 나머지 세션 동안 계속해서 같이 작업해 나갈 것입니다. 앞으로 우리는 행동이 자신의 가치와 일치하는지 여부를 기준으로 행동을 탐구할 것입니다. 우리는 어떤 행동이 오늘 우리가 확인한 가치로 더 가깝게 가는지 또는 더 멀어지는지 보고, 어떻게 다르게 행동하기를 원하는지 살펴보려고 합니다. 그것에 대해 어떻게 생각하세요?

로렌과 마크: (동의하며 고개를 끄덕인다.)

치료사: 우리가 먼 미래로 여행을 떠날 시간이고, 두 분 다 자신의 장례식을 지켜보고 있다고 상상해 보세요. 배우자, 자녀, 손주 그리고 가장 가까운 친구 모두 당신이 어떤 사람이었고 어떤 관계였는지 설명하고 있습니다. 가장 듣고 싶은 소리는 무엇입니까? 로렌, 당신은 어떤 사람이었고, 무엇을 지

지했고, 관계에서 어떻게 행동했는지에 대해 마크에게서 가장 듣고 싶은 말이 뭐죠? 마크, 로렌에게서 가장 듣고 싶은 말이 뭐죠?

로렌: 제가 정이 많고, 잘 받아 주고, 동정적이고, 친절하고…… 이렇게 말해 주면 좋겠어요. 또 뭐가 있을지 모르겠어요.

치료사: 자, 정말 존경하고 자신이 되고자 하는 이상적인 사람을 상상해 보세요. 마음에 떠오르는 사람이 있어요? 그 사람은 어떤 특징을 가지고 있나요? 그 사람은 무섭거나, 버림받았거나, 외로울 때 어떻게 행동하나요?

로렌: 그 사람은 호기심이 많고, 질문을 해요. 그리고 유연하고 마음을 열려고 노력해요. 참기도 하지만 자신의 욕구를 표현하고 자신의 감정을 명확하게 전달해요.

치료사: 이 가치들 중 공감이 가는 게 있나요? 유연하고 호기심이 많은 것이 당신에게 중요한 가치인가요? 마음을 열고 감정과 욕구를 표현하고 싶으세요?

로렌: 네. 그렇게 하고 싶지만 믿기 어렵고 의심스럽게 느껴질 때는 그렇게 하기가 어려워요.

치료사: 자극을 받은 순간에는 가치를 인식하기 어렵습니다. 두려울 때는 예전 행동을 하게 되지요.

로렌: (동의하며 고개를 끄덕인다.)

치료사: 마크는요? 당신은 이 관계에서 무엇을 나타내고 싶어요? 당신은 강한 감정에 사로잡히거나 덫에 빠진 느낌일 때 어떤 사람이 되고 싶으세요?

마크: 음…… 멀리 있고 싶지 않아요. 곁에 머물면서 이야기를 들을 수 있기를 바라지만 아내가 지나치게 많은 것을 요구할 때는 너무 힘들어요.

치료사: 힘들 때가 있을 거라고 생각합니다. 그리고 우리 마음이 어떤 일이 잘 안되는 지점을 가리키고 싶어 하는 것은 드문 일이 아닙니다. 하지만 당신의 마음이 당신을 떠나게 하려고 노력한다는 것을 알아차릴 수 있나요? 여전히 자신의 가치를 설명할 수 있습니까? 이제 장례식으로 돌아가죠. 로렌이 당신이 어떤 사람이었는지 묘사한다고 상상해 보세요. 당신이 듣

고 싶은 바로 그 내용이라면 어떻게 들릴까요? 이 가치 목록을 한번 보면
도움이 될 거예요. (관계에서의 가치 목록표를 건네준다.) 이 가치들 중
어떤 것에 공감이 가나요?

마크: 지지하는 것, 공정한 것, 아내의 감정을 고려하는 것. 아내의 말을 듣고 신경
을 쓰고 싶지만, 필요할 때 나 자신도 돌볼 수 있고 제 주장도 할 수 있으면
좋겠어요. 제가 믿을 수 있고 배려심이 있다고 아내가 말해 주었으면 좋겠
어요. 또 인정도 많고 노력도 많이 한다는 것도요.

치료사: (마크에게) 제가 들은 바로는 당신의 가치는 누군가를 지지해 주고, 공정
하고, 사려 깊고, 동정심이 있다는 거지요? (로렌에게) 당신의 가치는 호
기심이 있고, 유연하고, 표현하고, 개방된 것이 있지요? 맞습니까?

마크와 로렌: (동의하며 고개를 끄덕인다.)

치료사: 이번 주에 여러분에게 자극을 준 계기를 한번 볼까요? 자극을 받았을 때
어떤 행동을 했는지 살펴보고, 그것이 자신의 가치와 일치하는지 알아보
고, 다음에 자극받았을 때 어떻게 다르게 행동하고 싶은지 명확히 해 봅
시다.

마크와 로렌: 좋아요.

이 대화는 두 사람의 가치를 확인하는 과정의 시작이다. 일반 가치를 확인한 후
다음 단계는 이러한 가치를 언급된 모든 가치와 일치하는 특정 행동으로 전환하는
것이다.

## 관계 영역 간의 가치 명료화

한두 세션 과정 동안 커플이 중요한 관계 영역에서 일관된 핵심 가치와 행동을
식별할 수 있도록 돕는다. 가치 영역은 직업, 우정, 건강, 레크리에이션 등 삶에서

가치가 정해지는 여러 다른 영역의 범주이다. 이 책에서 우리는 친밀한 관계 영역 내의 특정 영역에만 초점을 맞춘다. 각 영역에 대해 커플에게 중요도를 평가하도록 한 다음, 중요도가 높은 영역의 핵심 가치를 기록하게 한다. (커플은 모든 영역에 대한 값을 입력할 필요는 없으며, 둘 다 가장 중요하다고 생각하는 영역에 집중할 수 있다.)

마지막으로, 커플이 그 특정 영역의 모든 가치와 일치하는 구체적인 행동을 식별하도록 한다. 목표는 커플이 영역 내의 여러 가치와 일치하는 특정 상황에서 실천하고자 하는 구체적인 행동을 식별하도록 도와주는 것이다. 이 과정은 커플이 고통을 피하기 위한 단기 전략으로 오래된 스키마 대처 행동을 사용하는 것이 아니라 그들에게 정말 중요한 것을 바탕으로 서로 관련된 새로운 방법을 인식하는 것에 도움이 된다. 이 과정에서는 다음 워크시트(부록 D 및 http://www.newharbinger.com/34800에서도 제공)를 사용할 수 있다.

# 가치 영역 워크시트

| 관계 영역 | 중요도(0~10) | 가치 | 가치기반 행동 |
|---|---|---|---|
| 의사소통 | | | |
| 성 | | | |
| 육아 | | | |
| 돈 | | | |
| 애정 | | | |
| 일 | | | |
| 갈등 | | | |
| 의사결정/협상 | | | |
| 우정/확대가족 | | | |
| 함께하는 활동 | | | |

예: 가치 영역 워크시트

| 관계 영역 | 중요도(0~10) | 가치 | 가치기반 행동 |
|---|---|---|---|
| 의사소통 | 10 | 표현하는, 개방된, 친절한, 정직한, 유연한, 동정적인, 협력하는, 자기주장하는 | 공감과 감사 표현하기<br>파트너의 말 존중하며 듣기<br>나 자신을 지지하기<br>하고 싶지 않을 때 싫다고 말하기 |
| 성 | 8 | 자발적인, 공정한, 감사하는, 사랑하는, 유연한, 이타적인, 존경하는, 자기주장하는, 격려하는, 모험적인 | 내가 좋아하는 것에 대해 피드백해 주기<br>파트너가 좋아하는 것에 대해 피드백 요청하기<br>우리가 침실에서 시도하고 싶은 새로운 것에 대해 토론하기 |
| 육아 | 10 | 공정한, 친절한, 자기주장하는, 확고한, 궁금한, 동정적인, 지지하는, 격려하는, 일관적인 | 아이들에게 중요한 것 같이 결정하기<br>아이들 앞에서는 서로 동의한 후에 없는 데서 다름 의견 이논하기<br>케이티를 위해 사립학교와 공립학교의 장단점 토론하기 |
| 돈 | 8 | 공정한, 관대한, 유연한, 개방적인, 협력하는, 표현하는, 지지하는, 기여하는 | 1,000달러가 넘게 드는 비용은 이논하기<br>한 달에 한 번 집 청소 맡기기<br>은행 재좌 이논하기 |
| 애정 | 10 | 감각적인, 사랑하는, 상냥한, 다정한, 협력적인, 궁금해하는, 자기주장하는, 낭만적인 | 안아 주거나 입맞춤 부탁하기<br>파트너에게 마사지해 주기<br>파트너에게 안아 주기를 원하는지 물어보기 |

| 관계 영역 | 중요도(0~10) | 가치 | 가치기반 행동 |
|---|---|---|---|
| 일 | 8 | 생산적인, 자기주장하는, 균형 있는, 지속적인, 일관성 있는, 결정적인, 유연한, 확고한 | 하루에 최대 8시간만 일하기, 평일에만 이메일 답장하기 |
| 갈등 | 10 | 정직한, 개방적인, 공정한, 사려 깊은, 단호한, 동정적인, 궁금해하는, 이해하는, 공감하는, 부드러운, 친절한 | 자극을 받았을 때 타임아웃을 요청하기, 화가 났을 때 "상처받았어."라고 말하기, 싸움 후에 나의 요구와 감정 쓰기 |
| 의사결정/협상 | 10 | 끈기 있는, 결단력 있는, 확고한, 공정한, 개방적인, 유연한 | 결정한 것 확인하기, 학교에 대한 장단점 목록을 만들기, 기념일에 아이디어 내기 |
| 우정/확대가족 | 9 | 배려하는, 협력하는, 인내하는, 자기주장하는, 지지하는 | 한 달에 한 번 톰과 메리와 시간 보내기, 한 달에 한 번 조부모님 방문하기 |
| 함께하는 활동 | 8 | 재미있는, 유머 있는, 자발적인, 개방적인, 협조하는, 배려하는 | 일주일에 한 번 같이 산책하기, 일주일에 한 번 같이 체육관에 가기, 한 달에 한 번 같이 영화 보러 가기 |

이 워크시트를 작성하고 나서 커플과 논의한 후에 주중에 어떤 가치에 집중하고 싶은지 말하게 한다.

다음 단계는 커플이 실천할 가치에 따라 대체 행동을 확인하는 것이다. 커플의 가치기반 행동에 도움을 줄 때는 가능한 한 정확한 것이 좋다. 즉, 커플이 수행할 특정 행동, 관련된 가치, 행동에 관여할 시기를 파악하는 것이 좋다. 예를 들어, 마이크가 의사소통 영역에 집중하기를 원한다면, 그는 지지하는 파트너가 되기 위해 목요일 저녁 아만다의 말에 15분 동안 귀 기울이기를 한다는 행동을 확인할 수 있다.

## 가치기반 행동 확인하기

가치기반 행동을 확인하는 것에는 ① 여러 가치를 일치하는 행동으로 결합하고, ② 스키마 대처 행동에 대한 대안적 행동을 명확히 하는 것이 포함된다. 가치기반 행동은 커플이 선택한 가치를 실현하도록 하는 구체적인 행동과 단계이다. 이 과정에서 중요한 부분 두 가지는 커플이 ① 주어진 상황에서 자신의 가치에 대한 행동 표현이 어떻게 나타나는지 정확하게 확인하고, ② 특정 스키마가 촉발되는 순간에 가장 중요한 가치를 우선시하는 것이다.

이전 커플의 예를 이어 가면서 로렌이 확인한 것을 살펴보자.

- 감사하는: 마이크가 저녁을 만들 때마다 "고마워."라고 말하기, 매일 진실된 칭찬하기
- 자기주장하는: 어떤 요청에도 "생각하게 해 줘."라고 말하거나 "아니요."라고 말하기, 도움을 요청하거나 불편함 표현하기
- 취약한: 두려움 공유하기, 감정 표현하기, 도움 요청하기

다음 워크시트는 두 사람이 실천할 가치기반 행동과 그것의 실천 시기 및 잠재적인 장애물이 무엇인지를 명확히 하는 데 도움이 된다.

## 가치기반 행동 워크시트

| 가치 | 중요도(1~10) | 가치기반 행동 | 장애물로 작용하는 생각 (이야기, 기대, 예측) | 장애물로 작용하는 행동 (수치심, 죄책감, 두려움, 무력감) | 이 새로운 행동을 언제 실천할 것인가? | 나는 이런 장애물을 가지고 여전히 내 가치로 가는 행동을 취할 수 있는가? |
|---|---|---|---|---|---|---|
|  |  |  |  |  |  |  |
|  |  |  |  |  |  |  |
|  |  |  |  |  |  |  |
|  |  |  |  |  |  |  |

**예: 가치기반 행동 워크시트**

| 가치 | 중요도(1~10) | 가치기반 행동 | 장애물로 작용하는 생각 (이야기, 기대, 예측) | 장애물로 작용하는 행동 (수치심, 죄책감, 두려움, 무력감) | 이 새로운 행동을 언제 실천할 것인가? | 나는 이런 장애물을 가지고 여전히 내 가치로 가는 행동을 취할 수 있는가? |
|---|---|---|---|---|---|---|
| 호기심 | 9 | 개방형 질문하기 듣기 | 그는 거짓말하고 있다. 나는 속아 넘어간다. 그를 믿을 수 없다. | 두려움 분노 의심 불안 | 실망하거나 의심하거나 멀리하고 싶은 충동이 있을 때 | 네 |
| 자기주장 | 9 | 아니라고 말하기 | 나는 이기적이다. 나는 요구하기 싫다. 그는 실망할 것이다. | 죄책감 책임 의무 두려움 | 내가 뭔가에 대해 상반된 감정을 느낄 때 불편하거나 의무감을 느낄 때 | 네 |
| 취약성 | 8 | 감정 표현하기 | 실망할 거야. 끝나지 않을 거야. 나는 해고당할 거야. | 두려움 죄책감 분노 | 외로울 때 아플 때 도움이 필요할 때 마이크가 나를 이해하지 못한다는 생각이 들 때 | 네 |
| 독립 | 8 | 체육관에 가기 밤에 친구끼리 놀기 | 그는 무엇을 하고 있는가? 그는 다른 사람들과 시시덕거리고 있는가? 나는 그를 믿을 수 없다. | 두려움 협의 의심 외로움 갈망 | 매주 목요일 죄책감을 느낄 때 | 네 |

다음 연습에서는 커플이 관계에서 빈도를 늘리거나 줄이고 싶은 특정 행동을 확인하도록 한다. 이러한 연습은 일반적인 가치를 스키마 대처 행동으로 대체할 수 있는 특정 행동으로 전환하는 과정을 촉진할 수 있다.

## 완벽한 파트너 연습

이 연습은 『사랑과 함께하는 수용전념치료(ACT with Love)』(Harris, 2009)라는 책에서 발췌한 것으로 커플이 가치와 행동의 관계를 볼 수 있도록 돕는 데 매우 유용하다.

먼저, 두 사람 모두 원하는 상대방의 변화를 목록으로 작성하도록 한다. "자신을 화나게 하는 파트너의 행동을 모두 적으세요. 변하길 바라는 구체적인 행동을 열 가지 이상 적으세요. 파트너가 더 자주 하기를 바라거나 적게 하길 바라는 행동은 무엇입니까?"

일단 두 사람이 목록을 완성하면 그들에게 기적이 일어나 그들의 파트너가 자신이 원하는 모든 변화를 이루어 냈다고, 심지어 목록에 언급된 모든 부정적인 행동을 고쳤다고 상상하도록 요청한다. 당신은 이렇게 말할지도 모른다. "이제 여러분의 파트너는 완벽한 파트너가 되어 여러분의 요구를 다 들어주고 필요한 것을 충족시켜 줍니다. 결코 여러분을 비난하지도 않고, 늦지도 않으며, 항상 끝까지 같이하고, 귀 기울여 들어주고, 표현도 잘하고, 사랑스럽습니다. 자, 이제 종이를 뒤집어서 반대편에 여러분의 파트너가 바뀌었을 때 여러분이 다르게 행동할 수 있는 모든 방법을 적어 보십시오. 만약 여러분의 파트너가 이전에 언급했던 부정적인 행동을 더 이상 하지 않는다면 여러분은 이 관계에서 어떻게 행동하시겠습니까? 여러분이 원하는 변화를 파트너가 다 이루었다면 여러분이 다르게 행동할 수 있는 구체적인 행동을 되도록 많이 써 보십시오."

만약 두 사람이 "나는 더 행복하거나, 더 평온하거나, 더 안전하게 느낄 것이다."와 같은 감정을 적는다면 다음과 같이 물어본다. "만약 여러분이 이 관계에서 더 행복하고 더 평온하다면 어떻게 다르게 행동할 것입니까? 여러분의 파트너는 여러분이 더 행복하고 더 평온하다는 것을 어떻게 알 수 있을까요? 여러분의 행동은 어떻게 변할 것 같습니까? 파트너는 무엇을 알아차릴까요? 만약 여러분을 보고 있는 카메라가 있는데 거기에 오디오는 없고 비디오만 있다면 여러분의 파트너는 여러분의 행동이 다르다는 것을 어떻게 알아차릴 것 같습니까?"

계속해서 두 사람에게 그들이 다르게 행동하는 것 중 어느 것이 그들의 가치와 연결된 행동인지 물어본다.

그들에게 이러한 행동들이 관련된 특정한 가치를 기록하게 한다.

두 사람에게 자신이 되고자 하는 모습과 현재 모습이 일치하는지 묻는다.

---

이 연습은 상대방이 어떤 것을 선택하느냐에 상관없이 커플에게 이러한 가치와 일관되게 행동할 수 있는 선택권을 제공한다. 이것은 한 사람의 행동과 가치는 다른 사람의 행동과 가치에 좌우되지 않는다는 것을 보여 준다. 어떤 사람이 그들의 관계에서 관계 개선을 위한 조치를 취하기 위해서는 어떠한 변화도 필요하지 않다. 새로운 행동을 시작하기 위해 생각, 감정, 감각 그리고 심지어 파트너조차도 변할 필요가 없다.

### 플립 카드 연습

먼저, 두 사람에게 자신의 스키마와 관련되어 떠오르는 부정적인 생각과 감정을 모두 적게 한다. 그런 다음 그들에게 자신과 파트너 그리고 그 관계에서 비롯된 결과에서 생기는 모든 부정적인 생각과 감정을 적으라고 한다. 이것을 어려워하면 촉발 요인 기록표를 보고 거기에 있는 생각과 감정을 사용하거나 최근 충돌했던 일을 생각하고 그 당시에 가졌던 생각과 감정을 상기하게 한다.

이제 두 사람에게 종이를 뒤집어서 반대쪽에 이러한 생각과 감정 때문에 관계 속에서 할 수 없었던 것을 구체적으로 모두 적게 한다. 그리고 다음과 같이 묻는다. "이번 주에 이러한 생각이나 감정 때문에 이 관계에서 당신이 하지 못한 중요한 것이 있었습니까? 이번 달에는요? 올해는요? _____한 감정 때문에 이 관계에서 당신이 하지 못한 중요한 일이 있습니까? _____라는 생각 때문에 당신의 가치와 관련된 중요한 행동을 하지 못한 적이 있습니까?"

커플이 이러한 행동을 관계 속에서 각자가 가지고 있는 특정 가치에 연결하고 그 가치를 기록하도록 도와준다. 이 연습의 목적은 커플이 고통과 가치가 동전의 양면 같은 것이라고 인식하고, 가치를 멀리 밀어내지 않고는 부정적인 경험을 더 멀리 밀어낼 수 없다는 것을 인식하도록 돕는 데 있다. 두 사람에게 부정적인 생각과 감정이 적힌 종이의 면을 얼굴 가까이에 대도록 한다. 그리고 다음 질문을 한다. "이런 경험을 하게 되면 보통 무엇을 합니까? 이 경험과 어떻게 관련되어 있습니까?"

두 사람이 회피를 위한 오래된 스키마 대처 행동을 식별하고 그들의 스키마에 연결된 부정적인 생각과 감정을 제거할 수 있도록 돕는다. 대처 행동을 확인할 때마다 그들이 어떻게 이 경험에서 벗어나려고 노력했는지 보여 주기 위해 종이를 얼굴에서 멀리 두게 한다. 종이가 얼굴에서 멀리 떨어지면 종이의 반대쪽에 있는 가치 역시 그들로부터 멀리 떨어지게 된다는 것을 인식하도록 한다. 이것은 경험을 없애는 데 있어 스키마 대처 행동을 더 많이 사용할수록 자신의 가치와 되고자 하는 파트너 모습에서 멀어진다는 것을 보여 준다.

스키마에서 비롯된 행동이 아닌 가치기반 행동에 관련된 것을 더 깊이 탐구하면서 앞의 내용을 따르도록 한다. 두 사람에게 다음과 같은 몇 가지 질문을 할 수 있다.

- 이러한 부정적인 생각과 감정을 여러분에게 더 가깝게 할 의향이 있습니까? 그리고 여전히 여러분이 종이 반대쪽에서 확인한 중요한 행동을 할 의향이 있습니까?
- 이 모든 스키마에서 비롯된 고통에 더 가까이 다가갈 의향이 있습니까? 만약 그것이 종이 반대쪽에 있는 여러분의 가치에 더 가까이 다가가는 것을 의미한다면 사랑과 호기심으로 그 고통에 머물 수 있겠습니까?
- 파트너와 자신에 대한 부정적인 이야기를 가지고 가치기반 행동 중 하나를 향해 한 걸음 내디딜 수 있습니까?
- 종이 한쪽에 있는 부정적인 생각과 감정에 더 가까이 가지 않고도 이런 가치에 더 가까이 다가가는 것이 가능하겠습니까?

만약 두 사람이 그들의 가치를 향해 나아가기 위해 고통을 감내하려고 한다면 그 종이를 그들에게 가까이 가져와서 부드럽게 들고 보게 한다. 호기심과 연민으로 종이에 있는 생각과 감정을 보면 어떤 느낌이 드는지 알게 한다.

### 복제 인간 연습

커플과 함께 사용할 수 있는 한 가지 연습이 있다. 이 연습은 커플이 자유롭게 선택한 가치에 연결될 수 있도록 도와주는 것으로 다음과 같은 시나리오를 제시한다. "신을 복제한 인간이나 자신을 이상화한 로봇이 있다면 어떨까요? 복제 인간은 당신이 하는 모든 것을 할 수 있으며, 더 잘하기도 합니다. 복제 인간은 당신의 모든 업무와 활동을 완벽하게 해낼 수 있습니다. 자신을 위해 관계 속에서 복제 인간이 하지 않도록 남겨 두고 싶은 부분은 무엇입니까? 너무 사랑해서 복제 인간이 대신 하는 것을 원치 않는 것은 무엇입니까? 복제 인간이 대신 하기를 원하는 것은 무엇입니까? 복제 인간이 하기보다 당신이 여전히 하기를 원하는 행동 중 두려워하거나 피하는 행동은 무엇입니까?"

## 촉발 요인 기록표를 이용하여 가치기반 행동 확인하기

다음 기록표를 사용하여 주중에 촉발되는 행동에 대해 논의한다. 다음으로 이러한 행동의 결과를 토론하고 관찰한다. 각 사건이 각 파트너의 가치 세트와 얼마나 일관성이 있었는지 살펴보고, 각자가 미래에 하고자 하는 또 다른 가치기반 행동을 확인한다. (파트너가 자신의 가치 세트와 일치하는 방식으로 촉발 요인에 응답할 경우, 또 다른 가치기반 행동이나 선택의 순간을 확인할 필요가 없다는 점에 유의한다.) 미래에 뚜렷한 변화가 일어나기 위해서는 오래된 스키마에서 비롯된 생각과 감정이 존재할 때 선택의 순간을 강조하는 것이 중요하다.

## 주간 촉발 요인 기록표

| 촉발 요인 | 생각 (장애물로 작용한 생각, 이야기, 기대, 예측 등) | 감정 (수치심, 두려움, 죄책감 등 장애물로 작용한 감정) | 행동 (무엇을 했는가?) | 가치(이 행동에 연관된 가치는 무엇인가? 당신의 행동은 그 가치와 일치했는가?) | 가치기반 행동 (어떻게 다르게 행동하고 싶었는가?) | 선택의 순간 (다르게 행동할 수 있는 선택은 언제 했는가?) |
|---|---|---|---|---|---|---|
|  |  |  |  |  |  |  |
|  |  |  |  |  |  |  |
|  |  |  |  |  |  |  |

## 예: 주간 촉발 요인 기록표

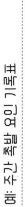

| 촉발 요인 | 생각 (장애물로 작용한 생각, 이야기, 기대, 예측 등) | 감정 (수치심, 두려움, 죄책감 등 장애물로 작용한 감정) | 행동 (무엇을 했는가?) | 가치(이 행동에 연관된 가치는 무엇인가? 당신의 가치와 그 행동은 일치했는가?) | 가치기반 행동 (어떻게 다르게 행동하고 싶었는가?) | 선택의 순간 (다르게 행동할 수 있는 선택은 언제 했는가?) |
|---|---|---|---|---|---|---|
| 시어머니가 우리에게 말하지 않고 새 집에 놓을 소파를 샀다. | 남편이 시어머니와 너무 가깝다. 남편은 나를 존중하지 않는다. 시어머니는 우리 삶에 계속 끼어들 것이다. 남편은 항상 시어머니 편이다. | 분노 실망 무력감 죄책감 두려움 | 남편 비난하기 화내기 남편이 시어머니에게 맞서길 요구하기 | 유연한 호기심을 가지는 동정적인 자기주장하는 부정하는 | 내 감정과 요구를 남편에게 표현하기 시어머니와의 거리를 어떻게 정할 것 인지 의논하자고 부탁하기 | 다음에 남편이 내가 찬성하지 않는 결정을 할 때 시어머니가 우리 대신 결정할 때 내가 무력하다고 느낄 때 |
| 남편이 우리 서로 아는 우음을 서로 아는 우리 친구에게 의논하려고 했다. | 그는 경계가 없다. 우리 친구들은 우리 둘을 판단할 것이다. 그는 나를 존중하지 않는다. | 당황 부끄러움 분노 무력감 | 남편에게 소리치기 남편 비난하기 남편 협박하기 | 부정하는 동정적인 자기주장하는 공정한 유연한 | 남편에게 물어보고 그의 요구를 이해하 도록 노력하기 나의 감정과 요구를 표현하기 해결책을 의논하자 고 요청하기 | 남편과 나의 이견이 일치하지 않을 때 내가 화가 나거나 무력할 때 |
| 남편이 시어머니를 돕기 위해 우리의 계획을 취소했다. | 남편은 절대 나를 우선시하지 않는다. 나는 중요하지 않다. 여기서 나는 혼자이다. | 박탈감 분노 외로움 실망 | 내가 상처받고 실망했다고 표현하기 남편의 감정과 요구 인정하기 | 공정하는 자기주장하는 공정한 유연한 | | |

## 가치에 기반한 대체 행동 명료화하기

이제 두 사람 모두 관계에서 자신의 가치에 대해 명확히 알게 되었으므로, 새로운 가치기반 행동을 확인하고 자신의 가치에 따라 행동할 수 있는 선택의 순간을 탐지할 수 있을 것이다. 기술이 부족하여 가치와 일치되게 자신을 표현하는 것을 어려워한다면, 제8장에 있는 기술을 활용하여 효과적으로 의사소통을 할 수 있도록 가르쳐 준다.

다음 대화는 마크와 로렌이 했던 예시 대화가 이어지는 것이다. 이 장의 앞부분에서 이 커플은 관계 속에서의 그들의 가치를 확인했다. 이 대화는 주요 의사소통 기술을 습득했다는 가정하에 이루어진 것이다.

### 예시 대화

치료사: 이번 주에 오늘 의논하고 싶은 자극이나 갈등이 있었나요?

로렌: 목요일 밤에 저는 매우 흥분했어요. 왜냐하면 마크가 친구들과 나가서 오후 10시까지 돌아온다고 하고서는 밤 11시 15분까지 돌아오지 않았거든요.

치료사: 어떤 스키마 때문에 자극받은 거죠?

로렌: 혼자라는 느낌이요. 나를 위해 주는 사람은 아무도 없어서 그 누구한테도 절대 의지할 수 없을 것 같은 느낌이 들었어요.

치료사: 이런 경험을 하고 있다는 것을 어느 순간에 알았나요?

로렌: 오후 9시 45분경에 알아차리기 시작했어요. 저는 이미 그가 말한 시간에 집에 도착하지 못할 거라는 생각이 들어 너무 불안해지기 시작했어요. 남편에게 나는 중요하지 않다, 남편은 다시 늦을 것이다, 남편을 믿을 수가 없다, 이 관계에서 나는 혼자이다 같은 두려운 생각이 많이 났어요.

치료사: 그 순간에 무엇을 했나요?

로렌: 전화도 하고 문자도 보냈어요. 몇 번 연락했지만 답이 없어서 더 화가 났어요.

치료사: (마크에게) 그 당시에 무슨 일이 있었나요?

마크: 처음 문자를 받고 좀 늦는다고 말했어요. 그리고 제가 아내 곁에 있지 않았고, 믿을 수 없게 한 것에 대해 죄책감을 느끼기 시작해서 너무 짜증이 났어요. 그런 다음 아내는 제가 언제 집에 갈 건지, 누구와 함께 있는지, 왜 그들이 아내보다 더 중요한지 따지는 문자를 계속 보냈어요. 그 순간 너무 화가 나서 문자를 무시해 버렸어요.

치료사: 어떤 경험을 했나요?

마크: 화가 났고, 죄책감을 느꼈고, 갇힌 기분이었고, 질식할 것만 같았어요.

치료사: 그래서 갇혀 버린 것 같은 경험을 한 순간에 대처하는 방식은 아내의 문자를 피하는 것이었나요?

마크: (동의하며 고개를 끄덕인다.)

치료사: (로렌을 보며) 그리고 그 순간에 당신이 대처하는 방식은 안심하기 위해 남편에게 계속 연락을 하는 것이었지요? 맞습니까?

마크와 로렌: 네.

치료사: 이 순간을 되짚어 보고, 여러분이 자신의 가치와 어떻게 다르게 행동하고 있는지 명확히 해 볼까요?

마크와 로렌: 네.

치료사: 마크, 늦을지도 모른다는 것을 알아차린 순간은 언제였나요? 그때 무슨 일이 있었어요?

마크: 동료와 함께 프로젝트를 하고 있었는데 오후 8시쯤에 생각했던 것보다 더 오래 걸릴 거라는 것을 깨달았어요. 로렌이 어떻게 반응할지 생각하니 죄책감과 불안감이 느껴지기 시작했어요.

치료사: 만약 죄책감과 걱정을 받아들일 수 있고, 행동에 영향을 주지 않고 그 감정들과 함께할 수 있다면 어떤 가치를 향해 나아가고 싶나요? 로렌의 반응에 대한 죄책감과 두려움이 나타날 때 어떻게 되고 싶나요?

마크: 배려하고, 정직하고 싶고, 제 자신을 두둔할 수 있기를 바라요.

치료사: 그 순간에 그건 어떻게 하는 걸까요?

마크: 제가 늦을지도 모른다는 것을 깨닫자마자 아내에게 전화를 걸어 컴퓨터에 문제가 있고 예상보다 오래 걸린다고 설명하는 거예요.

치료사: 이 상황에서 자신을 두둔하려면 어떻게 해야 할까요?

마크: 이 프로젝트가 저한테 매우 중요하다는 것을 설명하면서 제 주장도 하고 싶어요. 그리고 아내에게 우리가 끝마칠 수 있도록 한 시간 더 있어도 괜찮은지 물어보고 싶어요.

치료사: 로렌, 마크가 전화해서 설명해 준다면 어떻게 반응하고 싶어요?

로렌: 남편이 늦을 때는 정말 화가 나요. 저를 우선시하지 않으니까요.

치료사: 저는 당신이 그 지점에 가면, 마크가 다른 것을 선택할 때 그런 것처럼 매우 힘들다고 느끼는 것이 상상이 가요. 감정은 강력하고 자신의 삶을 영위하는 것처럼 보입니다. …… 기꺼이 경험하고 다른 대응을 선택하는 것이 도전같이 느껴지겠지만, 관계에서 원하는 것을 감안해 보면 어떤 면에서는 필요합니다. …… 분노와 외로움의 감정으로 대하지 않으려면 어떻게 행동하고 싶은가요? 이런 경험이 나타나면 어떤 파트너가 되고 싶나요?

로렌: 그렇게 반응하지 않고 그의 말을 끝까지 들을 수 있기를 원해요. 하지만 또한 제 주장도 하고 싶어요. 남편이 저를 무시하고 늦게 나타나는 것이 괜찮다고 생각하지 않기를 바라요.

마크: 나는 늦은 적이 거의 없고 중요한 일을 하고 있었어. 당신이 그렇게 통제하려고 할 때는 참을 수가 없어. 당신과는 협상할 수가 없기 때문에 그냥 무시하는 편이 더 나아.

치료사: 지금 무엇에 자극을 받았나요?

마크: 또 제가 나쁜 사람이 되는 거예요. 항상 제 잘못이에요. 기분이 안 좋아요. 저만 손해 보는 상황에 처해 버렸어요.

치료사: 갇혀 버린 것 같고 무력하다고 느끼세요?

마크: 맞아요. 죄책감이 느껴지는 것 같아요. 항상 잘못하는 것처럼요.

치료사: 자신이 하는 모든 행동이 잘못되었다고 느끼면 어떻게 행동하고 싶은지 알기가 어렵습니다. 두려움에 압도되거든요.

마크: (고개를 끄덕인다.)

치료사: 이것이 얼마나 압도적인지 알아차리고 여전히 자신의 가치를 점검할 수 있는지 알아봅시다. 지금 이 순간에 무엇을 지지하고 싶으십니까? 배려, 정직, 자기주장, 호기심 등 당신이 설명한 가치들을 기억해 보세요. 지금 이 순간에 그 가치에 더 가까이 다가가려면 어떤 것을 할 수 있을까요?

마크: 로렌, 계획이 바뀌면 당신이 힘들어하고 매우 불안정하고 혼자라고 느끼는 것을 이해해. 하지만 이렇게 특별한 경우에는 나한테 그것이 매우 중요하고, 당신이 좀 더 유연하게 대할 필요가 있다는 걸 이해할 수 있겠어?

로렌: 이 프로젝트가 당신에게 정말 중요한 일이었다는 걸 알아. 그건 이해하지만, 내가 연락했을 때 당신이 답을 안 한 게 정말 마음이 아팠어. 나는 무섭고 질리고 혼란스럽고 화가 났어. 나는 당신이 더 자주 계속 피드백을 해 주면 좋겠어.

마크: 이 문제에 대해 당신과 지금 의논하고 싶어. 하지만 죄책감과 공격당하는 기분이 들 때는 힘들어.

로렌: 당신과 의논할게. 그리고 계획이 바뀌는 상황이 있다는 걸 이해할게. 앞으로는 나와 의논을 더 잘 할 수 있을까? 늦을 것 같으면 미리 알려 줘. 내가 안심할 수 있게 집에 올 시간을 알려 주면 어떨까?

마크: 그렇게 할게. 난 당신을 무시하고 싶지 않아. 당신에게는 정직하고 일관되게 지내고 싶어.

치료사: 로렌, 외로움이나 두려움을 기꺼이 경험하고, 다음번에 버림받음의 경험이 촉발될 때에도 호기심과 유연성을 향해 한 걸음 더 내딛어 보겠어요?

로렌: 네, 이런 기분이 들 때 좀 더 호기심을 가지고 유연하게 행동하고 싶어요. 그런 순간에는 이해하기가 어려워요. 그가 최선을 다하고 있다는 것을 잊어버리고 의심스럽고 겁이 나기 시작해요.

치료사: 다음에 의심스럽고 혼자라고 느낄 때 그리고 그가 이기적이고 나쁘다고 생각하기 시작될 때 어떤 특정한 행동을 할 수 있을까요?

로렌: 다음에 마크를 의심하고, 이기적이라고 부르고 싶은 충동이 생기기 시작하면 대신 물어보고 무슨 일이 일어났는지 이해하려고 노력할게요.

치료사: 당신은 어때요, 마크? 로렌을 피하고 그녀에게서 멀어지고 싶은 충동이 들 때 어떻게 하고 싶으세요? 그 순간 일관성 있고 배려하고 자기주장을 할 수 있도록 어떤 일을 할 수 있겠어요?

마크: 다음에 로렌의 전화나 문자를 피하고 싶은 충동이 들면 죄책감을 느끼고 압도당하고 있다는 사실을 아내에게 알리고 더 분명하게 의논하려고 노력할게요.

치료사는 최근에 있었던 충돌에 대한 논의를 이용하여 촉발 요인과 대안적 행동을 명확히 하고, 가치기반 행동을 할 선택의 순간이 있을 때 그 단서들을 확인한다. 치료사는 커플 각자가 미래에 어떤 행동을 할 것인지, 언제 그것을 시행할 것인지를 명시한다.

## 가치와 스키마 고통

고통은 우리가 무엇을 가치 있게 여기는지 말해 주고, 가치는 고통에 대한 정보를 준다. 예를 들어, 시험 전에 불안감을 느끼는 것은 시험이 중요하다는 감정적인 지표이다. 분노의 감정은 경계를 넘었다는 것을 드러낼지도 모른다. 스키마도 비슷하게 기능한다. 사회적 고립/소외 스키마를 가진 사람들은 공동체와 우정이 중요하다고 생각한다. 자기희생/복종 스키마를 가진 사람들은 공정성과 배려가 중요하다고 생각한다. 버림받음/불안정 스키마를 가진 사람들은 일관성, 연결 및 신뢰성을 우선시한다. 가치기반 행동은 스키마 대처 행동과 직접 대비된다.

이 고통을 관찰하면 개인이 무엇을 중요하고 의미 있다고 생각하는지에 대한 정보를 알 수 있다. 특정 스키마와 관련된 모든 생각과 감정을 확인한 후에 커플에게 다음과 같은 질문을 하면 고통의 의미와 그들의 근본적인 가치를 찾는 데 도움이 될 것이다.

- 이 고통이 당신에게 말하려고 하는 중요한 것이 있습니까?
- 이러한 생각과 감정 때문에 중요한 일을 하지 못한 적이 있습니까? 이러한 생각과 감정 때문에 당신이 관계에서 하지 못한 것은 무엇입니까?
- 만약 당신의 _____ 스키마와 관련된 이 모든 생각과 감정이 영원히 사라진다면 그리고 이런 경험을 다시 하지 않는다면 또 무엇이 사라지겠습니까? 뭔가 중요한 것이 없어질 것 같습니까?

예를 들어, "당신의 자기희생 스키마와 관련된 죄책감이 사라지고 다시는 죄책감을 느끼지 않는다면, 그것이 당신의 관계에 어떤 영향을 미칠까요? 죄책감은 당신에게 중요한 것과 관계에서 문제가 되는 것에 대해 무엇을 말해 주고 있는 걸까요? 이 경험이 당신에게 중요한 것을 상기시켜 줄 수 있을까요?"라고 물어볼 수 있다. 죄책감의 기능이 공감을 느끼는 데 도움을 주는 것이라는 것을 알게 한다. 죄책감은 협력적이고 공정하도록 격려하고, 다른 사람들에게 해를 끼치거나 비윤리적인 행동을 하는 것을 막는다.

모든 감정은 중요한 기능을 가지고 있다. 수치심은 공동체와 소속이 중요하다는 것을 상기시켜 주고, 분노는 경계를 넘었다는 것을 의미하며, 불안은 중요한 사물이나 사건과 함께 나타난다. 우리가 느끼는 고통에 대해 호기심을 가지면 우리에게 정말 중요한 것을 알아내는 데 도움이 된다.

그러나 사람들이 스키마 대처 행동을 가치로 오인하는 것은 흔한 일이다. 사람들은 가치를 혼동할 수 있고, 실제로 그들의 회피 전략에 도움이 되는 가치를 잘못 식별할 수 있다. 즉, 가치기반 행동을 가장하여 스키마 대처 행동을 할 수 있다. 버림받음 스키마를 가진 사람을 예로 들어 보자. 이들은 항복, 순응, 포기로 버림받음에 대한 두려움에 대처하는 경향이 있으며 '수용'을 가치로 확인할 수 있다. 이런 경우에 이 가치는 버림받음으로부터 벗어나기 위해 파트너가 상처를 주는 모든 행동을 참고 '수용'하며 정당화하는 역할을 할 수 있다. 이런 식으로 가치를 사용할 경우에 가치는 실제로 스키마를 회피하는 데 사용된다. 이 경우에 수용은 버림받는 것을 피하기 위한 수단으로 사용된다.

자신의 가치에 더 가깝게 다가가는 행동과 오래된 스키마 대처 행동의 대안적인 행동을 구별하는 것이 필수적이다. 치료사는 정기적으로 행동의 기능을 확인하여 커플이 고통을 피하려고 하는 은밀한 시도와 가치기반 행동을 명확히 하고 구분하도록 돕는 것이 중요하다.

이를 위해 커플에게 이 행동이 새로운 것인지 또는 오래된 것인지 그리고 고통에서 멀어지려는 움직임인지 또는 가치에 더 가까워지려는 움직임인지 묻는 것이 좋다. 이 질문들은 선택된 가치에 대한 근거를 보여 줄 뿐만 아니라 자기성찰에 대한 실질적인 연습을 가능하게 해 준다. 자유롭게 선택한 가치와 규칙 및 의무감 또는 두려움의 회피에 기반한 가치를 식별하는 법을 배우는 것이 성공 요인의 핵심 부분이다.

## 가치 일치도 평가

다음 세 개의 워크시트는 커플이 자신의 행동이 가치와 얼마나 일치하는지 추적하는 데 도움이 된다. 이들 워크시트는 일주일 내내 치료 진행 상황을 관찰하고 자신이나 파트너가 가치와 일치하는 행동을 더 자주 하고 있다고 느끼는지 여부를 관찰하는 데 사용할 수 있다. (워크시트는 부록 D 및 http://www.newharbinger. com/34800에서도 제공)

첫 번째 워크시트인 '일주일 동안 가치 모니터링하기(Monitoring Values Throughout the Week)'는 가치와 일치하는 행동을 관찰하는 일반적인 방법을 제공한다. 커플에게 각 가치의 중요성을 평가한 다음 이들 가치에 있어 자신과 파트너의 일치 정도를 0~100%로 평가하게 한다. 0은 완전히 불일치하는 것이고, 100은 완전히 일치하는 것이다. 이 워크시트는 관계에 대해 양가감정이 있는 커플과 함께 사용할 때 유용하다. 이런 커플은 관계에 전념하는 데 어려움을 겪으며, 한 발은 안에, 다른 발은 밖에 걸쳐 놓는 것 같은 경향이 있다. 이것은 어느 누구도 먼저 행동을 바꾸려고 하지 않는 역동성을 만들어 내며, 그래서 그들은 그 관계에 대해 각자의 울타리 안에 머물게 된다. 이 워크시트를 사용하여 커플은 새로운 행동을 하지 않을 때 치러야 할 비용을 인식할 수 있다. 그것은 그들이 자신이 되고자 하는 파트너로 있는 것이 아니다. 그렇기 때문에 자신의 가치에 부합하지 않는 것이 관계를 유지할 것인지, 아니면 그대로 둘 것인지, 심지어 그 관계가 가능한 것인지에 대해 아는 것을 어떻게 어렵게 만드는지를 그들에게 보여 줄 수 있다.

자신의 행동을 바꾸는 데 집중하고 파트너의 행동 변화에 대해서 신중하게 호기심을 갖도록 격려한다. 자신의 행동을 바꾸지 **않는** 한, 그들은 계속해서 울타리에 갇힌 기분일 것이다.

### 일주일 동안 가치 모니터링하기

지난주에 대해 생각해 보았을 때 자신의 행동과 가치가 얼마나 일치했는가? 파트너의 행동은 얼마나 일치했는가? 먼저, 각 가치를 쓴 다음 각각의 중요도를 매긴다. 각 가치에 대해 0~100% 사이에서 얼마나 일치했는지 적어 본다. 100은 모든 행동이 이 가치와 일치한다는 것이고, 0은 행동이 이 가치와 전혀 일치하지 않는다는 것이다. 파트너의 일치도도 평가해 본다.

## 견본: 일주일 동안 가치 모니터링하기

| 관계 가치 | 중요도(1~10) | 나의 일치 행동<br>(0~100%) | 파트너의 일치 행동<br>(0~100%) |
|---|---|---|---|
| 친절한 | 9 | 60% | 45% |
| 동정적인 | 10 | 65% | 40% |
| 자기주장하는 | 10 | 30% | 80% |
| 호기심을 가지는 | 10 | 40% | 40% |
| 수용하는 | 10 | 35% | 30% |
| 협조하는 | 9 | 70% | 40% |
| 유연한 | 9 | 50% | 20% |
| 공정한 | 10 | 60% | 45% |
| 표현하는 | 9 | 25% | 45% |
| 정직한 | 10 | 75% | 45% |
| 개방적인 | 10 | 60% | 70% |
| 감사하는 | 10 | 20% | 30% |

다음 두 워크시트는 가치와 일치하는 행동을 일주일 내내 관찰하는 데에도 적용될 수 있다. 이것으로 치료 진행 상황에 대한 정보를 알 수 있고, 가치와 일치하거나 일치하지 않는 특정 행동을 추적할 수 있다. 가치와 일치하지 않는 행동을 검토할 때는 대신 연습하고 싶은 대체 행동을 확인하도록 돕는다.

워크시트를 작성하는 한 주 동안에는 자신의 행동을 되돌아보게 한다. 어떤 행동이 자신의 가치와 일치했는가? 가치와 일치하지 않은 행동은 무엇이었는가?

첫 번째 열에 자신의 가치를 적도록 한다. 두 번째 열에는 해당 가치와 **일치하는** 특정 행동을 적으라고 요청한 다음 파트너가 가치기반 행동에 어떻게 반응했는지 적으라고 한다. 다음 열에는 해당 가치와 **일치하지 않는** 행동과 파트너의 반응을 적어 보게 한다. 마지막 열에서 커플은 일주일 동안 자신의 가치와 전반적으로 일치했는지 평가한다. 100은 행동이 그 가치와 완전히 일치한다는 것이고, 0은 행동이 가치와 전혀 일치하지 않는다는 것이다.

## 가치 일치도 워크시트

지난 한 주를 생각해 보았을 때 **자신의 행동**이 가치와 얼마나 일치했는가? 먼저, 각 가치를 기입하는 것으로 시작한다. 다음으로 그 가치와 일치하는 행동을 적는다. 파트너가 자신의 행동에 어떻게 반응했는지 적는다. 그다음 그 가치와 **일치하지 않은** 자신의 행동을 적고, 파트너가 그에 어떻게 반응했는지 적는다. 마지막으로, 일주일 동안 가치와 일치하는 행동에 대해 0~100%까지 점수를 매긴다.

| 관계 가치 | 가치 일치 행동 | 결과<br>(파트너의 반응) | 가치 불일치 행동 | 결과<br>(파트너의 반응) | 이번 주 가치기반<br>행동 점수(0~100%) |
|---|---|---|---|---|---|
| | | | | | |
| | | | | | |
| | | | | | |

다음 가치 일치도 워크시트(Alignment with Values Worksheet)는 이전 워크시트와 동일한 지침을 따르지만, 주중에 **파트너의 행동**에 따라 작성한다. 파트너가 했던 가치와 일치하는 행동과 자신의 반응 그리고 파트너가 했던 가치와 일치하지 않는 행동과 자신의 반응을 기록한다. 마지막으로, 그 주에 가치와 일치하는 행동 측면에서 그들의 파트너를 0~100%로 평가한다.

### 파트너를 위한 가치 일치도 워크시트

지난 한 주를 생각했을 때 나의 가치와 **파트너의 행동**이 얼마나 일치했는가? 먼저, 나의 각 가치를 기입한 다음 나의 가치와 일치된 파트너의 행동을 적는다. 파트너의 행동에 나는 어떻게 반응했는가? 다음으로 나의 가치와 **일치하지 않는** 파트너의 행동을 적는다. 당신은 어떻게 반응했는가? 마지막으로, 일주일 동안 나의 가치와 일치하는 **파트너의 행동**에 대해 0~100%까지 점수를 매긴다.

| 관계 가치 | 파트너의 가치 일치 행동 | 결과 (나의 반응) | 파트너의 가치 불일치 행동 | 결과 (나의 반응) | 이번 주 파트너의 가치기반 행동 점수 (0~100%) |
|---|---|---|---|---|---|
| | | | | | |
| | | | | | |
| | | | | | |

이 두 워크시트를 통해 개인은 스스로 확인한 가치와 일치하는 수준을 염두에 둘 수 있다. 그리고 일주일 내내 의도적인 행동을 하고 가치에 따라 대응하기 위해 그들의 파트너가 가치기반 행동을 하는 순간을 알아차릴 수 있다.

요약하면, 가치를 명확히 하는 것은 커플이 추구하는 행동 변화를 유도하기 때문에 치료에서 가장 중요한 요소이다. 가치의 명확화는 관계 영역 내에서 가치를 식별한 다음 그것을 스키마 대처 행동을 대체하는 특정 행동으로 전환하는 것을 의미한다. 앞으로 남은 치료는 행동을 가치와 일치시키는 정도를 계속 평가하는 것과 가치기반 행동에 대한 장애물로 나타나는 생각과 감정을 다루는 것으로 구성된다.

# 가치기반 행동에 대한 제5장
# 장애물 파악 및 선택의 순간 인식하기

일단 커플이 자신의 가치를 명확히 했다면, 그들은 앞으로 나타날 장애물에 대처할 수 있는 구체적인 도구를 배워야 한다. 가치를 향해 발걸음을 내딛다 보면 자신의 스키마와 관련된 강렬하고도 불편한 생각과 감정이 일어난다. 한 사람이 새로운 가치기반 행동을 시도하자마자 오래된 이야기, 예측 그리고 강력한 감정이 발생하여 더욱 적응적인 반응을 막을 수 있다. 가치기반 행동은 불가피하게 장애를 촉발하거나 장애로 이어진다. 이는 가치기반 행동이 ① 감정적 고통을 활성화하고, ② 관계에서 자신과 다른 사람에 대한 부정적인 신념을 불러일으키며, ③ 커플에게 부족한 기술을 필요로 하기 때문이다.

> "자극과 반응 사이에는 공간이 있다. 그 공간에는 반응을 선택할 수 있는 힘이 있다. 그 반응에 우리의 성장과 자유가 달려 있다."
> —빅터 프랭클(Viktor Frankl)

이제 가치를 확인했으므로 나머지 치료는 가치기반 행동을 하는 선택의 순간을 인식하고, 가치기반 행동이 어떤 것인지 기억하며,

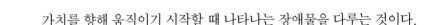

가치를 향해 움직이기 시작할 때 나타나는 장애물을 다루는 것이다.

커플이 그들의 가치에 더 가까이 다가가기 위해 하는 모든 중요한 단계는 장애물로 가득 차 있다. 방해가 되는 것을 직면하지 않고는 자신이 되고자 하는 파트너의 모습에 다가갈 수 없다. 방해가 되는 고통스러운 경험을 식별할 수 있어야 하고, 그것을 두려워하거나 회피하지 않고 그 경험과 다른 관계를 맺는 법을 배워야 한다.

이 장에서는 세 가지 유형의 장애물을 간략하게 소개하고 이를 사용하여 회피와 가치 사이에서 선택의 순간을 식별한다. 다음 장에서는 이러한 각각의 장애물에 대해 자세히 논의하고 그것을 다루는 방법을 제공한다.

## 선택의 순간 인식하기

일단 스키마가 촉발되면 자동적이고 조건적인 이야기, 감정, 이미지, 감각, 충동이 생겨 오래된 스키마 대처 행동을 하도록 유도한다. 이러한 촉발 상황과 충돌이 일어나는 가운데 선택의 순간들이 있는데, 이때 커플은 다른 행동을 선택할 수 있고 새로운 가치기반 행동을 할 수 있다.

치료의 핵심적인 부분은 선택의 순간을 촉발 순간에 더 가깝게 인식하는 것이다. 이것은 가치에 따라 유연하게 행동하도록 생각, 감정, 감각, 충동을 알아차리는 마음챙김을 함양함으로써 이루어진다. 충동을 감지하고 현재에 머무르면 다른 대응을 선택할 수 있다.

치료사는 오래된 회피 행동이 새로운 가치기반 대응으로 대체될 수 있는 시점에 두 사람이 선택의 순간과 함께 특정 스키마가 촉발되었다는 단서를 식별할 수 있도록 돕는다. 이 과정에는 두 사람이 촉발되는 순간을 인식하도록 돕는 것이 있다. 그것은 생각, 감각, 감정 또는 이미지의 형태인가, 아니면 그들이 이미 대처 행동을 한 후에 나타나는 것인가?

선택의 순간을 인식한다는 것은 다음을 의미한다.

1. 촉발 요인 확인 및 예측(제3장 참조)
2. 장애물 파악 및 예측. 여기에는 오래된 대처 행동을 하게 되는 스키마에서 비롯된 생각, 감정, 감각 등이 포함된다. 이러한 장애물이 계속 나타나는 것을 예측하고 대안적 대응을 확인하는 것이 핵심이다(자세한 설명은 제6장과 제7장 참조).
3. 세션 안팎에서 촉발 요인 알아차리기(제3장 참조)
4. 세션 안팎에서 장애물에 대한 마음챙김 연습(자세한 내용은 제6장과 제7장 참조)
5. 행동 결과에 대한 마음챙김 연습: 행동 후 파트너의 반응을 관찰하고 행동의 영향과 효율성에 대해 호기심 가지기(제3장과 제6장 참조)

선택의 순간은 많다. 예상되는 촉발이 있기 전에 선택의 순간이 있다. 예를 들어, 버림받음 스키마를 가지고 있는 사람이 있는데 그녀의 파트너가 출장을 떠난다고 해 보자. 장애물이 나타날 것이고, 이때가 오래된 스키마 대처 행동을 하도록 이끄는 생각과 감정에 마음챙김하도록 준비할 수 있는 순간일 것이다.

또 다른 예는 자기희생 스키마를 가지고 있는 사람이 이 스키마에 대한 하나의 촉발 요인이 다른 사람이 자신에게 부탁하는 것임을 확인한 경우이다. 이 경우에는 부탁에 대한 마음챙김이 도움이 될 수 있다. 상대방이 부탁할 때마다 "생각해 볼게요."라고 대답하기로 합의함으로써 부탁을 인식하고 들어주는 과정을 늦추도록 도울 수 있다. 파트너가 촉발되는 시기를 인식하는 것 또한 과정을 늦추고 선택의 순간을 알아차리는 데 도움이 될 수 있다.

예를 들어, 한 사람이 촉발될 때 필요한 것이 무엇인지, 촉발되었다는 것을 인식하도록 파트너가 어떻게 도와주면 좋을지 물어볼 수 있다. "만약 마이크가 당신의 박탈 스키마가 촉발되었다는 것을 알게 되면 당신의 가치를 상기시키는 데 도움을 줄 수 있는 그 순간에 당신에게 뭐라고 말할 수 있을까요?"라고 말할 수도 있다. 스키마에서 비롯된 생각과 감정(제6장과 제7장에서 자세히 설명) 또한 선택의 순간을 나타낸다.

마지막으로, 고함치기, 공격하기, 죄책감 유발하기 등 이미 스키마 대처 행동을 했다는 것을 알게 된 후에 다르게 대응할 수 있는 또 다른 기회가 생긴다. 이 모든 것은 ACT 용어에서 경험적 회피로 인정된다. 오래된 스키마 대처 행동과 관련되었다는 것을 인식하면 여전히 가치기반 행동을 선택할 기회가 있다.

치료사는 치료 전반에 걸쳐 커플이 관계에서 새로운 의도에 따라 행동할 수 있도록 선택의 순간을 확인하는 데 도움을 준다. 이 과정에는 몇 가지 단계가 있다. 첫째, 치료사는 두 사람이 촉발 요인에 대한 마음챙김을 연습하도록 한다. 둘째, 치료사는 두 사람이 촉발될 때 나타나는 인지적·정서적 장애물을 식별하고, 이를 새로운 가치기반 행동을 실천하는 기회로 사용한다. 치료사는 논의나 역할극으로 최근 갈등을 탐구하고, 두 사람이 촉발되는 순간을 포착하며, 가치기반 행동을 차단하는 요소를 식별함으로써 이러한 장애물을 확인할 수 있다. 치료사는 특정 스키마 중심 생각과 감정을 두 사람이 확인한 특정 가치와 연결하기 위해 다음과 같이 질문한다.

- 화가 났을 때 당신은 어떤 가치에 따라 행동하고 싶습니까? 당신을 화나게 하는 것은 무엇입니까?
- 박탈감이 일어날 때 어떤 가치를 염두에 두고 싶으십니까? 무엇 때문에 박탈감이 생겼습니까? 박탈 스키마가 자극을 받았다는 단서는 무엇입니까?
- 마이크가 당신을 절대로 이해하지 못할 것이라는 생각이 들면, 그 순간 무엇을 하고 싶습니까? 어떻게 행동하고 싶으십니까?
- 마이크와 거리를 두고 싶은 충동을 느낄 때 당신은 무엇을 하고 싶습니까? 한 주 동안 이 충동이 가장 강하게 느껴지는 순간을 주목하십시오.
- 양가감정과 절망감을 느낄 때는 이 관계에서 어떻게 행동하고 싶습니까? 이런 경험을 할 때 서로 알 수 있도록 어떻게 도울 수 있습니까?

## 장애물 확인하기

두 사람과 함께 지금 그들의 관계에서 특정 가치기반 행동을 하지 못하는 이유를 알아본다. 자신의 가치에 따라 행동하지 못하게 막는 이야기와 예측 및 두려움은 무엇인가? 어떤 특정 생각과 감정이 그들을 가치로부터 멀어지게끔 가장 강하게 끌어당기는가? 다음은 이 자료에서 얻을 수 있는 예시 질문이다.

- _____ 가치로 나아가는 것을 막는 당신의 스키마와 관련된 생각과 이야기는 무엇입니까?
- _____ 가치기반 행동을 못하게 하는 감정은 무엇입니까?
- _____(더 취약하고, 감사하고, 사랑하고, 연민심을 품는 것)을 향해 한 걸음 내딛는 것을 상상하면 무엇을 예측하게 됩니까? 이 가정을 당신의 관계에서 시험해 보시겠습니까?
- 당신이 _____ 가치 방향으로 나아가려고 하면 어떤 불편한 감각이 떠오릅니까?
- 어떤 가치가 실현하기에 가장 힘들다고 느낍니까?
- 당신이 되고 싶은 파트너가 되기 위한 단계를 시작하기 전에 당신의 파트너가 변화해야 한다고 생각합니까?

### 일반적인 유형의 세 가지 장애물

일반적으로 가치기반 방식으로 행동하는 데 장애가 되는 것은 다음의 세 가지 범주로 나뉜다.

## 인지적 장애물

한 사람의 스키마가 세션에서 촉발되면, 그것은 핵심 신념과 연결되어 자동적으로 떠오르는 모든 생각을 불러일으킬 것이다. 그의 마음은 설득을 잘하는 기계로 변할 것이다. 모든 생각이 스키마 고통으로부터 자신을 보호하기 위해 새로운 행동을 하지 못하도록 노력할 것이다. 예를 들어, 불신/학대 스키마를 가진 사람이 파트너에게 전화를 걸었는데 받지 않으면 스키마가 촉발될 가능성이 높다. 그 순간에 많은 생각이 배신에 대한 두려움으로부터 보호하는 기능을 할 것이다. 이러한 생각들은 현재 촉발되고 있는 스키마 고통을 피하기 위해 파트너를 찾거나, 비난하거나, 확신을 요구하는 쪽으로 이끌 것이다. 이러한 충동에 굴하지 않고 대신 가치기반 행동을 선택하는 것은 그 순간에 불확실성과 불안감을 불러일으키지만, 자신이 되고자 하는 파트너에 더 가까이 다가서게 할 것이다.

사람들은 새로운 행동을 시도하고 가치기반 행동을 하려고 하면 뭔가 불편해하고 낯설어한다. 그들은 위험을 감수하게 된다. 따라서 가치기반 행동은 불가피하게 강력한 스키마 중심 생각을 촉발하게 된다. 치료사의 역할은 그 순간에 융합된 생각을 말로 표현하고 그것을 장애물로 분류하는 것이다. 제6장에서는 가치기반 행동에서 멀어지게 하는 일반적인 유형의 생각에 대해 논의하고, 이러한 생각에서 벗어나는 열세 가지 핵심 기법을 확인한다.

## 정서적 장애물

스키마에서 비롯된 사고에서 벗어나는 것과 마찬가지로 가치기반 행동을 막는 스키마 영향에 직면할 필요가 있다. 이러한 정서적 고통에는 수치심, 무력감, 외로움, 박탈감 등이 있으며, 이러한 영향이 동반하는 생리적 각성도 포함될 수 있다. 가치기반 행동은 스키마 고통을 촉발한다. 왜냐하면 새로운 일을 하면 혼란이 생기고, 알려지지 않은 것에 대한 두려움이 생기고, 스키마가 확인될까 봐 두렵고, 거부당할까 봐 두렵고, 새로운 행동이 자신을 더 취약하게 만들까 봐 두렵기 때문이다.

커플들이 이 고통을 관찰하고 설명하는 법을 배우도록 돕는 것은 매우 중요하다.

이 과정에는 감정에 이름을 붙이고, 공간을 만들고, 감정의 물결을 헤쳐 나가도록 지원하는 것이 있다. 이를 위해서는 스키마가 촉발될 때 나타나는 힘든 감정에 대한 수용, 의지, 연민을 개발해야 한다. ACT는 이를 달성하기 위한 구체적인 전략을 제공한다. 여기에는 마음챙김과 감정 노출이 포함된다. 마음챙김은 판단하지 않고 고통을 관찰하며 설명하는 데 도움이 되고, 감정 노출은 이미지를 사용하거나 최근의 갈등을 검토하여 감정을 유도한다. 이 기법들은 제7장에 자세히 설명되어 있다.

### 기술기반 장애물

가치에 기반한 대인관계 행동을 하기에 커플의 기술이 부족한 경우가 많다. 두 사람은 스키마 중심 사고에서 벗어나 고통스러운 영향을 받으며 현재 상태를 유지할 수 있지만 다르게 대응하는 방법을 알지 못할 수도 있다. 그들은 자기주장이나 **성찰적 경청**, **비폭력적 의사소통**과 같은 기술이 부족할 수 있다. 어떤 것이 효과적인 대안 행동인지 모를 수도 있다. 이런 유형의 결함은 효과적인 가치기반 행동에 대한 장애물 역할을 할 수 있다. 커플을 위한 기술 훈련은 제8장에 설명되어 있다.


## 장애물 예상하기

개입의 핵심은 새로운 가치기반 행동을 시도할 때 나타나게 될 특정 장애물을 예상하는 것이다. 당신은 두 사람이 장애물에 대비하지도 않고 예상하지도 않는 것을 바라지 않는다. 특히 장애물로 나타날 생각과 감정에 이름을 붙이고 예상하는 것은 선택의 순간에 대한 인식을 쌓고, 가능한 대응을 준비하도록 하며, '받아들이고' 기꺼이 하려는 의지를 높이고, 두 사람이 고통에서 멀어질지, 회피할지 또는 그것에 다가갈지를 결정할 수 있게 한다.

## 세션 밖에서 장애물에 대한 마음챙김 실천하기

두 사람에게 스키마 대처 행동 결과 기록표(SCBs Outcomes Log)와 주간 촉발 요인 기록표(Weekly Triggers Log, 부록 D 및 http://www.newharbinger.com/34800에서도 제공)를 작성하게 하여 주중에 발생한 촉발 요인, 생각 및 감정을 계속 모니터링하도록 한다. 이러한 워크시트를 사용하여 두 사람과 함께 다르게 행동하기로 결정하는 순간들을 탐구한다. 매주 이러한 워크시트를 검토하면 치료사와 커플은 가치기반 행동에 대한 선택을 확인할 수 있다. 이것을 통해 커플은 세션 안팎에서 이러한 대체 행동을 연습하게 된다.

치료사는 두 사람에게 다음에 촉발될 때 주의 깊게 관찰하라고 한다. 그런 다음 각 사건의 워크시트 기록지를 사용하여 다음과 같은 질문을 한다.

- 자신이 자극을 받았다는 것을 어떻게 알았습니까?
- 스키마가 작동되었다는 것을 깨닫게 하는 것은 몸에서 느낀 감각이었습니까?
- 당신이 자극받았다는 사실을 깨달은 것은 특별한 생각이 떠올랐기 때문입니까?
- 당신이 자극을 받았다는 것을 깨달은 것은 느낌이나 기억 때문이었습니까?
- 어떤 시점에 특정 스키마가 작동되었음을 알게 되었습니까?
- 당신이 자극을 받았다는 사실을 처음 깨달은 순간을 떠올리면 그 순간에 어떻게 다르게 행동하고 싶습니까?
- 그 순간에 어떤 가치를 떠올리고 싶습니까?

# 세션 중 장애물에 대한 마음챙김 실천하기

치료사는 두 사람이 모두 장애물로 인정한 생각과 감정을 염두에 두고, 세션 중 발생하는 장애물에 이름표를 붙인다. 치료사는 특정 장애물을 해당 가치에 연결하고, 장애가 되는 생각과 감정이 발생하면 그것이 특정 가치에 따라 행동하는 단서가 될 수 있다고 제안한다. 예를 들어, '내 파트너는 절대로 나를 이해하지 못한다.'라는 스키마에서 비롯된 생각을 인식했다고 가정해 보자. 만약 요청을 하고 감정을 공유하고 욕구를 표현하는 데 이 생각이 장애물로 여겨진다면 치료사는 이때가 스키마 대처 행동을 사용하려는 충동에 굴복하는 대신 이러한 행동을 선택할 수 있는 순간이라는 것을 두 사람에게 상기시킬 수 있다.

요약하자면, 치료사는 장애물로 작용하는 생각과 감정을 알고 두 사람에게 선택의 순간이 있다는 것을 상기시킨다. 치료사는 두 사람이 선택의 순간에 행동하고자 하는 의도를 파악하고, 두 사람이 가치를 특정 스키마에서 비롯된 생각과 감정에 연결하고, 스키마 대처 행동 대신 적용할 가치기반 행동을 명확히 할 수 있도록 도움을 준다.

**예시 대화**

다니엘과 애슐리는 애슐리가 수술을 받는 주에 그들의 친구가 졸업을 한다는 사실에 대해 의견을 조율하기 위해 노력하고 있다. 애슐리는 담낭을 제거한 후 회복과 치유를 위해 일주일간 일을 쉬고 있다. 그녀는 회복하는 동안 다니엘이 함께 있기를 바란다. 다니엘은 졸업식을 놓치고 싶지 않았고, 애슐리가 바라는 것은 그의 희생 스키마를 작동시켰다. 스키마가 활성화되자, 그는 두려움과 죄책감을 느끼면서 항복하고, 굴복하고, 수용하고, 멀어짐으로써 대처한다. 그는 점점 화가 나고 관계가 불공평하다는 느낌이 들게 된다. 다니엘이 멀어지자 애슐리는 불신 스키마를 작동시켰다. 즉, 애슐리는 다니엘이 그녀를 우선순위로 생각하지 않을까 봐 두려워한다. 그녀는 화를 내고, 공격하고, 위협하며, 비난으로 대응한다.

치료사: 토요일에 각자에게 이상적인 상황이 무엇인지 파악하고, 각자가 견딜 수 없는 것을 찾아내고 나서 몇 가지 해결책을 브레인스토밍하면서 토요일 계획을 조율할 수 있을까요? 괜찮습니까?

애슐리: 괜찮아요.

다니엘: 좋아요.

치료사: 의견을 나누기 전에 우리 세 사람 모두 마음챙김하며 스키마가 작동되는 순간을 주목하면 좋겠습니다. 이 협상의 어떤 측면이 두 가지 스키마를 모두 작동시킬 가능성이 높습니다. 어떻게 생각하세요?

애슐리: 그래요. 서로 다른 욕구를 협상하는 것은 우리에게 매우 어려운 일인 것 같아요.

치료사: 자, 우리가 선택의 순간과 나타나는 촉발 요인을 알아차려서 예전의 행동이나 싸움에 휘말리지 않을 수 있는지 봅시다.

둘 다: 좋아요.

치료사: 애슐리, 당신이 혼자라고 느끼거나 다니엘을 의심하게 되는 순간에 주의를 기울이세요. 또는 당신이 다니엘에게 의존할 수 없다거나 그가 당신을 신경 쓰지 않는다는 이야기가 떠오를 때도요. 당신은 기꺼이 그것을 지켜볼 건가요?

애슐리: 네. 벌써부터 그런 느낌이 들어요. 제가 필요할 때 다니엘이 저를 돌봐 주지 않고 그 자리에 없을까 봐 걱정이에요.

치료사: 협상 중에 이 경험이 나타나서 화를 내거나 공격하는 것과 같은 예전의 행동을 하려는 순간이 있을 거라는 점에 주목하세요. 그 순간에 예전처럼 자동적인 방식으로 반응하거나 또는 마음챙김으로 자신의 가치에 집중하며 새로운 행동을 선택할 수 있습니다.

둘 다: 네.

치료사: 애슐리, 화를 내거나 공격하기 직전의 순간을 포착하고 알아차리도록 노력해 보세요. 처음 떠오르는 강한 생각, 감정, 감각을 알아차리도록 해 보세요.

애슐리: 네.

치료사: 다니엘, 이 협상 중에 당신의 자기희생 신념과 무력감이 촉발될 가능성이 있다고 생각하나요?

다니엘: 네. 애슐리를 화나게 할 거라는 걸 알기 때문에 제가 생각하는 이상적인 상황을 묘사하는 것조차 벌써부터 긴장돼요.

치료사: 그게 중요한 것입니다. 감정에 이름을 붙일 수 있어 다행이에요. 우리가 협상하는 동안 자신이 생각하는 이상적인 상황을 확인하면서 자신이 떠나고, 항복하고, 포기하고, 단절하고 싶은 충동을 알아차릴 수 있는지 보세요.

다니엘: 알아차리도록 노력할게요.

치료사: 자, 협상하는 동안 선택의 순간을 인식하면 어떤 가치에 중점을 두고 싶으신가요, 다니엘?

다니엘: 저는 동정하고, 제 주장을 하고, 공정해지고 싶어요.

치료사: 애슐리, 당신은 어떤 가치에 중점을 두고 싶으세요?

애슐리: 공감하고, 유연하고, 이해하는 사람이 되고 싶어요.

치료사: 좋아요. 협상을 시작하고 집중해 봅시다. 예전의 회피 행동으로 이끄는 생각이나 감정이 떠오르는지 주의를 기울여 봅시다. 그리고 피하고 싶은 충동을 느낄 때 뭔가 다른 것을 시도하기 위한 선택의 순간에 주목해 보세요. 이것은 어렵지만, 단지 주의를 기울이고 그것을 인식하는 것으로 시작합니다.

둘 다: (고개를 끄덕인다.)

치료사: 다니엘, 이런 상황에서 당신에게 가장 이상적인 상황은 무엇일까요?

다니엘: 모르겠어요. 애슐리가 혼자 있는 것을 원하지 않지만 졸업식에도 참석하고 싶어요.

치료사: 어려운 상황이라는 건 알지만, 토요일에 무엇을 하고 싶은지 말해 줄 수 있나요?

다니엘: 음, 애슐리는 목요일에 수술을 받고, 저는 그녀와 함께 있기 위해 목요일과 금요일에 일을 쉬었어요. 이상적으로는 토요일에 하는 졸업식에 몇 시간만 가고 싶어요. 온종일은 아니고요. 단지 2~3시간 정도 머물 수 있으면 좋겠는데…….

애슐리: (다니엘에게 소리를 지르고 말을 끊는다.) 당신이 졸업식에 가서 3시간 동안 있고, 차 타고 왔다 갔다 3시간이 걸리면 그 동안 난 꼼짝도 못할 거고…….

치료사: 애슐리, 잠시만요. 지금 무슨 일이 일어났지요?

애슐리: 그는 제가 전혀 안중에 없어요.

치료사: 지금 기분이 어떤가요? 어떤 감정이 드나요?

애슐리: 혼자 있게 되고 그가 저를 돌보지 않을 거라는 것이 두려워요.

치료사: 혼자 있고 박탈당하는 기분이 들었어요?

애슐리: 그래요.

치료사: 이런 경험이 나타나면 다니엘과 어떻게 지내고 싶나요? 당신이 행동하고 싶은 가치는 무엇인가요?

인지적·정서적 장애물을 예상하고 협상하는 동안 두 사람은 각자가 사용하고자 하는 가치에 주목하고, 치료사는 애슐리의 스키마 대처 행동을 재빨리 중단시킨다. 스키마에서 비롯된 감정이 확인되면 즉시 애슐리에게 자신의 가치를 되찾고 다르게 대응할 수 있는 순간으로 인식하도록 요청한다.

요약하면, 가치기반 행동을 하려고 할 때 장애물을 만나는 것은 피할 수 없다. 커플이 새로운 행동을 할 때 장애물이 필연적으로 나타날 것이라는 점을 감안하여 이러한 장애물을 예상하고 식별함으로써 두 사람을 준비시키는 것이 좋다. 치료가 진행됨에 따라 장애물이 계속해서 나타날 것이고, 이러한 장애물을 다루는 것은 치료에서 지속적인 과정이 될 것이다.

다음 장에서는 커플들이 가치기반 행동을 하는 데 장애물 역할을 하는 생각에서 벗어나도록 도울 수 있는 전략에 대해 논의하고, 제7장에서는 가치기반 행동에 대한 정서적 장애물을 다루는 전략에 대해 논의한다. 제8장에서는 커플을 위한 의사소통 기술을 다룬다. 우리는 먼저 인지적 장애물에 대해 작업할 것이다. 정서적 장애물부터 시작하면 스키마에서 비롯된 생각들이 떠올라서 커플이 감정적 경험으로부터 멀어지기 때문이다. 커플과 실제로 작업을 하면 감정의 탈융합과 마음챙김이 대개 동시에 일어나기 때문에 감정 노출을 할 때는 두 가지를 전환해야 한다는 것을 명심해야 한다.

# 가치기반 행동에 대한 인지적 장애물 제**6**장

커플이 자신의 가치를 지향하고 관계를 변화시키기 위해서는 **인지적 장애물**을 다룰 수 있는 도구가 필요하다. 인지적 장애물은 커플이 예전의 스키마 대처 행동을 하도록 유도하고, 긍정적이고 가치에 기반을 둔 행동을 막는 생각이다. 특히 스키마에서 비롯된 생각은 활성화되는 순간에 더 자주 그리고 즉각적으로 발생하기 때문에 장애물 역할을 한다. **탈융합**은 ACT 도구 중 하나로 스키마에서 비롯된 생각을 주의 깊게 관찰하여 그 생각이 문제가 되는 행동을 통제하고 행동에 영향을 미치는 것을 줄이도록 도와준다.

## 탈융합 훈련

인지적 융합은 경험을 단어로 속박하는 과정이다. 따라서 스키마가 촉발되는 즉시 해당 스키마에 연결된 생각이 자동으로 떠오른다. 우리는 생각과 하나가 되면 마치 그것이 현실인 것처럼 생각에 얽혀 버린다. 우리는 그 생각을 마음의 산물이 아닌 절대적인 진실로 본다. 스키마에서 비롯된 생각은 핵심 신념과 연결되기 때문에 더 자주 나타나며, 더 깊이 융합되어 있고, 커플의 행동에 더 강한 영향을 미친다.

**인지적 탈융합**은 자신의 생각을 인지하고 분리시키는 ACT 과정이다. 그것은 사고 과정을 관찰하고 생각으로부터 거리를 두는(Hayes et al., 1999) 연습을 하여 행동에 영향을 덜 미치는 것이다. 루오마와 헤이즈(Luoma & Hayes, 출판 중)에 따르면, "인지적 거리 두기는 내담자가 자신의 생각을 알아차리고 그 생각을 세상에 대한 객관적인 사실이 아닌 가설로 보게 한다."

탈융합을 통해 진행 중인 사고 과정을 볼 수 있도록 돕고, 생각을 어쩔 수 없는 사실이나 진실로 여기기보다 자신이 겪는 경험으로서 관련시키는 것이 목표이다. ACT는 마음과의 관계를 바꾸는 데 도움이 되는 다양한 탈융합 기술을 제공한다. 커플들이 생각에서 벗어나고 분리되도록 돕는다면 생각이 장애물로 기능하는 경우가 줄어들 것이다. 탈융합은 정신적인 내용을 유용한 수준에서 분리한다. 이를 통해 생각을 덜 진지한 것으로 받아들이고 오랜 학습 경험의 일부로 볼 수 있는 공간을 만들어 내어 생각을 있는 그대로의 생각 자체로 여기게 된다. 이 공간에서 커플은 생각에 반사적으로 반응하지 않으며, 생각이 문제 있는 감정, 감각 그리고 행동을 야기하는 것처럼 대하지 않고 다르게 행동하는 것을 선택할 수 있다. 커플을 위한 ACT에서 치료사는 이러한 기법을 사용하여 커플이 스키마에서 비롯된 생각에서 멀어지고 마음이 말하는 것과 상관없이 가치를 추구하는 방향으로 나아갈 수 있도록 도와준다.

이 장에는 커플이 스키마에서 비롯된 생각에서 벗어나는 데 도움이 되는 다양한 연습과 비유가 제시되어 있다. 이 연습은 인지적 탈융합 기술의 네 가지 구성요소인 생각 알아차리기, 생각에 이름표 붙이기, 생각과 거리 두기 그리고 생각 내려놓기를 포함한다.

또한 탈융합은 치료사가 두 사람의 스키마에서 비롯된 생각, 이야기, 정당화, 이유, 해석, 가정을 알아차리고 가볍게 여기도록 모든 기회를 이용하여 모델로 만드는 자세이다. 탈융합 자세를 취한다는 것은 파트너들이 스키마에서 비롯된 생각을 자신의 행동을 통제하는 사실이 아닌 탐색하고 테스트할 수 있는 가설로 볼 수 있도록 돕는 것을 의미한다. 생각을 가볍게 여기면 두 사람은 자신의 마음으로 한 예측이 아닌 현재 순간의 행동의 결과를 확인할 수 있다. 치료사는 스키마에서 비롯된 생각을 궁금해하고 사고의 과정과 기능을 알아차려야 한다.

또한 치료사는 두 사람이 오래된 스키마 대처 행동을 사용하도록 유도하는 융합된 생각을 주의 깊게 듣고 싶을 것이다. 어떤 생각이 장애물로 작용하면, 치료사는 그것에 이름표를 붙이고 적절한 시기에 이 장에서 설명하는 기술 중 하나를 사용하여 커플의 생각으로부터 탈융합을 돕는다. 탈융합에서는 그 생각이 사실인지, 치료사가 그 생각에 동의하는지 또는 그 생각에 대한 증거가 있는지는 중요하지 않다. '생각의 기능은 무엇인가? 이러한 생각이 커플의 행동에 어떤 영향을 미치는가? 이 생각은 가치기반 행동에 대한 장애물로 작용하는가? 동기 부여 역할을 하는가?' 생각이 장애물로 작용할 때는 다음과 같은 탈융합을 사용하여 생각으로부터 거리를 둘 수 있도록 한다.

## 커플과 함께하는 인지적 탈융합

스키마가 촉발되면 마음은 '설득하는 기계'로 변해 예전의 행동 패턴으로 자신을 보호하게 된다. 예를 들어, 만약 어떤 사람이 버림받음 스키마를 가지고 있다면 자신이 어떻게 버림받게 될 것인가에 관한 생각을 하게 되고, 자신이 버림받는 것을 피하는 방법을 알아내기 위해 노력하는 것처럼 보인다. 스키마가 활성화되는 순간, 대부분 스키마와 일치하도록 해석하고 예상한다. 당신이 어떤 사람의 생각이 대체로 같은 결론에 초점을 맞추고, 감정적으로 무서운 경험을 피하려고 노력한다는 것을 알게 되면 그 사람은 활성화된 스키마와 융합되어 있다고 가정하는 것이 안전하다.

두 사람이 새로운 행동을 시도할 때도 마찬가지이다. 관계에서 새로운 가치기반 행동을 시도하자마자 그들의 마음은 어쩔 수 없이 그 관계에서 벗어나려고 할 것이다. 마음은 주로 예측 가능한 것과 확실한 것을 원한다. 이와 관련하여 그들은 불확실성과 두려움을 일으키는 행동을 방지하려고 노력할 것이다. 다양한 영역에서 공통적인 특정 생각이 나타난다는 것을 안다면 생각이 그들의 행동을 지배하지 않게 선택할 수 있다는 것을 깨닫도록 도움을 줄 수 있다. 다음은 그것이 얼마나 만연해 있는지 알려 준다. 예를 들어, 그것이 여러 관계에서 어떻게 나타났는지에 주목해 본다. 가치기반 행동을 하려고 시도할 때 이 생각이 나타날 것이라고 예상할 수 있다. 개인이 이러한 생각에 주의를 기울이면 어떻게 그들이 그 생각 때문에 예전의 스키마 대처 행동을 하게 되는지 관찰할 수 있다.

하지만 두 사람은 그들이 반응하지 않고 부드럽게 생각을 알아차리면서 새로운 대응을 선택할 수 있다는 점도 알 수 있다. 그들은 생각을 믿지 않기로 선택할 수 있으며, 대신 행동의 자유를 더 많이 허용하는 방식으로 생각과 관련지을 수 있다. 생각이 항상 도움이 되는 것이 아니라 대부분의 생각이 우리가 통제할 수 없다는 것을 설명하면서 세션 중에 탈융합 과정을 계속 진행한다.

## 탈융합에 대한 비유

다음의 비유를 사용하여 생각이 항상 도움이 되는 것은 아니며 대부분의 생각은 우리가 통제할 수 없다는 점을 강조할 수 있다.

### 생각은 팝콘 기계이다

우리의 마음은 팝콘 기계와 같다(Hayes et al., 1999). 그 기계는 팝콘을 튀겨 내듯이 생각과 판단을 계속 만들어 낸다. 우리는 이 생각들을 거의 통제할 수 없다. 마음은 우리에게 어떤 일이 왜 일어나는지 설명하는 이유와 가설을 생각해 내는 데 직결되어 있다. 마음은 우리를 위험으로부터 보호하려고 노력한다. 문제는 보통 이런 위험이 존재하지 않는다는 것이다. 이 사고 과정을 멈추려고 하는 것은 효과가 없다. 마음은 관계에 도움이 되지 않는 생각과 판단을 계속해서 만들어 내는 기계이다.

### 생각은 영업사원이다

커플에게 마음이 우리에게 꼭 좋지만은 않은 제품을 판매하려는 영업사원과 같을 수 있다는 것을 알려 준다(Vuille, 연도 미상). 예를 들어, 마음은 우리에게 이렇게 말한다. "나는 사랑스럽지 않아." "난 아무도 믿을 수 없어." "나를 정말로 잘 알게 되면 그들은 내게서 멀어질 거야." "나는 달라." "나는 있을 자리가 없어." 또는 "나는 절대로 잘 해내지 못할 거야." 만약 우리가 이런 생각에 사로잡히지 않고 부드럽게 관찰한다면 이 생각들은 많이 노력하거나 인내심을 가지지 않아도 생겨나고 지나가고 또 생겨나고 지나갈 것이다. 어떤 생각, 특히 즐거운 생각이라면 다소 밀어붙일 수 있을 것이다. 생각에 완전히 몰입하면 그들은 적극적으로 모든 판매 전략을 펼친다. 노련한 영업사원처럼 어떤 생각은 매우 매력적이어서 계속해서 떠오른다.

두 사람에게 그들의 스키마와 관련된 어떤 생각이 정말 훌륭한 영업사원인지, 어떤 생각이 가장 강력한 장애물로 작용하는지, 이떤 생각을 가장 잘 구입하는지 물어보도록 한다. 이 영업사원과 논쟁하는 대신 "고맙지만 지금은 이 제품을 안 살래요."라고 간단히 말할 수 있다고 격려한다. 그렇다고 해서 그 생각이 반드시 사라진다는 의미는 아니다. 그것이 가치기반 행동을 하는 데 장애물 역할을 할 필요가 없다는 의미이다.

### 생각은 나를 괴롭히는 것이다

생각은 마치 나를 괴롭히는 존재처럼 들릴 수도 있고 괴롭히는 것 자체일 수도 있다. 여기서 언급한 괴롭힘은 나쁜 의도를 가지고 학교에서 괴롭히는 것과 같은 종류의 것이 아니다. 여기서의 괴롭힘은 의도는 좋지만 방법이 나쁜 것을 말한다. 즉, 이러한 생각들은 우리를 좋은 방향으로 데려가려고 시도할지 모르지만, 이 계획을 전달하는 데는 그다지 효과적이지 않다. 이렇게 우리를 괴롭히는 생각은 종종 더 나은 사람이 되라는 의도로 "너는 게으르구나." "너는 더 열심히 일해야 해." "넌 이기적이야." 또는 "정신 좀 차려."와 같이 우리를 비난하고 상처를 준다.

커플에게 이 경험을 살펴보고 누군가 자신을 더 나은 사람으로 만들 수 있도록 또는 다른 누군가를 더 나은 사람이 되도록 괴롭히는 것이 가능한지 생각해 보게 한다. 괴롭힘은 보통 효과가 없고, 자신을 개선하지도 않는다. 오히려 괴롭힘은 두려움과 자기회의를 낳는다. 생각이 괴롭힘으로 나타날 때 이 괴롭힘이 그들을 어디로 데리고 가는지, 무엇으로부터 보호하려고 하는지 알아차리게 한다. 생각의 희생자가 되거나 싸우는 대신 근본적인 메시지를 이해하고 연민의 마음을 유지하도록 격려한다.

### 생각은 줄다리기이다

스키마에서 비롯된 생각과 논쟁하는 것은 마음과 줄다리기를 하는 것과 같다 (Hayes et al., 1999). 우리가 밧줄의 한쪽을 더 잡아당길수록, 즉 특정한 생각에 저항할수록 마음은 밧줄의 반대쪽을 더 세게 당긴다. 마음은 항상 크게 반발할 수 있고, 우리가 이 게임에서 이기는 것은 불가능하다. 마음은 더 많은 판단과 예측 및 논쟁을 제공하며 우리를 설득하려 할 것이다. 이 투쟁에서 유일한 탈출구는 그저 밧줄을 놓는 것이다.

생각을 가볍게 가지며 저항하지 않고 오고 가도록 한다. 우리의 마음을 통제하고, 이성적으로 생각하고, 설득하고, 논쟁하려고 애쓰는 것은 마치 밧줄을 집어 들고 줄다리기로 돌아가는 것과 같다. 비록 밧줄을 놓더라도 반대편에 있는 생각은 사라지지 않지만, 싸움에 더 이상 에너지를 소모하지 않게 된다. 효과적으로 대응할 수 있는 선택의 자유가 있다.

### 어떤 것에 대해 생각하지 말라

두 사람에게 특정 생각을 하지 않으려고 할수록 그 생각은 더 강력해질 수 있다고 말한다(Luoma, Hayes, & Walser, 2007). 이 가설을 검증하기 위해 한 가지 연습을 할 수 있다. 그 활동은 다음과 같다. "제가 1에서 10 사이의 숫자를 말하겠습니다. 그리고 여러분에게 그 숫자에 대해 생각하지 말라고 할 겁니다. 준비됐습니까? 1보다 크고 3보다 작은 숫자는 생각하지 마세요. 1보다 크고 3보다 작은 수만 아니면 아무 숫자나 생각해도 됩니다. 제가 어떤 숫자를 말하는지 아시겠습니까?"

누구나 당신이 어떤 숫자를 말하는지 정확히 알 것이다. 사람들에게 이 특정한 숫자가 위험하고 그들의 마음에 넣지 말아야 한다고 더 많이 설명할수록 그 숫자의 힘은 더 강해진다. 이것은 대부분의 생각에서도 동일하다. 또한 그들이 가장 좋아하는 아이스크림의 맛, 좋아하는 노래, 심지어 분홍 코끼리에 대해 생각하지 말라고 요청할 수도 있다. 그리고 그들이 그것에 대해 생각하는 것을 피하려고 노력할수록 그것은 더 밀고 들어오게 된다는 것을 깨닫게 할 수 있다.

이상의 연습으로 두 사람은 생각이 문자 그대로의 것도, 반드시 현실을 나타내는 것도, 항상 진실을 반영하는 것도 아니라는 것을 인식하게 된다. 우리가 생각과 싸우면 생각은 더 강력해진다. 싸우는 대신 생각을 알아차리고, 생각이 거기에 있도록 허용하며, 호기심을 가지고 대응할 수 있다. 우리는 생각을 항상 진지하게 또는 문자 그대로 받아들일 필요는 없다. 우리는 마음에 어떤 생각이든 나타나는 것을 허용한다. 그리고 새로운 생각이 떠오르면 이전에 하던 생각이 사라지는 것 또한 허용한다.

가치기반 행동에 장애물 역할을 하는 스키마에서 비롯된 사고에도 이런 종류의 통제를 계속할 필요가 없다. 다른 방식으로 파트너와 더 좋게 느끼거나 관계를 맺기 위해 어떤 생각을 영원히 제거할 필요는 없다. 대신 우리는 마음을 적으로 대하지 않는 방법을 배울 수 있다. 우리는 마음이 팔려고 하는 모든 제품을 살 필요가 없다. 두 사람은 이제 괴롭히는 생각에 더 이상 인질로 잡혀 있을 필요가 없다. 우리는 마음이 만들어 내는 생각을 그저 알아차리고, 그 생각이 무엇인지 이름을 붙이며, 그 생각과 싸우거나 알아낼 필요 없이 그냥 내버려 두는 법을 배울 수 있다.

결론적으로, 마음은 항상 우리의 친구는 아니다(Walser & Westrup, 2009). 또한 우리의 적도 아니다. 관찰과 탈융합의 태도로 마음을 대하는 것은 생각의 지속적인 과정을 인식하고 스키마와 관련된 오래되고 똑같은 이야기를 어떻게 반복하는지 주목하면서 생각을 '보는' 데 도움이 될 수 있다. 더 이상 관련이 없을 수도 있지만, 행동을 계속 억제할 수도 있는 반사적 결론을 내지 않는다면 사랑하는 관계를 위해 가치기반 행동을 할 자유를 만들 수 있다.

다음 절에서는 커플과 인지적 탈융합의 네 가지 요소, 즉 생각을 알아차리고, 생각에 이름표를 붙이고, 생각과 거리를 두며, 생각을 내려놓는 요소들을 살펴볼 것이다. 각 구성요소에 대해 탈융합을 촉진하는 핵심 기술을 제공할 것이다.

## 탈융합을 촉진하는 핵심 기술

당신이 두 사람이 앞으로 나아가는 것을 막는 것처럼 보이는 특정 생각과 융합되어 있다는 사실을 인식하면 다음과 같은 과정과 기법을 연구하고 살펴서 그들이 이러한 장애물에서 벗어나도록 도울 수 있다(탈융합 자체는 기술이 아니라 과정이다. 즉, 기술은 그 과정을 뒷받침한다).

### 생각 알아차리기

커플에게 탈융합 과정을 가르치는 데 있어서 시작점 중의 하나는 자신의 마음을 '관찰'하는 방법을 배우도록 돕는 것이다. 강력한 인지적 장애물이 겉으로 드러나면, 첫 번째 단계는 그것을 단순히 알아차리는 것이다. 생각이 핵심 스키마에 연결되어 있을 때는 융합되어 있는 순간을 포착하는 것이 특히 어렵다. 마음챙김으로 주의력을 높여 갈 수 있도록 하기 위해 치료사는 두 사람과 함께 탈융합 연습을 하면서 이야기, 정당화, 이유, 해석, 가정 등 장애물로 작용하는 생각을 지적함으로써 탈융합된 태도를 유지한다. 그렇게 함으로써 치료사는 내용에 사로잡힐 가능성이 낮아지고 생각의 효율성에 더 집중할 수 있다.

### 관계에서 생기는 일반적인 인지적 장애물

다음은 치료사들이 관계에서 장애물로 작용한다고 알고 있는 일반적인 생각들의 목록이다.

**성급하게 결론 내리기.**    이것은 마음을 읽기 위한 시도이며, 파트너가 하는 특정 행동 뒤에 숨겨진 이유를 알고 있다고 가정한다. 이것은 한 사람이 사건이나 파트너의 의도에 대한 가설을 세우고 그것이 옳다고 확신하는 경우에 발생한다. 파트너에 대한 가정을 하거나 성급히 결론을 내리는 주요 지표 중 하나는 파트너의 행동을 언급할 때 '왜냐하면'이라는 단어를 사용하는 것이다.

- 빌은 지금 아무 말도 안 해요. **왜냐하면** 나한테 화가 났거든요.
- 당신은 그 연습을 안 했어요. **왜냐하면** 나에게 신경 쓰지 않기 때문이죠.
- 우린 더 이상 성관계를 하지 않아요. **왜냐하면** 내가 더 이상 매력이 없거든요.
- 그가 그렇게 말했어요. **왜냐하면** 나한테 상처를 주고 싶으니까요.
- 그녀는 나를 조종하려고 해요. **왜냐하면** 그녀는 모든 것을 자기 방식대로 하고 싶어 하거든요.

**예측.**    인지적 장애물에는 미래에 대한 이야기와 예측 그리고 파트너가 자신에게 어떻게 반응할지 상상하는 것이 포함된다. 이러한 생각은 다루기 어렵고, 가치 기반 행동에 중요한 장애물로 작용하는 경우가 많다. 예측을 알 수 있는 일반적인 지표는 다음과 같다. "내가 ⋯⋯하면 ⋯⋯될 것이다."

예측의 예는 다음과 같다.

- 내가 싫다고 하면 리사가 화를 낼 거예요.
- 내 감정을 말하면 내게 불리하게 작용할 거예요.
- 어차피 아무것도 변하지 않을 거예요.
- 그는 결코 우리의 약속을 지키지 않을 거예요.
- 이 대화를 시작하면 우리는 화가 나서 밤새 잠을 못 잘 것이고, 절대 해결도 안 될 거예요.

**판단.** 판단은 가장 일반적인 유형의 장애물로 가장 솔깃한 것이다. 우리의 마음은 종종 실제 사실이나 설명과 판단을 혼동하기 때문이다. 어떤 것을 묘사할 때는 평가를 하지 않는다. 반면에 판단을 할 때는 사물이나 사건에 대한 평가나 주관적인 의견을 내게 된다. 제8장에서 판단과 설명의 차이에 대해 좀 더 자세히 설명하겠지만, 여기에서 몇 가지 판단의 예를 보도록 하자.

- 그는 독하게 말해요.
- 그녀는 요구를 너무 많이 해요. 그녀에게는 어떤 것도 충분하지 않아요.
- 그는 요구하고 있어요.
- 그녀는 폭력적이에요.
- 그에게는 공감하는 능력이 없어요.

**과거의 상처와 분노에 대한 기억.** 이것은 두 사람이 놓아 버리거나 용서할 수 없는 것처럼 보이는 과거의 사건으로 계속 화를 낼 때 나타난다. 그들은 똑같은 이야기를 계속 반복한다. 그들은 특정 기억을 붙잡고 그것이 마치 현재 순간에 일어나는 것처럼 감정적으로 반응한다. 과거에 있었던 일에 대해 계속 똑같이 화를 내는 것의 문제점은 이러한 상황들이 이미 이야기되었고, 돌이킬 수도 없으며, 그래서 현재는 두 사람이 그것을 해결할 힘이 없다는 것이다. 과거의 상처를 꺼내는 것의 또 다른 주요 문제는 두 사람이 과거의 상처를 현재 가치기반 행동을 하지 않는 이유로 사용한다는 것이다. 그들은 다음과 같이 말할 수 있다.

- 지난번에 빌에게 마음을 열고 감정을 털어놓았을 때, 그는 그것을 내게 불리하게 이용했어요.
- 내가 왜 당신을 공항으로 데리러 가야 해요? 지난 휴가에서 돌아왔을 때 당신은 나를 데리러 오지 않았잖아요.
- 지난 12월 존의 파티에 갈 때 거짓말을 한 이후로 당신이 하는 말을 믿을 수 없어요.
- 작년에 당신이 나를 버리고 떠난 적이 있는데, 내가 당신과 함께 있다고 어떻게 안심하겠어요?

**이유 대기.**　이 행동은 왜 그들이 더 나은 사람이 되기 위한 행동을 할 수 없다고 또는 할 마음이 없다고 믿는지 이유를 대거나, 설명하거나, 변명하는 사람들의 특징이다. 세션에 이유 대기가 나타나면 "만약 ……한다면 ……할 것이다."라고 들린다. 여기서 의미하는 것은 그들이 가치에 따라 행동을 시작하기 전에 외부의 무언가가 바뀌어야 한다는 것이다.

- 케빈이 좀 더 공감해 주면 케빈과 감정을 나눌 수 있을 거예요.
- 그녀가 항상 불평하고 잔소리만 하지 않는다면 나는 더 많은 일을 할 거예요.
- 마이크가 실제로 약속을 지킨다면 나는 더 고마워할 거예요.
- 케이티가 항상 압력을 행사하고 통제하려고 하지 않는다면 나는 그렇게 화를 내지 않을 거예요.

**규칙 만들기.** 어린 시절 우리는 관계 속에서 어떻게 행동해야 하는지, 무엇이 적절한지에 대한 규칙을 배운다. 하지만 어떤 규칙들은 문제가 되기도 하고, 분노나 독선, 의무, 압박을 느끼는 감정으로 이어질 수 있다. 분명하게 동의한 규칙이 아니면 이것은 정중한 요청이 아닌 요구로 받아들여진다. 그리고 규칙은 무엇보다 어떻게 '해야 하는지'를 더 강조할 수 있다. 관계 속에서 규범을 만드는 것은 협력적 과정이지만 협상 없이 다른 사람들이 어떻게 행동해야 하는지 지시하는 것은 공유되지 않았을 수도 있는 어떤 가정이 전제되었다는 것이다. 이 경직된 사고는 협상이나 개인적 요구의 표현 그리고 문제해결을 막는다. 두 사람에게 잠시 시간을 내어 어떤 관계가 '이래야만 하는지', 그들의 파트너가 어떻게 '해야 하는지'에 대한 어떤 규칙이 있는지 알게 한다. 그들이 이 용어를 사용할 때 주목하고, 융합이 나타나고 있다는 것을 인식하도록 한다. 규칙 만들기의 예는 다음과 같다.

- 나는 변할 필요가 없어요.
- 밥이 더 잘 들어 줘야 해요.
- 관계란 그렇게 어려워서는 안 돼요.
- 그녀는 약속을 지켜야 해요.
- 우리는 더 많은 사랑을 나누어야 해요.

두 사람이 규칙과 융합되는 것이 효율적인지 탐색할 수 있도록 도와준다. 비록 판단이나 이야기가 사실이라고 믿는 데 사로잡혀 있어도 그것이 여전히 관계에 도움이 되지 않는다는 점을 인식할 수 있도록 한다.

이런 일반적인 유형의 인지적 장애물에 익숙해지고 세션에서 이러한 장애물이 나타날 때 이를 알아차리도록 한다. 세션에서 융합 문제로 작업을 하려면 다음 질문을 사용하는 것을 고려한다(이 질문들은 '유리한' 입장에서 전달될 의도가 없기 때문에 연민과 호기심을 가져야 한다는 것을 기억하라).

- 이런 생각이나 이야기에 사로잡히는 것은 관계에 어떤 영향을 미칩니까?
- 이런 이야기에 휘말리면 어떻게 행동합니까?
- 이러한 생각이나 그것에서 비롯된 행동이 파트너를 더 나은 방향으로 바꾸는 데 도움이 되었습니까?
- 이런 생각을 하는 것이 스스로를 더 나은 방향으로 바꾸는 데 도움이 되었습니까?
- 이런 이야기에 휘말리면 파트너와 더 가까워지거나 더 연결되는 느낌입니까, 아니면 더 멀어지는 느낌입니까?

이런 질문을 할 때 두 사람이 이 특정한 생각이 효율적인지 탐색하도록 도와준다. 만약 이 생각이 관계에 긍정적인 결과를 가져온다면 반드시 장애물이 되는 것은 아니라는 점에 유의한다. 만약 이 생각이 부정적인 결과를 가져오고, 그 결과 관계에 관련된 가치로부터 멀어지게 한다면 두 사람이 이러한 생각으로 치러야 할 것을 탐색하고 탈융합을 연습해 볼 것을 제안한다. 생각과 그 비용을 탐색한 후, 세션 중에 탈융합 작업을 하면서 이를 키워 나갈 준비를 해야 한다.

## 생각에 이름표 붙이기

장애물로 작용하는 것처럼 보이는 생각을 알아차린 후에 커플이 생각을 더 잘 내려놓게 하기 위해서 마음의 산물인 그 생각에 이름표를 붙이도록 도와준다. 다음은 생각에 이름표를 붙이는 세 가지 기술이다. 이것은 두 사람이 생각을 생각으로 볼 수 있도록 도움을 준다.

### 장애물인 생각에 이름표 붙이기

강력한 기술 중 하나는 단순히 생각에 이름표를 붙이는 것이다. 내면의 이야기와 거리를 두면, 생각을 현실에 대한 인식으로 통합하거나 융합하지 않고 인정할 수 있다. 관찰한 것에 이름표를 붙이는 것은 다음과 같이 들린다. '내 마음이 나에게 _____라고 말하는 것을 알아차린다.' '나는 _____라고 생각하고 있다.' 또는 '지금 내 마음이 _____ 생각을 하고 있다.' '내 마음이 결론에 도달하고 있다.' '내 마음이 예측을 하고 있다.'와 같이 생각을 표현하면서, 커플에게 이 장의 '관계에서 생기는 일반적인 인지적 장애물'이라는 절에서 자세히 설명한 인지적 장애물을 활용하도록 한다. 이것은 생각으로부터 거리를 만들어 내어 그 힘을 감소시키는 데 도움이 된다.

### 생각을 스키마와 연결시키기

당신이 세션에서 스키마에서 비롯된 생각을 인식하면 그 생각을 스키마에 연결하고 다음과 같이 질문한다. "이 생각은 어떤 스키마에 연결되어 있습니까? 이 생각은 얼마나 오래되었습니까? 이 생각을 처음 한 게 언제입니까? 이런 생각이 다른 관계에서도 떠올랐습니까?" 커플에게 생각이 어떻게 시작되었는지와 특정 생각이 얼마나 자주 떠오르는지 물어볼 수 있다. "이번 주나 이번 달에 얼마나 자주 이런 생각이 떠올랐습니까?"

스키마에서 비롯된 생각을 스키마에 다시 연결하면 이러한 생각이 오랫동안 존재해 왔고, 관계보다 먼저 나타났으며, 거의 모든 관계에서 나타난다는 것을 알 수 있다. 이 과정은 특정 생각을 스키마에서 비롯된 생각이라고 이름표를 붙이는 데 도움이 된다. 두 사람이 이런 생각이 자신 안에 있다는 사실을 인식할 수 있다면, 즉 그들이 이 생각을 모든 관계에 끌어들이고 있고 그것이 반드시 현실을 반영하는 것은 아니라는 사실을 깨달을 때 그들은 생각을 내려놓을 수 있다.

### 이야기(스키마)에 이름 짓기

생각을 스키마에 연결하는 것과 마찬가지로 이 과정은 사람들이 그들의 스키마에 이름 짓는 것을 도와주고, 그 이야기가 파트너에 의해 야기된다는 생각으로부터 거리를 두도록 돕는다.

이 기술의 예로는 다음과 같은 진술이 있다. "내가 버림받은 이야기와 관련된 생
각을 하고 있다." "나에게 버림받음 스키마가 있다." 또는 "'파트너가 나를 떠날 것
이다.'라는 이야기가 있다." 두 사람이 각자 특정 주제와 이야기 및 스키마에 맞는
생각에 이름표를 붙이기 위해 "내게는 '나의 파트너를 믿을 수 없다.'라는 이야기가
있다."와 같은 자신의 표현을 사용할 수 있도록 도와준다. 이 방법은 커플이 이야
기에 융합되고 잠재적으로 문제가 되는 방식보다는 가벼운 방식으로 이러한 이야
기와 상호작용하도록 도와준다.

## 생각과 거리 두기

어떤 탈융합 연습은 특히 자신과 생각 사이에 공간을 만드는 데 효과적이다. 거
리 두기 기술을 연습하면 생각을 가볍게 가지고, 계속 진행되는 경험으로 여기며,
생각을 덜 진지하게 받아들이는 법을 배우게 된다. 거리 두기 과정은 공통된 요소
를 가지고 있다. 그것은 고통스러운 생각을 받아들이도록 돕는 반면, 역설적으로
그 생각의 힘이 약화되도록 하는 것이다. 커플에게 다음 연습을 통해 어떤 기술이
관계를 지지하는 데 가장 효과적인지 실험해 보도록 격려한다.

### 생각의 효율성 탐색하기

두 사람에게 특정 생각이 어떻게 작용하는지 고려하게 한다. "이런 생각이 떠오
르면 보통 어떻게 행동합니까? 이 생각이 당신의 스키마와 관련된 고통으로부터
당신을 보호해 줍니까? 이 생각이 장기적으로 이 관계에서 더 안전하다고 느끼는
데 도움이 됩니까? 이 생각이 관계에서 긍정적인 결과를 낳는 행동을 하는 데 도움
이 됩니까?"

### 생각을 다시 가치에 연결하기

여기서는 생각이 억제하고 있는 것이 어떤 가치기반 행동인지 논의한다. 그들이

관계에서 어떤 파트너가 되고 싶은지 명심하고, 그들의 생각을 이 선택과 연결하는 것이 중요하다. 다음과 같이 질문하라. "이 생각 때문에 관계에서 중요한 일을 하지 못했습니까? 이 생각 때문에 다른 관계에서 _____(취약한, 개방적인, 적극적인 같은 가치) 태도를 가지지 못했습니까? 이 생각 때문에 당신은 중요한 일을 하지 못하는 것 같습니까? 그렇다면 그 생각을 알고 다르게 선택할 수 있습니까?"

더 중요한 것은 두 사람에게 그러한 특정 생각이나 일련의 생각을 계속 가질 의향이 있는지 그리고 여전히 관계에서 자신의 가치에 따라 행동할 의향이 있는지 물어보는 것이다. 그들은 그런 생각을 가지고 여전히 자신이 원하는 파트너가 되고자 하는 방향으로 한 걸음 나아갈 것인가? 예를 들어 이렇게 말할 수 있다. "실망하고 박탈당할 것이라는 생각이 당신이 바라는 표현을 잘하고 정직한 파트너가 되는 데 다가가게 해 준다면 그 생각을 계속 가지고 지금 필요한 것을 표현하시겠습니까?"

### 생각의 기능 확인하기

대부분의 스키마에서 비롯된 생각은 일종의 상상 속의 고통이나 감정적인 경험을 피하는 기능을 한다. 예를 들어, 라이언이 박탈 스키마를 가지고 있고 다른 사람들이 그의 요구를 충족시킬 수 없다고 믿는 경우에 라이언은 요청을 거부당하는 것보다는 어떤 요구도 표현하지 않는 것이 더 낫다고 생각할 수 있다. 이 생각 때문에 라이언은 요청을 하거나 요구를 표현하지 않게 될 수 있다. 이는 상상한 실망이나 상처를 피하기 위한 수단으로 이용되는 것이다.

만일 소냐가 실패 스키마를 가지고 있고 자신이 어떤 경우에도 실패할 것이라고 믿는다면, 소냐는 자신의 파트너의 경험을 경청하거나 인정할 가치도 없다고 생각할지도 모른다. 계속해서 시도하고 실패하면서 생기는 실망에 직면하는 것보다 전혀 시도하지 않는 것이 안전하다고 느낄 수도 있다.

두 사람에게 다음과 같이 질문한다. "이 생각은 어떤 고통스러운 경험에서 당신을 보호합니까? 이 생각의 기능은 무엇입니까? 당신의 마음은 무엇을 이루려고 합니까? 그게 당신을 보호하려는 의도입니까? 다른 사람을 보호하려는 의도입니까?

자신을 안전하게 하려는 의도입니까?" 당신은 이렇게 말할 수도 있다. "당신의 마음은 요구하는 바를 매우 명확하게 표현했지만 여전히 충족되지 못한다는 실망감으로부터 자신을 지키려고 하는지 궁금합니다. 자신을 매우 분명하게 표현할 수 있지만 지금도 자신이 느끼는 실망과 박탈감을 똑같이 느낄 수 있다고 상상하는 것은 훨씬 더 무섭게 느껴집니다." 만약 특정 생각이 고통으로부터 자신을 보호하려고 하고 있고, 두 사람이 그 주된 고통을 식별할 수 있지만 그 생각 때문에 여전히 가치에 따라 행동하지 못한다면 창조적 절망감과 기꺼이 하기로 돌아가도록 한다. 일차적 고통의 불가피성과 스키마 대처 행동이 이러한 고통을 제거하지 못했다는 사실과 그 대신 가치에 따라 행동할 수 있는 선택을 살펴본다.

### 생각 반복하기

티치너의 반복(Titchener, 1916)으로 알려진 부정적인 생각을 반복하는 과정은 어떤 단어를 50번 이상 반복하면 그 의미가 감소하기 시작한다는 발견에 근거를 두고 있다. 장애물로 작용하는 생각을 표현하는 경우에 최소한 1분 동안 그 단어나 문장을 큰 소리로 반복하게 한다. 이 연습 후에 이 단어나 문구의 의미가 어떻게 되었는지 토론한다. 그 결과, 단어나 문장이 한 단어나 여러 단어라기보다 그냥 소리나 횡설수설하는 것처럼 공허하거나 무의미하게 느껴지기 시작한다. 그것은 터무니없고 현실과 관련이 없는 것처럼 들린다. 또한 두 사람에게 이러한 생각을 바보 같은 목소리나 단조로운 방식으로 말하도록 할 수도 있다. 즉, 관계 속에서 긍정적인 움직임을 방해하는 것처럼 보이는 스키마 관련 생각에서 벗어나게 하는 것이라면 무엇이든 할 수 있다.

### 생각 형태화시키기

커플들이 문제가 되는 생각에서 멀어지는 데 도움이 되는 한 가지 방법은 생각을 물리적인 대상으로 객관화하거나 상상하는 것이다(Hayes et al., 1999). 이 기법은 커플에게 생각을 물체로 상상하여 그것의 색, 크기, 모양, 질감 등을 알아보도록 함으로써 활용될 수 있다. 지금 그들의 생각이 얼마나 무거운지 물어보라. 만약 이 생각이 형태를 가지고 있다면 어떤 모양일까? 처음에는 어리석게 느껴질 수도 있지만, 생각의 물리적 속성을 더 많이 알게 될수록 융합이 덜 된 다른 장소와 관련시키기가 더 쉬워진다.

### 생각을 가볍게 가지기

커플들에게 자신과 관계에 대한 부정적인 생각과 두려움을 쓰라고 한 뒤에 종이를 반으로 접어서 손바닥에 쥐어 보게 한다. 이 생각들을 가볍게 잡고 힘을 느슨하게 주도록 한다(Harris, 2009). 또한 그들에게 그 종이를 교환하게 하고, 연민과 친절한 마음으로 서로의 생각을 가볍고 부드럽게 가져 보도록 연습시킬 수 있다. 종이에 쓴 생각들을 가볍게 그리고 연민의 마음으로 가지는 것이 어떤 느낌인지 토론해 본다.

### 생각에 동의하기

만약 한 파트너가 관계에는 그리 해롭지 않은 자기 자신에 대한 생각과 융합되어 있다면 당신은 그 생각을 진실로 받아들이거나 또는 가설로 기꺼이 테스트하는 실험을 해 볼 수 있다. 그냥 사실로 받아들이고 가치로 되돌려 놓기만 하면 된다. "이 생각이 사실이라면 이제 어떻게 하시겠습니까? 이런 상황에서 어떤 파트너가 되고 싶습니까?" 예를 들어, 어떤 사람이 불신/학대 스키마를 가지고 있고, '내가 파트너에게 약하다면 나의 파트너는 그것을 이용할 것이다.'라는 생각과 융합되어 있다면 이렇게 물어볼 수 있다. "만약 이 생각이 사실이라면 지금 당장 약해질 의향이 있습니까? 당신의 마음이 부정적인 결과를 예측하고 있는데도 감정을 표현하시겠습니까? 당신의 마음이 맞을 수도 있고 그렇지 않을 수도 있습니다. 기꺼이 시험해 보시겠습니까?" 이 기술은 커플이 어려운 생각에 직면할 때 의지와 행동의 유연성을 키우는 데 도움이 된다.

## 생각 내려놓기

일단 두 사람이 스키마에서 비롯된 생각으로부터 거리를 두게 되면 생각을 내려 놓을 수 있는 다양한 기술을 가르칠 수 있다. 다음 중 어떤 것이 커플에게 가장 효과적인지 알아보기 위해 몇 가지 연습을 하면서 실험할 수 있다.

### 마음에 감사하기

마음은 항상 경계를 하고 위험으로부터 끊임없이 방어하기 위해 노력한다. 마음은 우리를 상처와 박탈감, 외로움, 실망, 거절로부터 보호해 준다. 마음은 부정적인 감정과 두려움을 떨쳐 낼 수 있는 전략을 끊임없이 고안해 내고 있다. 불행하게도 마음은 매우 정확하지 않으며, 때때로 아무것도 없는 곳에서도 위험을 찾아낸다. 이런 생각을 떠올릴 때 마음에 반응하는 한 가지 방법은 그 노력에 대해 감사하는 것이다.

스키마에서 비롯된 고통스러운 생각이 나타날 때마다 "마음아, 그렇게 생각해 줘서 고마워."라는 주문을 사용하고 생각을 내려놓도록 권한다. 치료사는 이 기법을 무시하는 방식으로 사용하지 않도록 주의해야 한다. 이것은 두 사람의 경험을 최소화할 수 있다. 커플들에게 그들의 마음은 그들을 보호하기 위해 최선을 다하고 있다는 것을 상기시켜 준다. 생각에 이름표를 붙이면서 마음에 감사하는 것도 효과적이다. 예를 들어, "마음아, 그렇게 예측해 줘서 고마워." "판단을 해 줘서." 또는 "상처와 박탈감, 실망으로부터 보호하려고 노력해 줘서."라고 말하는 것이다.

### 카드 활용하기

이 탈융합 기법에서 두 사람은 세션 중에 스키마에서 비롯된 생각이 떠오를 때마다 카드에 기록한다. 두 사람에게 다음과 같이 질문한다. "이런 생각 때문에 이 관계에서 중요한 일을 하지 못했습니까?" 두 사람에게 카드의 반대 면에 이 생각이 장애물로 작용하는 가치기반 행동을 적게 한다. 이 시점에서 세션 중에 생각이 떠오를 때마다 카드를 뒤집고 그 가치를 향해 한 걸음 더 나아가도록 한다. 그리고 나서 이러한 고통스러운 생각이 계속 나타날 때마다 카드를 보고, 그것이 장애물임을 상기하며 내려놓고, 그들의 가치에 따라 행동할 수 있다.

### 시각화하기: 생각을 사물에 두고 내려놓기

다음 연습은 두 사람이 스키마에서 비롯된 생각을 내려놓는 데 도움이 될 수 있다. 이러한 연습의 목적은 계속되는 생각의 흐름을 알아차리고 생각을 관찰하는 데 도움을 주는 것이다. 목표는 생각과의 투쟁을 중단하는 것이지, 생각을 중단시키는 것이 아니다.

- **개울 위의 나뭇잎.**  커플에게 잔잔히 흐르는 개울을 상상하게 한다. 생각을 가을 나뭇잎으로 시각화하라고 한다. 그리고 그 생각이 나무에서 떨어지고, 개울물에 닿고, 하류로 떠내려가는 것을 보도록 한다. 생각은 다시 떠오를 수 있지만, 다시 한 번 각각의 생각을 나뭇잎 위에 올려놓고 흘러가게 한다. 중요한 것은 생각을 강 아래로 사라지게 하는 것이 아니라 생각의 지속적인 흐름을 알아차리는 것이다.
- **구름 또는 풍선.**  커플에게 머리 위를 지나가는 솜털 구름이 많이 있는 아름답고 밝은 푸른 하늘을 상상하게 한다. 떠오르는 각각의 생각을 구름 위에 놓는 모습을 시각화하도록 하고, 생각들이 구름 위에서 떠다니는 것을 그냥 지켜보도록 한다. 구름 대신 풍선으로 할 수도 있다.
- **컴퓨터 팝업창.**  커플에게 그들의 마음이 컴퓨터 화면과 같으며 각각의 생각은 계속해서 나타나는 광고라고 상상하게 한다. 갑자기 떠오르는 각각의 생각을 간략하게 알아차리고 다음 팝업창이 나타나면 사라지게 한다. 이 광고의 어떠한 것에도 관심을 기울이지 말고 계속 이 작업을 하도록 한다.
- **광고판.**  커플에게 고속도로를 타고 매우 중요한 목적지로 가는 것을 상상하라고 한다. 운전하는 동안 마음에 떠오르는 어려운 생각이 앞쪽에 있는 광고

판에 나타나는 것을 시각화하라고 한다. 광고판에서 잠시 생각을 관찰한 후에 그 생각에 이끌려 다른 방향으로 가지 않고 자신의 목적지를 향해 계속 운전해 가도록 한다.

- **물리적으로 내려놓기.**　최근 있었던 충돌에 대해 토론하도록 하는데, 이때 두 사람에게 오른쪽 손바닥이 위로 가게 한다. 스키마로 인한 생각과 판단이 토론 중에 나타나면 생각을 자신의 손바닥에 놓고, 손을 뒤집어 보이지 않을 때까지 떨어뜨린다고 상상하게 한다. 각각의 생각을 떨어뜨리는 것이 토론이 끝난 후에 손바닥으로 다음 생각을 받고 계속해서 가치에 장애물 역할을 하는 각각의 생각을 물리적으로 계속 떨어뜨린다고 상상하게 한다.

이 모든 기법은 융합이 이루어지는 순간에 세션 안에서나 밖에서 사용할 수 있다. 장애물로 작용하는 생각을 발견하자마자 이 기법들 중 하나를 사용하여 개입하고 다시 가치로 돌아간다. 생각의 내용에 너무 많은 시간을 보내지 않도록 한다. 생각을 보내고 두 사람을 현재 순간에 그들이 관계에서 지지하고 싶은 것으로 데리고 온다.

**예시 대화**

　다음은 제3장의 마이크와 미셸의 대화가 계속 이어지는 것이다. 제3장에서 두 사람 모두 자신의 스키마와 스키마 대처 행동 그리고 가치를 식별할 수 있었다. 여기서 우리는 그들이 가치기반 행동에 대한 장애물로 작용하는 인지로부터 탈융합하는 것을 본다. 이 세션 동안 발생하는 대부분의 생각이 각 파트너의 스키마에서 어떻게 비롯되는지 주목해 본다. 즉, 많은 생각이 마이크의 결함/수치심 스키마와 실패 스키마, 미셸의 정서적 박탈 스키마에서 비롯된 것이다.

치료사: 우리는 지금 두 사람 모두에게 떠오르는 가치와 장애물에 대해 이야기해 왔어요. 이번 주부터 주간 촉발 요인 기록표를 살펴보고 어떤 촉발 요인이 있었는지 논의해 볼까요?

미셸: 네. 마이크는 저녁 식사를 준비하고 설거지를 하기로 했어요. 그래서 저녁을 먹고 나서 설거지를 하라고 했는데, 저한테 심하게 화를 내서 저녁 시간을 다 망쳐 버렸어요.

마이크: 음, 미셸은 퇴근하자마자 제일 먼저 하는 일이 제가 하는 모든 행동을 비난하는 거예요. 저는 이미 음식을 해 놓고 저녁을 차렸어요. 그런데 그녀가 가장 먼저 한 일은 모든 것이 제대로 안 되어 있다고 불평하는 것이었어요. "고마워, 마이크."라는 말도 안 했고, 고마워하지도 않았어요. 결코 절대로 그녀에게 충분한 건 없어요. 그녀를 만족시키는 것은 아무것도 없어요. 그녀는 제가 뭘 해도 절대 만족하지 않을 거예요.

치료사: 마이크, 당신은 아무리 열심히 노력해도 제대로 할 수 없고, 미셸이 여전히 만족하지 못할 것이라는 예측을 하고 있다는 것에 주목해 보세요. 이 예측을 믿으면 어떤 느낌이 드나요? 마음이 당신에게 이 제품을 팔려고 한다면 그것은 당신을 어떤 방향으로 이끌까요? 이 예측을 사실로 받아들인다면 행동이 협력적이고 호기심을 가지고 유연하게 되는 데 도움이 될까요?

마이크: 그게 사실이라면 저는 절망할 거예요. 어떤 시도도 소용없는 거잖아요.

치료사: 음, 아마도 사실일 거예요. 당신이 새로운 행동을 시도해도 미셸은 여전히 불만스러울 거예요. 하지만 고마워하거나, 놀라거나, 감사해할지도 몰라요. 시도해 보기 전에는 알 수 없어요.

미셸: 제가 원하는 것을 설명하고 그에게 피드백을 줄 수 있다면 그가 어떤 노력을 하든 행복할 거예요. 그가 그냥 좀 피드백을 들을 수 있다면 실제로 제 요구를 충족시킬 수 있을지 모르지만, 그는 어떤 종류의 피드백도 받지 않으려고 할 거예요. 그는 제가 하는 말을 다 비판으로 듣고 있어요. 저는 그에게 아무 말도 할 수가 없어요.

치료사: 좀 차분하게 확인을 해 보죠. 미셸, 그 생각이 어떤 스키마와 연관되어 있을까요? 마이크가 당신의 말을 절대로 이해하지 못하거나 듣지 않을 거라는 생각은 어디서 왔나요?

미셸: 사람들이 제 말을 듣거나 저를 이해하지 못할 거라고 생각한 것 같아요. 이건 박탈 스키마에요.

치료사: 마이크, 미셸이 당신이 그녀를 이해하지 못한다고 말하는 것을 들으면 어떤 자극을 받나요?

마이크: 좌절감이 들고 제가 부족한 것 같아요. 결함 및 실패 스키마죠. 저는 결코 그녀를 만족시킬 수 없어요. 저는 이 관계에서 어떤 것도 제대로 할 수 없어요.

치료사: 마이크, 당신이 어떤 것도 제대로 할 수 없다는 생각을 하고 있다는 데 주목해 봅시다. 우리는 이 생각이 직장에서 또는 친구들이나 어머니와 있을 때 어떻게 나타나는지 이야기했어요. 이건 꽤 익숙한 생각이죠?

마이크: 네. 평소 가지고 있는 생각이에요.

치료사: 그리고 이런 생각이 떠오를 때 무력하고 부적절하다고 느끼기 시작합니다. 경험이 너무 압도적이어서 다른 행동을 선택하는 것이 어렵지요. 만약 우리가 무력감과 부족함을 경험할 공간을 만들었다면 그 순간에 무엇을 하고 싶어요? 어떤 가치를 기억하고 싶은가요? 마음이 당신에게 결코 충분할 수 없을 것이라고 말하면 어떤 파트너가 되고 싶나요?

마이크: 연민의 마음을 가지고 싶어요. 더 잘 듣고, 마음이 열린 사람이 되고 싶어요. 미셸이 언급한 처음 세 가지 비판에 대해 피드백을 줄 수 있도록 정말 열린 마음을 가지려고 노력했어요. 하지만 열 번째에 이르러서는 정말 화가 나기 시작했어요. 그녀의 기준에 절대 미치지 못할 거라는 걸 막 깨달았어요. 그녀를 기쁘게 하는 건 불가능해요.

치료사: 미셸을 기쁘게 하는 건 불가능하다고 마음이 말할 때 그 순간에 어떤 선택을 할 수 있나요? 이 생각을 기꺼이 경험하고 당신의 가치와 일치하는 방

식으로 행동하는 것을 선택할 건가요? 그 생각을 지켜볼 수 있고 여전히 연민과 열린 마음을 향해 나아갈 수 있겠어요?

마이크: 그건 정말 어려워요. 진짜예요.

미셸: 그가 하는 걸 보았죠? 그는 계속해서 제가 완벽주의자이고 기준이 너무 높다고 주장해요. 그리고 그는 제 요구를 제대로 듣거나 이해하지 않으려고 해요. 제 말은 절대 안 들어요. 제대로 들었다면 뭔가 옳게 이해하겠지만, 제 입에서 나오는 건 뭐든지 비판처럼 듣고 있어요.

치료사: (미셸에게) 이건 지금 당신에게는 매우 무서운 거죠. 절망적으로 느껴지지요. 이런 관계에서 당신의 요구는 결코 충족되지 않을 거예요.

미셸: 마이크는 사실 제가 필요한 것을 이해하는 데 시간을 가지질 않아요. 이 관계에서 저는 완전히 혼자예요. 그는 공감하지 못해요.

치료사: 당신은 마이크가 당신의 요구를 이해하고 당신과 연결되기를 간절히 바라고 있어요. 그런데 마이크와 더 가까워지고 싶은 마음이 생기면 마음은 당신이 항상 박탈당하고 욕구는 충족되지 않을 거라고 했던 익숙한 이야기를 다시 떠올리기 시작합니다. 그 생각 때문에 다른 관계에서 욕구를 친절하게 표현하지 못했나요?

미셸: 그래요. 그건 저의 모든 관계에서 나타나는 현상이에요. 제 부탁이 그에게는 모두 비판처럼 들린다는데 어떻게 부탁해야 할지 모르겠어요. 저는 이 관계에서 절대 이해받지 못할 거예요.

치료사: 마음이 당신의 모든 요구를 듣지 못하고 비판으로 여긴다고 말하면 보통 어떻게 하나요?

미셸: 화가 나서 비판을 하거나 그냥 포기해요.

치료사: 만약 그 생각 탓이 아니라면, 만약 당신이 그 생각을 하면서 새로운 것을 시도한다면 그것은 무엇이 될 수 있을까요? 마음이 포기하라고 설득하면 어떻게 행동하고 싶나요?

미셸: 제가 필요한 것을 분명하게 표현하고 싶어요. 효과적이고 침착한 태도로 자

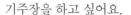

　　기주장을 하고 싶어요.

치료사: 지금 당장 필요한 것을 말씀해 주시겠어요? 마이크에게 무엇을 표현하고
　　　싶습니까?

미셸: 지금 당장 요청을 해도, 그는 동의는 하겠지만 끝까지 따르지는 않을 거예요.

치료사: 저는 이것이 오래된 이야기라는 것을 알고 있어요. 거기에서 당신의 마음
　　　은 자신의 일이라고 생각하는 것을 하고 있어요. 지금 호기심을 가지고
　　　연민의 마음으로 요청을 하면서 마음이 당신을 보호하려 할 때, 마음에게
　　　부드럽게 고개를 끄덕이고 감사의 말을 전할 수 있을까요? 그렇게 해 보
　　　시겠어요? 당신은 지금 마이크에게 자기주장을 하고 요구를 표현한다는
　　　가치를 향해 가겠습니까?

미셸: (고개를 끄덕이며 동의한다.)

치료사: 마이크, 지금 이 일을 해 볼 의향이 있나요? 미셸의 부탁을 들어주시겠어요?

마이크: 제 성격에 대해 비판하고 공격하는 것으로 변하지 않는다면요.

치료사: 이제 당신의 마음은 미셸이 비판적으로 반응할 것이라고 예측함으로써
　　　부족하고 실망스러운 느낌으로부터 당신을 보호하려고 하는 것 같습니
　　　다. 당신이 그 생각을 아주 가볍게 가질 수 있는지, 이야기를 조금 내려놓
　　　을 수 있는지, 지금 당신의 현재 경험에 머무를 수 있는지 알아보세요. 미
　　　셸의 부탁을 한 번 더 생각해 보시겠어요? 이 생각이 지금 당신에게 어떤
　　　강력한 제품을 팔려고 하는지 알려고 하고, 여전히 호기심과 열린 마음을
　　　가져 보시겠어요?

미셸과 마이크: 네.

요약하면, 가치 있는 방향으로 나아가는 것은 새롭고 두려울 수 있다. 따라서 커플들이 그들의 가치관을 향해 발걸음을 내딛기 시작하면, 그들은 불가피하게 인지적 장애물에 부딪힌다. 이러한 생각과 이야기로 예전의 스키마 대처 행동을 사용하고 그것과 융합될 때 가치에서 멀어진다. 이러한 장애물이 나타나면 두 사람이 이 내용에서 탈융합을 위해 현재 이 순간의 과정으로 올 수 있도록 돕는다. 그들의 가치가 무엇인지, 무엇을 지지하는지 확인하고, 현재 순간에 가치기반 행동을 할 수 있도록 지원해 준다.

# 가치기반 행동에 대한 정서적 장애물 　제**7**장

　　**이**전 장에서는 탈융합 전략을 사용하여 가치기반 행동을 할 때 장애물로 작용하는 생각을 대상으로 논의했다. 이 장에서는 가치기반 행동을 하는 데 장애물 역할을 하는 감정을 다루는 방법을 탐구할 것이다. 감정이 가치에 방해가 될 때, ACT는 **마음챙김**과 **감정 노출** 기술로 이러한 장애물을 공략한다. 그 목적은 커플이 생각 너머를 보는 것처럼 감정 너머를 보게 하고, 선택의 순간과 가치에 기반을 두고 대응하기 위한 기회를 확인하도록 하는 것이다.

　　마음챙김은 호기심을 가지고 비판단적인 자세를 유지하면서 내외적 모두의 현재 순간 경험과 완전히 접촉하며 존재하는 것이다. 이것은 그들이 파트너의 행동에 영향을 덜 받도록 생각, 감정, 감각, 행동 충동에 대한 알아차림과 관찰 능력을 키워 나가는 것이다. 두 사람이 생각이나 감정에 휩쓸리거나 사로잡히지 않을 때, 그들은 선택의 순간을 더 잘 알아차리고 어떻게 대응해야 하는지에 대한 결정을 더 잘 내릴 수 있다. 마음챙김은 현재 순간을 의도적으로 알아차리고, 감정에 의한 충동보다는 가치에 따라 행동하는 능력을 향상시키는 것을 목표로 한다.

감정 노출에는 두 사람이 여러 과정을 동시에 통합하는 법을 배울 수 있도록 상당한 감정 자극을 유도하여 의도적으로 스키마를 활성화하는 것이 포함되어 있다. 이러한 과정에는 현재 순간에 대한 접촉, 탈융합, 가치에 대한 연결, 가치기반 행동 정하기, 유연한 관점 유지 및 자신과 타인에 대한 수용이 있다.

감정 노출이 되는 동안, 치료사는 커플에게 자극 상태를 유도하고 그들이 그 상태를 계속 경험하도록 돕는다. 치료사는 커플에게 내용에 대한 경험을 표현하라고 안내함으로써 수용을 촉진한다. 치료사는 두 사람에게 자신의 경험을 설명하고 자비롭고 유효한 공간을 만들어 언제든 다시 돌아오도록 권하는 동시에 어려운 감정과 충동에 직면하여 다르게 대응할 수 있는 선택의 순간을 떠올리게 한다. 치료사는 두 사람이 감정, 욕망, 필요를 포함한 내부 경험을 받아들이는 동시에 이런 경험에 대한 의사소통 방식을 바꾸도록 도움을 준다. 이렇게 하면 갈등이 발생하는 상황이 바뀌게 된다. 커플은 적극적으로 상황을 바꿈으로써 어려운 감정에 직면할 수 있는 내성을 구축하여 미래에 스키마가 활성화되는 순간 그로 인한 고통을 기꺼이 받아들이고 유지하려는 의지를 증가시킨다.

감정 노출의 목적은 스키마에서 비롯된 감정이 가치기반 행동을 하는 데 장애물로 작용할 수 있기 때문에 커플이 감정적으로 촉발되는 동안(예: 수치심, 두려움, 분노, 상처, 상실 등) 광범위하고 유연한 행동 목록을 구축하는 것이다. 예를 들어, 죄책감은 단호하게 행동하거나 아니라고 말하는 데 장애가 될 수 있고, 수치심은 취약성을 표현하는 데 장애가 될 수 있으며, 두려움은 파트너의 요청이나 진실을 막을 수 있다. 목표는 감정적 경험에 완전히 접촉하고, 경험적 회피를 덜 하게 하며, 현재 효과적이고 가치에 기반을 둔 대응을 하도록 지원하는 것이다. 그래서 커플은 괴로움을 견디는 것을 배우고, 괴로움과 고통을 회피하기보다는 효과적으로 행동하는 것에 초점을 맞춘다.

# 마음챙김 함양하기

마음챙김은 습득하고 함양할 수 있다. 체육관에 가서 근육을 키우는 것처럼 마음챙김을 연습하는 것은 고통에 직면하여 가치에 따라 행동할 수 있는 능력을 기르는 것이다. 마음챙김을 일상생활에 통합하면 스키마에서 비롯된 생각과 감정을 계속 알아차리고, 그동안 사용해 온 회피 행동을 하기보다는 다른 방식으로 대응할 수 있는 능력을 향상시킬 수 있다. 마음챙김의 효과에 관한 연구는 그것이 대인관계에 긍정적인 영향을 미친다는 것을 시사한다(Hoopes, 2009; Palmer & Rodger, 2009). 커플을 위한 ACT에서 하는 것도 이와 다르지 않다. 커플이 마음챙김을 이용해 현재 순간과 접촉하고 자신의 경험에 호기심을 가지고 비판단적으로 관찰할 수 있다면, 그들은 자동적으로 반응하지 않고 감정의 물결이 그들을 오래된 행동으로 끌어당기는 것을 알 수 있다. 마음챙김은 두 사람이 과거와 미래의 이야기에서 벗어나 서로 함께 현재에 머물고 알아차림으로 대응하여 자유를 더 많이 갖도록 도와준다. 이것은 두 사람이 가치와 일치하는 대응을 선택하도록 '허용'하는 것이다.

마음챙김 연습은 **공식적인** 것과 **비공식적인** 것의 두 가지 범주로 나눌 수 있다. 공식적인 연습은 일반적으로 '명상'이라고 생각하는 것을 말한다. 이는 현재 순간에 의도적으로 주의를 기울이기 위해 특정 시간을 따로 가지는 것이다. 예를 들면, 앉기명상, 바디스캔, 오감 연습, 마음챙김 호흡 등이 있다. 공식적인 마음챙김 연습은 세션 내에서 이루어진다.

비공식적인 연습은 일상 활동에 마음챙김을 가져오는 것이다. 이것은 공식적인 마음챙김 연습에서 발전된 기술들을 구체화하는 데 도움이 된다. 비공식적이기는 하지만, 마음챙김을 하기 위해서는 특정 활동을 선택하고 행동에 집중해야 한다. 비공식적인 마음챙김 연습은 세션 밖에서 수행되며, 세션 사이에 마음챙김이 함양되는 것을 지원한다. 커플이 대인관계에서 일어나는 과정을 관찰할 수 있는 능력을 강화하는 데는 비공식적인 마음챙김이 필수적이다.

## 공식적 마음챙김

커플과 공식적인 마음챙김을 연습하면 그들은 현재 함께 있는 것을 배우고, 깊이 연결되며, 유대감을 강화하는 법을 배울 수 있다. 마음챙김 호흡으로 두 사람은 호흡을 조정하고, 더 조화를 이루며, 더 수용적이 되고, 서로에게 더 잘 적응할 수 있게 된다.

### 연민 호흡명상

이 마음챙김 안내명상은 공감과 연민을 증가시키기 위해 세션 중에 커플들과 함께 활용한다. 세션 시작 시 또는 종료 전에 이 명상을 사용하여 세션을 마칠 수 있다. 연습을 마친 후에 커플들이 경험한 것과 알게 된 것을 공유하도록 격려한다.

먼저, 두 사람을 서로 마주 보고 앉게 하는 것부터 시작한다. 다음 안내문을 사용하여 각 단락 사이에는 몇 분 동안 침묵을 하고, 천천히 부드러운 톤을 사용하도록 한다.

> 편안한 자세로 눈을 감습니다. 현재 이 순간에 있기 위해 깊은 호흡을 몇 번 합니다. 자신의 호흡에 사랑과 친절한 관심을 가져 봅니다. 신체적 감각에 주의를 기울이고 지금 몸이 무엇을 경험하고 있는지 알아보세요. 편안하거나 긴장이 되는 모든 부분을 알아차려 봅니다. 좋은 것이든 나쁜 것이든 모든 감각과 경험에 주목하십시오. 그냥 모두 그대로 내려놓습니다.
>
> (잠시 멈춘다.)
>
> 이제 몸에서 숨이 가장 강하게 또는 쉽게 느껴지는 곳을 알아봅니다. 가슴이 오르락내리락 하는 것이 느껴지나요? 입 안이나 콧구멍에서 공기가 따뜻해지거나 차가워지는 것이 느껴지나요? 숨을 들이쉴 때 더 강하게 느껴지나요, 내쉴 때 더 강하게 느껴지나요? 아니면 배가 팽창하고 수축할 때 배에서 느껴지나요? 호흡을 스스로 판단하거나 숨을 조절하려고 노력하는 것을 발견한다면 그저 그 경험을 알아차리고 있는 그대로 내버려 둡니다.
>
> (잠시 멈춘다.)

이제 부드럽게 눈을 뜨고 앞에 있는 파트너를 보세요. 서로의 눈을 들여다보고. 그 눈 안에 있는 사람을 보도록 하세요. 서로의 눈을 깊이 들여다봅니다. 지금 무엇이 보입니까? 파트너가 무엇을 느끼고 있다고 상상합니까? 인간으로서 모든 감정과 복잡함을 가지고 있는 이 사람의 삶은 어떻게 상상이 됩니까?

(잠시 멈춘다.)

여러분 각자가 가졌던 모든 복잡한 생각과 감정 및 경험을 앞에 앉아 있는 이 사람과 연결할 수 있는지 보세요. 어떤 판단이 나타나거나 과거나 미래에 대한 생각이 떠오르는 것을 알아차린다면 지금 이 순간으로 돌아와서 앞에 앉아 있는 사람을 관찰해 보세요. 지금 파트너의 눈을 쳐다보는 기분이 어떻습니까?

(잠시 멈춘다.)

이제 파트너의 호흡에 주목해 주시기 바랍니다. 파트너의 배가 팽창하고 수축하는 동안 미묘하게 오르락내리락하는 것을 알아차릴 수 있는지 알아보세요. 파트너의 가슴이 오르락내리락하는 것을 알아차려 보세요.

(잠시 멈춘다.)

파트너와 같은 리듬으로 숨을 쉬고 싶은 충동을 느끼거나 다른 리듬으로 숨을 쉬고 싶은 충동이 있는지 보세요. 파트너와 같이 호흡하고 있는지 또는 다르게 호흡하는지 알아보세요. 시선을 피할 때와 깊이 응시하고 있을 때를 알아차리세요. 이 순간 그 경험들은 어떻습니까? 두려움. 연결감. 사랑 또는 심지어 휩싸이는 감정 등 어떤 감정들이 일어나는지 보세요.

(잠시 멈춘다.)

과거의 이야기들이 나타나거나 과거나 미래에 대한 생각이 나타날 수도 있습니다. 이런 생각을 알아차리고 파트너의 호흡 리듬을 관찰하는 데로 돌아가서 파트너를 실제로 보면서 어떤 경험을 하는지 알아차립니다.

(잠시 멈춘다.)

> 서로 바라보면서 파트너를 보는 기분이 어떤지 알아차리세요. 파트너의 얼굴에 주목하세요.
> 파트너를 바라보며 자신의 경험에 어떤 변화가 있는지 알아차립니다. 이 순간 자신의 호흡. 자
> 세. 심장박동 등 자신의 몸에서 경험하는 것을 알아차립니다. 강한 감각을 알아차리세요. 어떤
> 감정이 떠오르나요? 그렇다면 그것이 어떤 것인지 알아차려 봅니다. 갈망. 두려움. 외로움 또는
> 안도감이 있습니까? 어떤 감정도 나타날 수 있는 공간을 만들어 보세요. 파트너와 더 가깝게
> 느낄 수도 있고, 더 멀게 느낄 수도 있습니다. 이 경험은 변화될 수 있습니다. 그저 느끼는 것이
> 무엇이든 생겨나고 사라지는 것을 알아차리세요. 파트너를 볼 때 생겨나는 모든 다양한 경험과
> 계속 접촉하세요. 자신의 감정과 감각 및 생각에 대해 계속 궁금해할 수 있는지 보세요. 어떤
> 행동을 하고 싶은 충동도 알아차려 봅니다. 이러한 충동을 부드럽게 관찰하고. 자신이 이런 경
> 험의 물결을 타도록 허용하세요.

또한 다음과 같이 변형을 추가하여 두 사람이 더 복잡한 호흡 연습을 수행하도록
할 수 있다.

- **호흡 동기화하기.**     먼저, 두 사람은 연민 호흡명상 연습을 한다. 다음으로 호
  흡을 동기화하면서 함께 호흡한다. 같은 속도로 숨을 마시고 내쉰다.
- **호흡 교환하기.**    마치 서로 숨을 쉬는 것처럼 한 사람이 숨을 들이마실 때 다
  른 사람은 숨을 내쉰다.
- **심장에 손 얹기.**    함께 호흡하면서 교대로 다른 사람의 심장에 손을 얹고, 한
  사람의 손에서 다른 사람의 심장에 온기와 연민의 마음을 보낸다.

세션 중에 앞의 공식적인 마음챙김 연습을 하는 동안, 또한 커플들에게 집에서
공식적인 활동을 연습하도록 격려할 수 있다. 마음챙김 호흡은 호흡으로 관심을
돌리면서 두 사람에게 생각을 알아차리고 놓아주도록 가르치기 때문에 이상적이
다. 제10장에서는 유연한 관점 취하기를 촉진하기 위해 커플과 함께 사용할 수 있

는 또 다른 공식적인 연습을 제공한다.

## 비공식적 마음챙김

대부분의 사람은 퇴근하고 다른 장소로 가기로 되어 있는데 집으로 가고 있는 자신을 발견한 경험이 있을 것이다. 이것이 자동조종 행동이다.

이러한 '마음챙김이 없는' 상태에서는 자동적으로 행동한다. 즉, 알아차림 정도가 떨어지며, 현재 선택할 수 있는 것을 인식하지 못한다. 진화적 측면에서 보면 이것은 이로울 수 있다. 자동적으로 행동하면 살아가면서 일상적인 일을 할 때 에너지를 덜 쓰기 때문에 더 효과적으로 일할 수 있다. 하지만 자동조종 모드에 있으면 그 순간 할 수 있는 선택에 대해 의식을 덜 하게 된다. 일상생활에서 마음챙김을 실천하면 커플은 상호관계에서 알아차림을 더 많이 하고, 선택의 순간에 대한 인식을 더 잘하게 된다. 커플은 마음챙김을 연습하고, 현재 순간에 대한 알아차림을 기르며, 과정을 늦추어 보다 유연한 대응방법을 통해 자동조종 모드에서 벗어나는 법을 배울 수 있다.

『사랑과 함께하는 수용전념치료』(Harris, 2009)에서 일부 수정된 다음 연습은 세션 중에 공식적인 마음챙김 연습으로 사용하거나 세션 밖에서 비공식적인 마음챙김 연습으로 사용할 수 있다. 여기에는 자극을 받은 상태에 있는 동안 마음챙김을 함양시키려는 의도가 있다. 이러한 연습으로 커플들은 현재 순간에 주의를 기울이고 마음이 말하는 것이 아닌 실제 경험이 무엇인지 알아차리게 된다. 치료사의 안내에 따라 커플들은 세션 중에 공식적으로 하나 이상의 연습을 수행해야 한다. 그후 치료사는 커플들이 비공식적으로 세션 밖에서 언제든지 연습하도록 장려한다.

## 얼굴 표정에 대한 마음챙김

이 연습은 파트너의 얼굴을 주의 깊게 살피고 현재 순간을 관찰하도록 하는 것이다. 먼저, 두 사람이 서로 마주보게 한 다음 실습 안내를 시작한다.

> 상대방의 얼굴에 주의를 기울여 봅니다. 그 표정을 처음 보는 것처럼 관찰합니다. 상대방이 말하는 동안 얼굴의 미묘한 움직임에 주목합니다. 입과 눈 주위의 선과 주름을 봅니다. 상대방의 눈과 눈썹에 집중해 보세요. 상대방의 얼굴에서 어떤 감정이 느껴지나요? 상대방의 반응에 미묘한 변화가 있는지 확인합니다. 상대방의 표정에 주의를 기울이면서 자신의 얼굴 표정을 마음챙김할 수 있는지 알아봅니다. 자신의 표정으로 상대방에게 무엇을 전하고 있습니까? 상대방은 어떻게 나를 경험할 수 있을까요? 자신의 얼굴이 어떤 느낌이고 그것이 상대방에게 어떻게 보일지 주의를 기울여 봅니다.

## 듣기에 대한 마음챙김

이 연습은 파트너에게 온전히 주의를 기울이는 것에 관한 것이다. 이것은 세션 중에 하거나 과제로 할 수 있다.

> 다음번에 파트너와 토론할 때 여러분의 모든 관심과 호기심을 집중해 보세요. 파트너와 첫 데이트를 하는 것처럼, 혹은 파트너가 내가 좋아하는 작가나 배우 중 한 명인 것처럼 상대방의 말을 들어 보세요. 파트너가 무엇을 표현하려고 하는지 주의를 기울여 보세요. 파트너가 자신의 감정, 세계관, 근본적으로 필요한 것, 혹은 갈망에 대해 무엇을 말하고 있습니까? 질문을 명확히 하고, 눈을 마주치며, 상대방이 말하는 것을 되새기고, 제대로 들었는지 물어보세요. 자신이 듣고 있는 것에 대해 속으로 말하는 것을 줄이고, 정말로 이해하려는 의도를 가지고 들어 보세요.

## 접촉에 대한 마음챙김

이 연습은 커플을 서로 현재와 연결하기 위해 다섯 가지 감각 중 하나를 사용하는 것이다. 집에서 연습하도록 하기 위해 단계를 통해 설명한다.

> 포옹과 접촉을 통해 신체적으로 연결되는 시간을 정하세요. 모든 감각적 경험에 주목하세요. 파트너를 처음으로 만지는 것처럼 잡고 만져 보세요. 서로의 몸이 연결되는 부분에 주목하세요. 자신이 보고 듣는 것과 상대방을 만지는 것이 손끝에서 어떤 느낌인지 알아보세요. 그 순간의 경험은 어떻습니까? 어떤 생각과 감정이 떠오르는지 보세요. 호흡, 자세, 심장박동 등 몸에서 경험하는 것에 주목하세요. 어떤 강한 감각과 감정이 나타나든 알아차립니다. 갈망, 두려움, 유대감, 외로움 같은 감정이 있습니까? 어떤 감정이 나타나든 공간을 만들 수 있는지 알아보세요.

## 마음챙김 행동 함께하기

커플에게 걷기나 설거지, 아이들 재우기, 춤추기 등을 함께하도록 격려한다. 이러한 각각의 활동에서 두 사람은 순간의 신체적 경험에 온전히 주의를 기울여야 한다.

> 설거지를 하는 동안 따뜻한 물의 느낌, 스펀지와 비누의 촉감, 몸 여기저기에 닿는 느낌, 손에 든 단단한 냄비와 접시의 느낌 등을 알 수 있습니다. 또한 함께 일하면서 편안함, 소속감, 유대감도 느낄 수 있습니다.

## 스키마 활성화에 대한 마음챙김

마음챙김을 가장 잘 적용하는 것은 두 사람에게 스키마 활성화를 관찰하도록 가르치는 것이다. 커플이 일상생활에서 스키마가 촉발되는 순간을 포착하고 스키마 고통을 마음챙김하며 관찰하도록 한다. 어떤 스키마가 나타났는가? 자극 요인은 무엇인가? 생각, 감정, 행동에 대한 충동은 무엇인가? 그들은 충동에 따라 행동했는가, 그렇지 않은가? 두 사람에게 일상 속의 스키마 활성화를 모니터링하기 위해 부록 D 및 http://www.newharbinger.com/34800에서도 제공된 대인관계 경험 기록표(Interpersonal Experiences Log)를 사용하도록 한다. 이는 두 사람의 경험이 펼쳐질 때 최선을 다해서 알아차리고, **모든 사건이 끝난 후에 워크시트에 경험을 기록하며 스키마 고통의 순간을 관찰하는 지속적인 과정이어야 한다. 두 사람이 자극을 받을 때 동일한 경험(스키마 생각, 감정, 감각 및 충동)을 크게 소리 내어 설명하도록 함으로써 세션 중에 스키마 고통에 대한 마음챙김을 강화할 수 있다.

대인관계 경험 기록표

| 사건 | 스키마 감정 | 스키마 생각 | 감각 | 충동 | 충동에 따라 행동했는가? |
|---|---|---|---|---|---|
| | | | | | |
| | | | | | |
| | | | | | |
| | | | | | |

## 감정 노출

커플치료의 핵심 요소는 가치기반 행동을 연습하는 동안 스키마가 활성화될 때 감정 노출을 수행하는 것이다. 치료사는 강한 감정이 가치기반 대응에 대한 장애물로 떠오를 때 두 사람과 감정 노출을 사용할 수 있다. 한 사람의 스키마에서 비롯된 강한 감정으로 효과적인 의사소통, 경청, 문제해결 등 가치기반의 대응을 연습할 수 없는 경우에 치료사는 감정 노출을 수행해야 한다. 또한 치료사는 최근의 갈등을 다시 이야기하게 하거나 최근의 촉발 사건을 역할극으로 다시 해 보게 하여 스키마 활성화를 유도할 수 있다.

감정 노출의 목적은 커플을 촉발 순간에 발생하는 스키마 고통에 노출시키는 것이다. 이 과정을 거치면서 감정을 행동으로 옮기지 않고 표현하게 하는 것이다. 치료사는 두 사람에게 속도를 늦추고 발생하는 어려운 감정에 머물러 보도록 적극적으로 지도한다. 이를 통해 두 사람은 스키마가 활성화되는 순간에 보다 유연하게 대응할 수 있도록 어려운 감정을 견딜 수 있는 관용과 의지를 구축할 수 있다. 일단 한 파트너의 감정이 가치기반 행동에 방해가 되지 않게 되면, 가치기반 문제해결로 초점을 이동한다.

**상태 의존적 학습**(state-dependent learning) 때문에 스키마에서 비롯된 감정에 노출되는 것은 매우 중요하다. "상태 의존적 학습은 피험자가 기억이 암호화되었을 때와 같은 정서적 상태에 있을 때 기억을 되살릴 가능성이 더 높다는 사실을 나타낸다. 따라서 환자가 자신의 감정을 최대한 느낄 수 있도록 돕기 위해 우리가 할 수 있는 모든 것은 기억 회복 과정의 속도를 높이는 것이다."(Coughlin Della Selva, 2004)

상태 의존적 학습이 의미하는 바는 두 사람이 촉발된 상태에서 필요한 기술과 가치기반 대응법을 배우지 못한다면 스키마가 활성화되는 순간에 이런 기술을 사용할 가능성이 적다는 것이다. 따라서 치료사는 감정적으로 흥분한 상태에서 두 사람이 새로운 행동을 연습할 수 있도록 안내하기 위해 세션에서 스키마가 활성화된 순간을 포함하여 최근의 갈등에 관한 이야기를 하도록 하는 것이 중요하다.

전통적인 노출치료에서 치료사는 거미와 같이 외적으로 두려워하는 자극에 점차적으로 노출시킨다. 치료는 사람들에게 거미 사진을 보게 하는 것으로 시작하여 거미가 나오는 영화를 보게 하고, 잠긴 상자 안에 있는 거미를 보게 하는 것으로 점차 옮겨 갈 수 있다. 마지막 단계는 거미와 완전히 접촉하게 하는 것이다. 마찬가지로 감정 노출에서 치료사는 개인이 감정을 가지고 있을 공간을 생성하도록 도와주면서 감정에 더 가깝게 '움직이도록 한다'.

감정 노출은 스키마 중심 감정에 대한 한 사람의 관계를 근본적으로 변화시키기 위해 고안되었다. 노출 작업을 통해 그 감정은 더 이상 견딜 수 없고 피해야 할 것이 아닌 비판단적 호기심으로 관찰될 수 있는 경험이 되는 것이다. 스키마 대처 행동을 통해 고통을 피하는 대신 감수함으로써 두 사람은 실제로 중요한 것을 향해 자유롭게 움직일 수 있다. 자극을 받는 순간 그 과정을 늦추며 힘든 감정을 위한 공간을 만들고 가치에 따라 대응함으로써 두 사람은 행동을 유연하게 하고 다양한 행동을 선택할 수 있는 능력을 기른다.

요약하면, 감정 노출의 목표는 그 순간에 나타나는 모든 다양한 경험을 확인하고, 이름표를 붙이며, 선택의 순간을 식별하고, 새로운 가치기반 행동을 실험할 수 있을 만큼 충분히 오랫동안 스키마 고통(생각, 감각, 감정, 행동 충동 포함)에 마음챙김하고 함께하는 것이다.


## 세션 중 감정 노출 수행하기

감정 노출을 수행하기 전에 커플에게 감정 노출의 목적을 설명한다. 스키마에서 비롯된 감정에 직면하게 하는 근거는 감정적으로 움직이는 행동을 줄이고 그것을 가치기반 행동으로 대체하는 것이다. 커플이 감정 노출에 대한 공식과 이론적 근거가 명확해지면 어떤 일이 일어나든 멈추고 그들이 촉발되거나 확인된 스키마 대처 행동을 할 때마다 노출로 전환할 것이라는 합의를 해야 한다.

감정 노출을 수행할 때는 두 사람이 전체 노출을 통해 작업할 충분한 시간이 되도록 세션 초반에 시작하는 것이 중요하다. 두려운 자극에 노출되는 것과 마찬가지로 감정 노출이 지속되는 시간에는 경험과 완전히 접촉하는 것이 필요하다. 노출은 일찍 종료되어서는 안 된다. 또한 반응을 처리하고 논의할 시간이 필요하다.

스키마 활성화를 유도하거나 세션에서 스키마 고통에 관련되어 촉발되는 경우에는 다음 단계에 따라 감정 노출을 수행한다.

1. **촉발되었다는 것을 확인한다.**    촉발된 스키마에 이름표를 붙인다. 예를 들어, 방어, 비하, 비난, 고함 등과 같은 스키마 대처 행동을 하는 사람을 본다면 이렇게 말할 수 있다. "지금 당신에게 무슨 일이 일어나고 있나요?" "당신이 마치 잘못된 일을 한 것처럼 자신을 방어하려고 하는 것 같아요. 그렇게 느껴지나요?" 또는 "나는 당신이 밀어내는 것을 알아차리고 있어요. 지금 당신에게 무슨 일이 일어나고 있나요?"

2. **신체 감각을 묘사하도록 한다.**    "몸에서 어떤 신체적 감각을 느끼나요? 몸 어디에서 그 감정이 느껴졌는지 살펴보세요. 이러한 경험이 몸에서 가장 강하게 느껴지는 곳은 어디일까요?" 두 사람에게 감정을 몸속에 있는 실제 대상처럼 설명해 보라고 한다. "감각은 얼마나 클까요? 얼마나 무거울까요? 어떤 모양일까요? 크기는 어떻게 되죠? 무슨 색인가요? 이 경험에 대해 또 어떤 것을 알아차렸나요? 움직임이 있나요? 아니면 압박감이나 무게감 혹은 조이는 느낌이 있나요? 가볍고 쉽게 잡을 수 있나요? 아니면 크고 어디에나 있을 수 있나요? 가장자리가 들쭉날쭉하거나 날카롭거나 매끄럽나요?" 그들에게 그 모양을 그리게 한다.

두 사람이 경험을 설명할 때 감정의 강도에 미묘한 변화가 있는지 알아차린다. 예를 들어, 주먹을 꽉 쥐고 있거나 숨을 참는 것 같으면 스키마 활성화 및 회피의 증거이므로 이러한 비언어적 행동에 주의를 기울여야 한다. 그들이 경험에 마음을 열고 완전히 접촉할 수 있도록 격려한다.

3. **감정을 자세히 설명한다.**　떠오르는 감정에 이름표를 붙이고, 연민과 호기심으로 그 경험을 관찰할 수 있도록 도와준다. 두 사람은 자신들의 감정을 설명한다. 그 감정이 나타나면 상처를 받는가? 아니면 수치심, 무력함, 박탈감, 외로움 또는 두려움을 느끼는가? 감정을 분명하게 설명하는 데 어려움이 있는 경우에 관계에서 필요한 것이 충족되지 않았을 때의 감정 목록(When Needs are Unmet in Relationships, 부록 D 및 http://www.newharbinger.com/34800에서도 제공)을 사용한다. 두 사람은 비판단적 언어를 사용하여 경험과 강도를 설명한다.

4. **스키마에서 비롯된 생각에 이름표를 붙이고 내려놓는다.**　나타나는 감정과 감각을 계속 유지할 수 있도록 두 사람을 도와주면 노출되는 동안 스키마에서 비롯된 생각이 떠오르고 경험에서 멀어질 가능성이 높아진다. 생각이 떠오를 때 두 사람에게 각각의 생각을 인식하게 하고, 그것에 이름표를 붙이게 하며, 현재의 감정적·감각적 그리고 신체적 경험을 다시 설명하도록 한다. 어떤 생각에도 얽히거나 사로잡히지 않도록 한다. 단순히 그 생각을 관찰하고, 내려놓고, 감정을 관찰하며, 경험을 설명하는 것으로 돌아가도록 가르친다.

5. **어떤 행동에 대한 충동도 알아차리고 설명하도록 한다.**　감정을 억제하거나 행동하려고 하는 충동을 관찰할 수 있도록 도와준다. 두 사람에게 오래된 스키마 대처 행동에 마음이 끌리는지 물어본다. 아무런 행동을 하지 말고 충동을 인지하고 알아차리도록 한다. 목표는 두 사람이 충동에 따라 행동하지 않고, 이름표를 붙이고, 설명하도록 하는 것이다. 감정을 회피하거나 차단하는 순간을 주목하고 알려 준다. 앞서 설명했듯이 강렬한 감정이 일어나자마자 밀어내고 싶은 깊은 충동이 일어난다. 이러한 감정과 함께 머물며 경험에 마음을 열고 저항의 순간을 알도록 도와준다. 저항에 부딪히면 커플이 애쓰는 순간을 부드럽게 알아차리면서 그 경험을 조심스럽게 느끼도록 돕는다. 두 사람이 애쓰는 순간을 파악하고, "이 경험에 마음을 열려고 시도해 보세요.

깊이 호흡을 하고 이 감정을 위한 공간을 만들어 보세요." "이 고통은 오랫동안 당신과 함께 있어 왔습니다. 이것이 꼭 적일 수밖에 없나요?" 혹은 "지금 있는 것처럼 경험해 보시겠어요?"와 같이 말함으로써 도와줄 수 있다. 또는 심장에 손을 얹고 고통에 대해 따뜻함과 연민을 보내게 한다.

6. **감정과 감각으로 되돌아간다.**    감각을 알아차리고, 감정에 이름표를 붙이고 설명하면서 자주 현재 순간의 경험으로 되돌아감으로써 노출을 계속한다. 생각이 떠오르면 부드럽게 관찰하고 놓아주도록 한 다음, 다시 경험을 설명하는 것으로 돌아간다. 저항하거나 행동하려는 충동을 주기적으로 상기시킨다. 자신의 감정이 바뀔 때 감정을 관찰하도록 한다. 감정적으로 무슨 일이 일어나고 있는지 계속 호기심을 가지도록 한다. 반응하지 않고 감정의 물결을 관찰하도록 한다.

7. **의지에 관해 확인한다.**    두 사람이 감정을 자세히 관찰, 탐색 및 확인한 후에는 다음과 같은 핵심 질문을 던진다. "이러한 경험을 기꺼이 하고 가치 실현을 위해 나아갈 의향이 있습니까?" 여기에 특정 가치 또는 가치기반 행동을 설명한다. '아니요'라고 답하면 추가 노출을 계속하여 장애물뿐 아니라 비용 및 효율성을 평가한다. 답이 '네'인 경우에는 다음 단계로 진행한다.

8. **가치를 명확히 한다.**    스키마 고통이 나타나면 어떤 가치로 나아가고 싶은지 묻는다. 예전 생각과 감정이 발생할 때 어떤 가치를 떠올리고 싶은가? 그리고 구체적으로 어떻게 행동하고 싶은가?

9. **가치기반 문제해결을 한다.**    이 단계는 제8장과 제9장에 제시되어 있는 실습 기술을 포함한다. 이전 단계에서 설명한 가치와 의도를 바탕으로 연습할 기술을 확인하는 것으로 시작한다. 두 사람이 서로의 말을 듣지 않을 때는 경청과 검증하기를 계속한다. 자기주장에 대한 가치를 언급하는 경우에는 커플에게 요청하거나 한계 설정과 같은 자기주장 기술을 연습하도록 한다. 두 사람이 상충되는 요구 사항에 어려움을 겪고 있는 경우에는 공정한 해결책을 협상할 수 있도록 도움을 준다.

10. **결과를 주의 깊게 관찰한다**. 사람들은 종종 취약해지며 자신의 깊은 생각
과 감정을 드러낼 때 상대의 반응에 호기심을 갖고 현재에 머무르기가 어렵
다. 스키마는 두 사람이 새로운 정보를 얻는 방법에 색을 입히고 모양을 만든
다. 과거의 모든 역사와 오래된 이야기는 한 사람이 스키마에 어떻게 반응하
는지 보는 데에 장애물 역할을 한다. 그들은 자신의 예측과 융합하여 파트너
의 반응을 잘못 인식할 수 있다. 따라서 감정 노출의 일부는 사람들이 실제 결
과를 확인하는 데 도움이 된다.

두 사람에게 서로 눈을 마주치고, 서로의 얼굴 표정에 주목하고, 연결되도
록 한다. 상대방이 어떻게 반응할 것인가에 대해 예측하고, 상대방이 실제로
어떻게 반응하고 있는지에 대해 확인하도록 한다. 커플과 감정 노출 작업을
할 때는 상대방이 어떻게 반응하는지에 대한 이야기가 아니라 그 순간에 일어
나는 행동에 대한 알아차림을 하도록 도와준다. 상대방이 무관심과 거리 두
기, 초조함으로 반응하는가? 호기심, 사랑, 연민으로 반응하는가? 커플이 이
야기에서 빠져나와 현재 존재하는 증거들을 확인하도록 도와준다.

감정 노출은 ① 한 사람이 세션에서 촉발되는 순간을 포착하거나, ② 커플이 최
근 촉발 사건에 대해 논의하도록 하거나, 스키마 대처 행동에 관여할 때 최근 충돌
에 관한 역할극을 하도록 하여 스키마 활성을 유도함으로써 시작할 수 있다. 활성
화 수준에 따라 치료사는 두 사람과 동시에 감정 노출을 수행하거나 혹은 감정적으
로 활성화된 한 명과 감정 노출을 수행하고 다른 한 사람이 그것을 보고 효율성을
검증하도록 할 수 있다. 커플에게 자신의 몸에서 경험하는 것을 포함하여 그 과정
에 집중하도록 상기시킨다. 계속해서 감각, 감정, 충동을 설명하게 한다. 상황이 악
화되고 커플이 더욱 자극을 받는 경우에는 다음을 수행한다.

1. 고통을 확인한다.
2. 두 사람에게 감정과 스키마 대처 행동에서 하고 싶어 하는 충동을 관찰하게 한다.

3. 가치에 기반을 둔 대안을 살펴본다.


비록 커플치료에서 두 사람을 촉발 상태로 만드는 것은 어려운 일이 아니지만, 문제는 일단 한 명이 촉발되고 회피 행동을 하게 되면 다른 한 명도 빠르게 촉발된다는 것이다. 가장 좋은 방법은 다른 파트너에게 연민을 가지고 관찰해 달라고 하면서 한 사람과 감정 작업을 하는 것이다. 한 사람과 감정을 신체적으로 표현하거나 감정에 대한 마음챙김 연습을 하며 감정 노출을 수행하는 동시에 다른 한 사람에게는 계속 현재에 머물며 관찰하고 파트너의 경험을 반영하게 할 수 있다.

치료사는 먼저 고통을 확인한 다음 두 사람에게 상대방의 고통을 인정하도록 도움을 준다. 일단 치료사가 한 사람의 감정을 탐색한 후에는 관찰하는 사람에게 초점을 맞춘다. 관찰하던 사람이 촉발되었다면 스키마에서 비롯된 생각과 감정, 감각 및 충동을 조사하여 노출 과정을 반복한다. 두 사람의 감정이 탐색되면, 이번에는 가치기반 의사소통에 초점을 맞추는 것으로 옮겨 갈 것이다.

개인치료와 달리 커플치료에서 감정 노출이 더욱 어려운 이유는 두 사람 모두 스키마 영향이 나타나는 즉시 그것에 결탁하여 저항할 수 있기 때문이다. 한 사람이 강한 스키마의 영향을 받는 경우에 다른 사람은 파트너의 감정적 반응을 줄이려고 할 수 있다. 일반적인 전략에는 방어, 최소화, 문제해결, 안심, 감정 수정 또는 제거, 사과, 합리화, 설명 또는 타당화가 있다. 치료사는 두 사람이 스키마 영향을 줄이기 위해 시도하는 모든 회피 전략에 주의를 기울이고 이를 관리해야 한다. 한 사람이 감정을 표시하고 관찰하며 묘사하는 것을 돕는 동안 관찰하는 사람도 반응을 관리할 수 있도록 도움을 준다. 치료사는 검증, 수용, 공감을 통해 한 개인이 강렬한 감정에 대응하는 모델을 만든다.

상대가 방어보다는 연민으로 대응한 결과, 두 사람이 감정의 미묘한 변화뿐만 아니라 반응의 효율성을 확인할 수 있음을 알아차리도록 치료사가 도움을 주는 것이 중요하다. 커플이 감정에 대한 반응을 무시하면 단지 그 영향을 악화시키고 증대시키지만, 경험을 타당화하면 감정이 덜 활성화되는 경향이 있다는 것을 배워야 한다.

감정 상태는 친절과 타당화로 반응하면 순간적이고 일시적이 되는 경향이 있다.

두 사람이 스키마에서 비롯된 감정을 가지고 현재에 머무르면 스키마 고통에 직면하여 행동의 유연성을 높일 수 있고, 감정 상태가 선택에 미치는 영향을 줄일 수 있다. 이제 감정은 스키마 대처 행동을 촉진하는 대신 보다 광범위하게 가치에 기반한 의사소통을 하도록 할 수 있다. 다음 대화는 감정 노출에 대한 예이다.

**예시 대화**

닉과 아그네스는 서로의 관계에 실망하여 힘들어하고 있다. 아그네스는 엄격한 기준 스키마를 가지고 있고, 종종 불만과 외로움을 경험한다. 그녀는 감정적으로 비판하고 물러서면서 대처한다. 닉은 실패 스키마를 가지고 있으며, 자신이 실수를 해서 아그네스를 실망시킬 것이라고 예상한다. 그는 상처를 주는 행동을 부인하고, 설명하며, 타당화하고, 옹호하면서 대처한다. 그래서 아그네스는 그 관계에서 더 외롭고 닉이 자신을 보지 않는다고 느낀다. 그녀는 결국 상처 입고 실망한 순간을 닉과 함께 나눌 수 없다고 확신하게 된다. 그녀는 감정적으로 마음을 닫는다. 치료사는 최근에 촉발된 사건에 대해 논의를 시작하고, 이때 나타나는 신체적 감각, 생각, 감정, 충동에 초점을 맞춘다.

아그네스: 금요일에 아주 중요한 업무 행사가 있어서 닉에게 저녁 7시 30분에 행사에 갈 수 있도록 6시에 차를 가져오라고 부탁했어요. 하지만 닉은 45분이나 늦게 도착했어요.

닉: 그렇게 안 늦었어요. 제가 30분 늦었는데 그게……

아그네스: 젠장, 닉, 내가 하는 말이 안 들려? 그렇게 돼서 정말 당황했어.

닉: 30분밖에 안 늦었는데, 왜 그런지 설명하려고……

치료사: 닉, 지금 무슨 일이 일어나고 있나요?

닉: 늦을 생각은 없었어요. 정말 최선을 다했어요. 그저……

치료사: 지금 자신이 실패했고 부족하다는 기분이 드나요?

닉: 네. 제가 망쳤어요. 지금 많이 오해받는 느낌이에요.

치료사: 많이 오해받는 느낌이고, 자신을 설명하고 방어하고 싶은 충동이 드나요?

닉: 네. 또 실수했는데 왜 그런지 설명하려고 노력 중이에요.

치료사: 좀 더 천천히 하죠. 잠깐 숨을 쉬고 지금 이 경험을 지켜볼 수 있겠어요? 아그네스는 실망과 당혹감을 표현하고 있어요. 그녀가 그걸 설명하고 있는 지금 당신에게 무슨 일이 일어나고 있는 거죠?

닉: 기분이 안 좋아요. 제가 잘못한 것 같아요. 또 그녀를 실망시켰어요. 저는 항상 이래요.

치료사: 책임감을 느끼나요? 그녀를 실망시켜서요?

닉: 네.

치료사: 잠시 이 문제를 계속 다뤄 보죠. (속도를 늦춘다.) 이것은 당신에게 익숙한 경험입니다. 당신은 기대에 못 미치고, 그녀는 실망했다고 느낍니다. 그런 다음 스스로를 방어하고 정당화하기 시작하면 아그네스는 당신이 귀를 기울이지 않는다고 느끼게 됩니다. 맞습니까?

닉: 네.

치료사: 잠시 동안 이 작업을 계속 하시겠어요? 아그네스를 실망시켰다는 느낌을 위해 공간을 좀 마련해 보시겠어요?

닉: 저는 그녀가 실망하는 것을 원하지 않아요. 저는 그녀가 당황하지 않았으면 좋겠어요.

치료사: 아그네스가 실망했을 때 어떤 기분이 들었나요? 깊게 호흡을 하고, 속도를 늦추고, 실망을 느끼면서 당신에게 무슨 일이 일어나고 있는지 호기심을 가져 보세요.

닉: (눈물이 핑 돌고 고개를 숙인다.) 부끄럽습니다. 저는 그녀에게 부족해요. 저는 항상 일을 망쳐요.

치료사: 몸 어디에서 지금 이 부끄러움을 느끼고 있나요? 가장 강하게 느껴지는 곳이 어디인가요?

닉: 가슴이 조여 와요. 숨을 못 쉴 것 같아요. 설명을 해야겠어요.

치료사: 뭔가 급한가요? 나쁜 짓을 해서 고쳐야 하는 것처럼요?

닉: 그래요. 저는 아무것도 제대로 할 수 없어요.

치료사: 가슴에서의 경험에 머물러 봅시다. 이 경험을 위해 마음을 열고 공간을 좀 넓힐 수 있을까요?

닉: (무겁게 숨을 쉰다.)

치료사: 가장 조여지는 가슴 부위에 손을 올려 주세요. 깊이 숨을 쉬고 이 경험을 허용해 보세요. 아그네스는 매우 실망했습니다. 그녀는 당황하고 실망했어요. 지금 당신에게 무슨 일이 일어났습니까?

닉: (울면서) 무서워요. 저는 계속 그녀를 실망시킬 것이고 그녀는 저를 떠날 거예요.

치료사: 당신의 마음은 실망과 버림받음을 연결하나요? 두려운가요?

닉: 네. 저는 언제라도 그녀가 관계를 끝내게 할 일을 저지를 거예요. 제 잘못이 될 거예요.

치료사: 이 두려움은 지금 몸 어디에 있나요?

닉: 목구멍에서 느낍니다. 공기가 안 들어가요. 목이 조여 와요.

치료사: 지금 목구멍에서 무슨 일이 일어나고 있나요? 어떤 느낌인가요? 제가 지금 목구멍에서 이 느낌을 느낀다면 그것은 어떤 느낌일까요?

닉: 목구멍에 뭔가 걸려 있는 것 같아요.

치료사: 목구멍에 물체가 걸린 것처럼요?

닉: 네. 마치 뭔가 자라고 있고 목 안에서 점점 커져서 숨이 막히는 것처럼요.

치료사: 그리고 관계가 끝날 것같이 두렵고 목 안의 감각들을 느낄 때, 그 순간이 자신을 설명하고 방어하기 시작하고 싶은 충동을 느낄 때인가요?

닉: 네.

치료사: 이런 식으로 느낄 때는 그녀의 실망에 관해 듣는 것이 어렵나요?

닉: 네. 공황 상태에 빠졌어요. 고칠 필요가 있어요.

치료사: 목구멍에서 느낀 경험으로 다시 돌아가 보죠. 그것이 어떤 느낌인지 이 해하도록 도와주세요. 뭔가가 팽창하고 있나요? 얼마나 빨리 자라고 있 나요? 지금 얼마나 크죠? 손으로 윤곽을 그려 주세요.

닉: (자신의 손으로 윤곽을 그린다.) 바로 여기 제 목구멍 안에 있어요. 엄청 커 서 목구멍이 꽉 차요.

치료사: 움직이고 있나요?

닉: 제 안의 모든 공기를 빨아들이고 있고, 진공 상태처럼 느껴집니다.

치료사: 그 감각에 대해 더 말해 주세요.

닉: 뜨거워요. 숨 쉬기가 힘들어요.

치료사: 진공 상태가 공기를 얼마나 빨리 빨아들이나요? 숨을 깊게 들이마시세 요. 이 감각에 대해 마음을 열어 보세요. 그리고 나서 이 진공 상태가 목 구멍에서 어떤 느낌인지 호기심을 가져 봅시다.

닉: 음, 지금은 좀 느려지고 있어요.

치료사: 호흡이 좀 편해졌나요?

닉: 네. 목구멍에서 느끼는 부분이 좀 작아졌어요.

치료사: 부끄럽고 부족하다는 감정에 지금 무슨 일이 일어나고 있는 걸까요?

닉: 좀 가라앉았어요. 별로 안 아파요.

치료사: 좋아요. 아그네스가 계속해서 실망감을 표현하게 하면서 목구멍에서 느 껴지는 감각이 심해지는 순간이나 혹은 다른 감각이나 감정이 떠오르는 순간을 알아차리세요. 그것이 인정과 지지라는 당신의 가치에 더 가깝 게 하는 것을 의미한다면 그렇게 해 보겠어요?

닉: 네, 그럴게요.

치료사: 저는 아그네스에게 계속해서 자신의 감정과 요구를 표현하고 자신을 설 명하거나 변호하려는 충동을 알아차리도록 요청할 것입니다. 당신은 이 런 부끄러움과 부족하다는 느낌에 대해 몸에서 어떤 경험을 하는지 살 펴보세요. 이 경험을 위한 공간을 만들고 그녀의 감정을 반영해 줄 수

있는지 알아보세요.

닉: 네.

치료사: 감정으로 향할 때를 알아차리고, 스스로를 방어하고 설명할 필요가 없다는 것을 인정하세요. 그냥 그런 감정을 허용해도 됩니다. 우리가 했던 것처럼 그 감정을 볼 수 있고, 오래된 대처 방식으로 그 감정을 피하려고 하지 않을 수 있습니다.

감정 노출을 수행할 때 여러 스키마가 펼쳐질 수 있다. 첫째, 닉의 실패 스키마가 촉발되었고, 노출이 전개되면서 버림받음과 결함에 대한 감정도 생겨났다.

커플과 감정 노출을 할 때 치료사는 한 명이 자극을 받거나 스키마 대처 행동을 하는 즉시 상호작용을 중단해야 한다. 노출 과정은 촉발된 파트너와 즉각 시작해야 한다. 그 파트너는 오래된 스키마 대처 행동을 하고자 하는 충동을 강하게 느끼겠지만, 치료사는 두 사람 다 내용에서 벗어나 현재 순간의 감정을 경험하도록 해야 한다. 치료사는 생각에서 벗어나서 두 사람이 감정적 경험을 명확하게 할 수 있도록 돕는다. 스키마에서 비롯된 생각이 떠오를 때 그 생각들에 이름표를 붙이고('판단하는 생각이다') 감정적 경험으로 다시 주의를 돌린다.

커플은 자신들이 스키마 대처 행동을 하고 있을 때 이를 인식하지 못할 수 있다. 결과적으로, 치료사는 촉발된 사람이 계속해서 다시 비판단적 방식으로 경험을 설명하고 이름표를 붙이도록 하고, 관찰하는 사람은 자신의 경험을 알아차리고 현재에 머무르도록 도와야 한다. 중요한 것은 커플이 비판단적인 연민의 마음으로 서로의 고통을 경험하는 것이다.

요약하면, 감정 노출은 두 사람에게 회피 감정을 경험하게 함으로써 스키마 영향이라는 장애물을 넘을 수 있는 다리를 제공한다. 두 사람이 스키마로 인한 고통을 경험하고 견뎌 냈기 때문에 이 고통은 더 이상 가치기반 의사소통으로 가는 길을 막지 않는다.

# 가치기반 행동에 장애가 되는 기술의 부족 제**8**장

이제 커플은 스키마에서 비롯된 생각에서 벗어나 스키마에서 비롯된 감정에 직면하는 방법을 알게 되어 관계에서 보다 효율적으로 의사소통을 할 수 있는 기술을 배울 수 있게 되었다. 두 사람은 자신의 가치를 명확히 하고 내적 장애물과 함께 작업할 수 있는 수단을 개발했음에도 불구하고 여전히 충돌을 관리하기 위한 문제해결 기술을 배워야 할 수도 있다. 이 장에서는 두 사람이 충돌에 효과적이고 서로 해를 끼치지 않으면서 대응할 수 있도록 지원하는 다섯 가지 핵심 의사소통 기술을 소개한다.

- 듣기 및 인정하기
- 자기주장하기
- 협상하기
- 타임아웃으로 잠시 멈추기

• 감사하기

치료사는 커플이 효과적으로 의사소통을 하도록 두 가지를 도와주어야 한다. 명확한 의사소통을 통해 감정과 요구를 주장하는 방법을 가르치는 것과 두 사람이 적극적으로 듣고 인정하는 법을 가르치는 것이다. 두 사람이 감정적으로 압도될 때는 협상 기술과 함께 잠시 중단(타임아웃)하는 방법을 검토할 것이다. 마지막으로, 커플이 감사를 표시하는 데 도움이 되는 구체적인 감사 전략을 제시할 것이다.

이 장은 두 부분으로 구성된 접근 방식의 첫 번째 부분이다. 두 사람 모두의 요구에 대응하고 세션에서 이러한 의사소통 기술을 통합하는 가치기반 해결책을 제안하기 위해 수행할 일을 준비할 것이다. 다음 장에서의 과정에는 지난주에 발생한 촉발 사건을 검토하고 스키마 대처 행동을 대신할 대체 행동을 확인하는 작업이 있다.

## 스키마와 해당 기술의 부족

효과적인 의사소통을 위한 다섯 가지 필수 구성요소를 시작하기 전에 특정 스키마에 공통적으로 해당하는 부족한 기술에 대해 살펴보자.

치료사가 두 사람의 스키마에 대해 알고 있다면 두 사람이 어떤 의사소통 기술에 초점을 맞춰야 하는지 파악하는 데 도움이 된다.

• **버림받음/불안정.**   버림받음/불안정 스키마 점수가 높은 사람은 특히 충돌이 일어나는 동안 관계에서 타임아웃을 시작하거나 고수하는 데 어려움을 겪을 수 있다. 이들은 공간을 허용하거나, 혼자 시간을 보내거나, 충돌을 즉시 해결하지 못하는 것을 어려워한다. 이들은 또한 비난, 죄책감, 비판 또는 위협을 포함하는 비효율적인 표현 방식을 사용할 수 있다.
• **불신/학대.**   불신/학대 스키마를 가진 사람들은 타임아웃을 포함하여 경계

를 만들고 유지하는 것을 어려워할 수 있다. 이들은 또한 의심으로 인해 관계 속에서 적극적 듣기와 감사와 보상을 하는 데 장애를 겪는다. 이 스키마를 가진 사람들은 취약성을 표현하는 것을 두려워하며, 자신의 감정과 욕구를 공유하는 데 도움이 필요할 수 있다.

- **정서적 박탈.** 이 스키마에서 높은 점수를 받은 사람들은 요청을 하거나 욕구를 표현하는 데 어려움을 겪는다. 이들은 부탁이나 도움 청하기를 자제하는 것과 과하고 급한 요구와 협박을 하는 것 사이에서 동요하는 경향이 있다. 이 스키마를 가진 사람들은 박탈 경험을 도저히 참을 수 없게 되어서야 파트너에게 자신의 욕구를 충족시켜 달라고 강요하기 시작하는데, 이때까지 자신의 감정과 욕구를 참는 경향이 있다.

- **결함/수치심.** 자신에게 결함이 있다는 핵심 신념이 있는 사람은 일반적으로 취약해지거나 두려움, 상처, 불안감을 공유하는 데 어려움을 겪는다. 이들은 감정과 욕구를 감추어 자신의 결함을 숨기려고 할지도 모른다. 노출에 대한 두려움은 이들을 비밀스럽게 하고 감정을 드러내지 않게 한다. 이러한 스키마를 가진 사람들은 듣기 및 인정하기와 관련하여 어려움을 겪는다. 이들은 파트너의 피드백이나 부정적인 감정 표현에 의해 촉발되는 경향이 있다. 파트너의 감정과 욕구를 반영하는 대신, 이들은 지나치게 자세히 설명하거나 뒤로 물러나 자신을 방어하려고 할 수도 있다.

- **사회적 고립/소외.** 사회적 고립/소외 스키마를 가진 사람들은 자신이 다른 사람들과는 다르다는 느낌을 가지며, 친밀한 관계에서도 종종 외로움을 느낀다. 그 결과, 파트너가 다르게 경험할 수 있다는 것을 인정하는 데 어려움을 겪으며, 친밀하다고 확신하지 못하는 파트너에게 감사하는 데 어려움을 겪는다. 이들은 양가감정으로 인해 자신의 감정과 감사하는 마음을 표현하지 못하고 상처도 쉽게 받는다.

- **의존.** 이 스키마를 가진 사람들은 '아니요'라고 대답하는 데 어려움을 겪는 경향이 있다. 이들은 부탁하는 대신 요구를 할 수도 있고, 충돌 시 타임아웃을

고수하는 데 어려움을 겪을 수도 있다. 반대로 파트너에게 의존한다고 느끼는 사람들은 자기주장을 하고 필요와 욕구를 협상하는 데 어려움을 겪을 수 있다.

- **실패.**    이 스키마를 가진 사람들은 피드백을 받아들이기 어렵고 파트너의 감정과 욕구를 인정하는 데 어려움을 겪는다. 파트너가 무언가를 원하면 그것은 실패했거나 일을 잘못했거나 혹은 충분하지 못하다는 증거로 해석된다. 그리고 그 반응은 방어적이다. 상대방의 욕구가 정당하다고 인정을 해야 하기 때문에 협상도 어렵다.

- **특권의식/과장.**    특권의식/과장 스키마에서 높은 점수를 받은 사람들은 공정하게 협상하고 파트너의 욕구를 인정하는 데 어려움을 겪는 경향이 있다. 이들은 종종 파트너의 욕구를 최소화하거나 과소평가하는 대신 자신의 욕구를 옹호하는 데 집중한다. 이들은 협상할 때 협력하는 전략을 사용하는 데 어려움을 겪으며, 타협할 의무가 없다고 느낀다. 이들은 또한 제한 사항을 듣고, 거절하는 대답을 받아들이며, 파트너의 감정에 공감하는 데 어려움을 겪을 수 있다. 특권의식 스키마를 가진 사람은 듣기 기술, 관점을 취하는 기술 및 협상 기술을 통해 이익을 얻을 수 있다. 더 중요한 것은 이러한 스키마를 가진 사람들의 파트너는 자기 의견을 주장하고 협상하는 기술에 대한 도움이 필요할 수 있다는 것이다.

- **자기희생/복종.**    복종 스키마에서 높은 점수를 받은 사람들은 현재 자신의 욕구와 감정을 파악하는 데 어려움을 겪을 수 있다. 이들은 수동적인 경향이 있다. 그리고 언제 자신의 영역이 방해받고 있는지 알지 못한다. 이들은 종종 파트너의 욕구를 충족시켜야 한다는 죄책감과 의무감을 느낀다. 그리고 요청하는 것과 아니라고 말하는 것, 경계와 한계를 정하는 것을 힘들어한다. 이들은 순순히 따르면서도 분노를 느끼고 비효율적인 방식으로 분노를 표현하기도 한다.

- **엄격한 기준.**    완벽주의에서 높은 점수를 받은 사람들은 특히 브레인스토밍 분야에서 협상하는 것, 대안(타협)적 해결책을 찾아내는 것 그리고 그들의 이

상에 따라 유연하게 유지하는 것을 힘들어하는 경향이 있다. 또한 이들은 엄격한 기준을 갖고 있어서 감사를 표현하지 못할 수 있고(아무것도 충분하지 않기 때문에), 파트너가 애쓰는 것을 인정하지 못할 수도 있으며, 파트너의 바람직한 행동을 긍정적으로 강화시키지 못할 수도 있다.

## 듣기 및 인정하기

듣기 및 인정하기는 서로가 경험한 것을 더 잘 이해하고 공감할 수 있게 해 주는 중요한 기술이다. 두 사람이 진정으로 호기심을 가지고 마음을 열어 상대방의 말을 더 잘 들을 때, 서로를 이해하고 잠재적으로 서로의 욕구를 충족시킬 준비가 된다. 두 사람이 듣기 및 인정하기 기술을 연마하면 친밀감을 높이고 관계 만족도를 향상시킬 수 있다.

듣는 사람의 역할은 말하는 사람의 말을 적극적으로 들어주고 공감하며 인정하는 것이다. 치료사는 듣는 사람에게 상대방의 감정과 근본적인 욕구를 듣고 다시 이해하도록 안내한다. 듣는 사람은 상대방의 경험을 자기 것으로 생각하거나 책임지지 말고, 자신이 들은 것을 다른 말로 바꾸어 표현하고 말하는 사람의 감정과 욕구를 반영한다. 목표는 머리로 이해하는 것이 아니라 정서적으로 연결되고 공감하는 것이다.

이 기술에서 핵심 과제 중 하나는 진정으로 호기심을 가지고 듣는 것이다. 능동적인 듣기란 어떻게 생각하는지, 무엇을 느끼는지, 무엇이 필요한지 등 말하는 사람의 경험을 완전히 이해하는 것을 의미한다. 두 사람이 문제를 겪는 것은 종종 그들이 방어적 대응에 몰두하거나 말을 다 듣기 전에 미리 결론에 도달하기 때문이다. 이들은 듣지 않기 위해 전략적 수단을 사용하여 스키마 고통을 피하려 할 수 있다.

## 공감적 듣기의 장애물

다음은 일반적으로 공감적 듣기를 방해하는 열 가지 장애물이다(부록 D 및 http:// www.newharbinger.com/34800에서도 제공). 이러한 모든 전략은 말하는 사람의 경험을 최소화하고 축소하며 영향을 미치기 때문에 효과적인 듣기를 방해한다. 듣는 사람이 이런 전술을 사용하면 말하는 사람의 관점을 완전히 이해하고 인정할 수가 없다.

- **설명하기.**   자신에게 잘못이 없는 이유를 대고 합리화를 할 때 자신의 입장을 옹호하거나, 지나치게 설명하거나, 정당화하고 있다는 것을 알 수 있다. 이러한 방어적인 전술은 말하는 사람의 감정과 요구를 최소화할 수 있다. "당신에게 전화를 할 수 없었어요. 왜냐하면……." "제시간에 나타나려고 최선을 다했지만……." "이 행사가 당신에게 그렇게 중요한지 몰랐어요."
- **위로하기.**   이 전략은 듣기를 다른 사람을 위로하거나 안심시키는 기능으로 대체한다. 이렇게 하는 목적은 고통을 더 낮게 하거나 줄이기 위함이다. 이것은 감정적인 반응을 최소화하거나 무시하는 것으로 경험된다. "정말 당신을 신경 쓰고 있어요." "당신의 잘못이 아니에요." "당신의 상사가 당신을 해고하지 않을 거예요." "걱정할 거 없어요." "괜찮을 거예요."
- **심문하기.**   심문은 듣는 사람이 말하는 사람의 관점을 이해하기보다는 사실을 올바르게 얻고 자신의 관점을 이해하는 것에 더 관심이 있을 때 장애물이된다. 여기서 두 사람은 감정에서 벗어나 이성적으로 판단하기 위해 질문을 많이 한다. "몇 시에 전화할 거라고 생각했어요?" "당신에 대한 상사의 의견이 왜 그렇게 중요해요?" "당신 형이 저녁 먹으러 오지 않는 것에 왜 그렇게 신경을 써요?" "우리가 모든 일을 제시간에 맞춰야 하는 이유가 뭐죠?"
- **문제해결하기.**   문제해결은 유용할 수도 있다. 하지만 이 기술은 주로 상대방이 내 말을 잘 듣고 이해했다고 느껴야 효과적이다. 두 사람이 문제를 조급

하게 해결하려고 한다면 종종 말하는 사람의 감정에 머무르지 못하게 된다. 이 장애물에서는 한 사람이 경청하기보다는 조언을 하거나 문제를 해결하기 위해 뛰어든다. "상사가 당신에게 그런 식으로 말하게 두면 안 돼요." "제니에게 상관하지 말라고 말해요." "엄마한테 다음 주에 아이를 보러 오시라고 말해요."

• **달래기.**　두 사람이 진심으로 귀 기울이지 않고 모든 것에 동의를 할 때 이것은 달래 주고 있는 것이다. 이들은 이해하기보다는 상대방을 기쁘게 하거나, 상황을 누그러뜨리거나, 갈등을 피하는 것에 더 몰두한다. 대화를 끝내기 위해 책임을 지거나, 사과하거나, 따르기만 할 뿐 진정한 이해를 하지 못한다.

• **주제에서 벗어나기.**　주제에서 벗어나는 것은 보통 충돌 상황에서 일어난다. 두 사람은 주제를 바꾸거나 다른 방향으로 유도할 때 대화 주제에서 벗어난다. 이것은 말하는 사람이 의도한 것과는 다른 방향으로 대화를 움직이기 때문에 장애물 역할을 한다. 결국 말하는 사람의 의제에서 빗나가게 된다.

• **수정하기.**　이러한 행동은 상대방의 경험을 이해하기보다 사실을 '바르게' 이해하고 사소한 것을 검토하는 것에 대화의 초점을 둔다. "5시 25분이 아니라 5시 15분에 전화했어요." "그 일은 금요일 밤이 아니라 화요일 밤에 일어났어요." 이것은 종종 말하는 사람에게 혼란스러움과 산만함을 느끼게 하고, 감정적인 반응을 무효화시킨다.

• **판단하기.**　말하는 사람에 대해 전반적으로 평가하고 그것을 전체 이야기를 듣지 않는 것에 대해 정당화하는 것으로 사용할 때 판단하고 있는 것이다. "당신은 어떤 것에도 만족하지 않아요." "당신은 이기적이에요." "당신은 너무 민감해요." 또한 자신의 신념을 확인하는 이야기의 일부에만 반응할 때도 판단하고 있는 것이다.

• **동일시하기.**　말하는 사람의 말을 자신에게 연관시키고 자신의 경험 이야기를 시작할 때 동일시하는 것이다. "작년 내 생일에 당신이 나를 버렸을 때 나도 똑같이 느꼈어요." "글쎄요, 당신이 나를 얼간이라고 불렀을 때는요?" "우리 엄마도 우리 관계에 끼어들어요." 그러면 말하는 사람이 전달하려고 하는 것

보다 듣는 사람의 관심사에 초점을 맞추게 된다.

- **독심술 쓰기.**    실제 하는 말보다 자신이 말하는 사람의 의도가 무엇이라고 믿는지에 따라 반응할 때 독심술을 쓰는 것이다. 두 사람이 독심술을 쓸 때 이들은 말하는 사람의 '진짜' 의미나 숨겨진 동기가 무엇인지에 대해 가정을 하게 된다.

감정과 욕구를 반영하도록 실제로는 듣고 있지 않은 사람을 코칭하고 행동을 멈추게 하면서 치료사가 이러한 장애물에 직접 접근하는 것이 도움이 될 것이다. 또한 사용 중인 장애물을 직접 지적하여 듣는 사람에게 반영할 것을 요청할 수 있다. 예를 들어, "조, 당신은 헤더가 상사에게 무엇을 해야 하는지 조언을 하고 있는데, 헤더가 지금 표현하고 있는 감정과 욕구를 반영해 볼 수 있겠어요?"라고 말할 수 있다.

치료사는 또한 듣기를 방해하는 스키마에서 비롯된 생각과 감정과의 탈융합과 마음챙김 기술을 사용하고 싶을 수도 있다. 커플이 서로를 비난하지 않도록 격려하고, 대신 대화에서 표현되는 감정과 기본적인 욕구에 주의를 기울이게 한다. 다른 사람의 고통을 고치거나 바꿔야 할 책임에서 자신을 분리할 때 이들은 자신의 감정, 욕구, 의도 및 행동에 대한 모든 책임을 받아들일 자유가 생길 것이다. 이것은 서로의 경험을 진정으로 이해하고 공감할 수 있는 능력을 만들어 낸다.

## 듣는 사람을 위한 핵심 기술

듣기 기술의 기초를 가르치면 커플은 이전에 논의했던 듣기에 대한 장벽을 극복할 수 있다.

- **바꾸어 표현하기.**    바꾸어 표현하기에는 자신의 말을 사용하여 말하는 사람이 전달했던 내용을 되돌아보고 요약하는 것이 포함된다. 듣는 사람에게 이

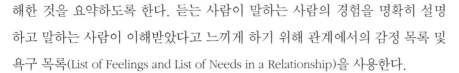

해한 것을 요약하도록 한다. 듣는 사람이 말하는 사람의 경험을 명확히 설명하고 말하는 사람이 이해받았다고 느끼게 하기 위해 관계에서의 감정 목록 및 욕구 목록(List of Feelings and List of Needs in a Relationship)을 사용한다.

- **확인하기.**　　확인하기란 이야기가 정확하게 전달되었는지 여부를 명확히 하는 것을 의미한다. 듣는 사람은 들은 내용을 요약한 후에 정확하게 이해했는지 확인하기 위해 질문을 한다. "그게 맞나요? …… 그 밖에 다른 게 있나요?" 피드백을 주기 전에 듣는 사람이 말하는 사람으로부터 확인을 받도록 한다.

- **인정하기.**　　인정하기는 바꾸어 표현하기를 넘어서는 단계이다. 듣는 사람은 말하는 사람의 반응이 타당하며, 스키마나 경험을 고려해 보았을 때 이해가 간다고 인정한다. 듣는 사람은 다음과 같이 공감과 인정하는 말을 한다. "어머니가 너무 예측불허인 걸 감안하면 우리가 새로운 상황에 있을 때 당신이 무섭다는 게 이해가 가요." "당신 아버지가 일에만 몰두하는 경우가 많았기 때문에 내가 출장을 갈 때 당신이 혼자라는 느낌이 드는 게 이해가 가요." 이러한 말들은 표현하고 있는 사람에게 그들의 반응이 타당하고 이해할 수 있는 것임을 반영하는 것이다.

- **대응하기.**　　일단 듣는 사람이 전체 이야기를 다 듣고 이해하면 반응하고 피드백을 줄 수 있다. 피드백은 자신의 생각과 감정을 포함해야 하지만 가능한 한 판단 없이 표현되어야 한다. 일단 말하는 사람이 상대방이 자신의 말을 이해했다고 느끼면 두 사람은 역할을 바꿀 수 있다.

## 자기주장하기

효과적인 의사소통으로 가는 중요한 단계에는 커플이 자기주장을 할 수 있는 중요한 기술을 배우는 것이 있다. 커플이 자신을 효과적으로 표현하도록 배우면 상대방이 경험을 표현하는 것을 듣고 인정하는 데 도움이 될 것이다. 다음 지침은 기술 관찰하기(observing), 감정 서술하기(stating feelings), 욕구 표현하기(expressing underlying needs)의 세 단계로 나눈다. 표현하는 사람이 이들 단계를 거친 후, 듣는 사람은 앞 절에서 제시한 기술을 사용하여 문제해결을 진행하기 전에 경험을 인정한다. 이 지침에서는 커플이 감정과 욕구를 식별하는 데 도움이 되는 중요한 유인물과 함께 욕구(needs)와 원하는 것(want)의 차이에 대한 토론이 이어진다. 우리는 이 기술을 자기주장적인 요청과 경계를 설정하는 공식으로 마무리한다.

## 자기주장 지침

두 사람에게 자기주장에 관한 다음의 세 가지 지침을 설명한다.

### 1단계. 관찰하기

첫 번째 단계는 표현하는 사람이 사실과 관찰을 사용하여 촉발 사건을 설명하는 데 도움을 주는 것이다. 무엇을 관찰했는가? 그 상황에서 실제로 무슨 일이 일어났는가? 상대방이 뭐라고 말하거나 무엇을 했는가? 중요한 것은 판단하지 않고 명확히 관찰하는 것이다. 판단과 달리 관찰은 평가하지 않고 사실을 말하는 것이다. 판단은 본질적으로 평가와 도덕적 가정을 내세우는 진술이다. 자신의 주관적 현실을 반영하는 판단이나 평가에 비해 관찰과 설명은 확인 가능한 사실과 같다.

판단과 관찰을 구별하는 것은 어렵다. 우리의 마음은 판단이 사실에 대한 실제적인 설명이라고 믿게끔 우리를 속인다. 예를 들어, 의자가 편안하다고 말하는 것은 그 의자에 대한 판단이다. 의자에 대한 진짜 묘사가 아니다. 의자가 크다는 것도 판단이다. 나무로 만들었다거나 검은색이라고 말하는 것은 진정한 관찰이 될 것이다. 그것은 의자에 대한 사실이다. 종종 우리의 마음은 상대방에 대해 사실이나 설명으로 가장한 판단을 한다. 판단은 다른 사람들을 방어적으로 만들고 효과적인 접근과 의사소통을 차단할 수 있기 때문에 세션에서 판단을 포착하고 그것을 관찰로 바꾸도록 돕는 것이 중요하다.

사람과 행동은 구분해야 한다. 두 사람이 "당신은 이기적이에요." "당신은 게을러요." "당신은 너무 예민해요." "당신은 잔인해요."와 같은 전반적인 이름표를 사용하지 않도록 한다. 상처를 주는 행동을 묘사하기 위해 사실을 사용하라고 제안한다. 행동에 대한 피드백을 주는 대신 상대의 성격을 공격하면 상대는 방어적인 태도를 취하게 된다.

### 2단계. 감정 서술하기

다음으로 표현하는 사람에게 욕구가 충족되지 않아서 느끼게 되는 감정을 말하도록 한다. 두 사람에게 간단한 감정 이름표를 사용하여 감정을 묘사하게 한다(이 장에서 제공되는 관계에서 욕구가 충족되지 않았을 때의 감정 목록 및 충족되었을 때의 감정 목록 참조, 부록 D 및 http://www.newharbinger.com/34800에서도 제공). 말하는 사람이 '너' 전달법이 아닌 '나' 전달법으로 감정 표현을 할 수 있도록 한다. '나' 전달법은 비난적이지 않고, 말하는 사람이 책임을 지는 방식이다. '너' 전달법은 듣는 사람이 문제를 일으키는 원인이라고 비난하는 방식이다. 그리고 '너' 전달법은 상대방의 경험을 인정하기보다는 상대방이 표현하는 사람의 경험을 고치는 데 책임이 있다고 느끼게 한다. 예를 들어, "당신이 나를 화나게 해요."는 "나는 혼자 있는 것 같아요."로 재진술할 수 있다.

감정으로 위장한 판단에 주의한다. 다음과 같이 어떤 경험들은 감정이 아니다. "나는 거절당했다고 느껴요." "나는 조종당하는 기분이 들어요." "나는 버림받은 것 같아요." "나는 무시당했다고 느껴요." 이는 상대방의 의도와 행동에 대한 판단이다. 또한 "나는 ……라고 느낀다."라는 말에 '당신' '……같이' '저것' '그것' '……처럼' '왜냐하면'이라는 단어가 오면 이들은 보통 실제 감정을 묘사하지 않는다. 감정으로 가장한 판단을 피하기 위해 두 사람은 이 기술을 연습하는 동안 뒤에 나오는 '관계에서 욕구가 충족되지 않았을 때의 감정 목록'과 '관계에서 욕구가 충족되었을 때의 감정 목록' 및 '유사 감정 목록'을 살펴보도록 한다.

### 3단계. 욕구 표현하기

모든 부정적인 감정 뒤에는 충족되지 않은 욕구가 있다. 두 사람이 자신의 욕구를 파악하는 데 어려움을 겪고 있다면 뒤에 나오는 '관계에서의 욕구 목록'을 살펴보도록 한다. 사람들이 상처, 두려움, 수치심과 같은 부정적인 감정을 설명할 때 그것은 이들에게 고통을 일으키는 근본적인 욕구가 있다는 것을 의미한다. 사람들이 자기 감정을 표현하기 위해 혐오스러운 전략을 사용하는 경우에 그것은 욕구를 충족시키기 위한 필사적이고 비숙련된 시도이다.

치료사는 표현하는 사람이 판단하는 대신 정말 바라는 것으로 바꾸어 비판하기보다 원하는 것을 묘사하도록 한다. 예를 들어, "당신은 너무 냉정해요."라고 말한다면 치료사는 이것을 따뜻함과 공감을 필요로 하는 것으로 해석할 수 있다. "당신은 너무 비판적이에요."라고 말하는 경우에 이는 수용과 지지가 필요하다고 해석할 수 있다. "당신은 거짓말쟁이에요."라고 말한다면 이 관계는 정직함과 신뢰가 필요한 것이라고 다시 한 번 표현한다. 표현하는 사람이 이 세 단계를 모두 설명한 후에 듣는 사람은 이전의 듣기 기술을 사용하여 표현하는 사람을 인정한다. 인정이 이루어지면 두 사람은 요청을 할지, 문제해결을 활용할지, 아니면 협상을 할지 결정할 수 있다. 두 사람이 문제해결을 위한 단계를 취하기 전에 인정과 이해가 이루어지는 것이 중요하다.

## 관계에서 욕구가 충족되지 않았을 때의 감정 목록[2]

| | | | | |
|---|---|---|---|---|
| 겁나는 | 우울한 | 취약한 | 외로운 | 경악한 |
| 약오르는 | 절망한 | 제정신이 아닌 | 갈망하는 | 회의적인 |
| 흥분한 | 자포자기한 | 기진맥진한 | 상실한 | 깜짝 놀란 |
| 고뇌에 찬 | 실의에 빠진 | 겁먹은 | 우울감 | 스트레스가 많은 |
| 두려운 | 무심한 | 낙담한 | 비참한 | 꼼짝 못하는 |
| 소외감을 느끼는 | 충격을 받은 | 맹렬한 | 불신의 | 놀라운 |
| 냉담한 | 실망한 | 침울한 | 굴욕적인 | 의심쩍어하는 |
| 양가감정의 | 당황한 | 슬픈 | 애절한 | 긴장하는 |
| 화난 | 단절된 | 조심스러운 | 긴장되는 | 공포에 질린 |
| 비통한 | 의욕이 꺾인 | 죄책감을 느끼는 | 무감각의 | 피곤한 |
| 적대적인 | 기분이 상한 | 비통한 | 격분한 | 가슴이 미어지는 |
| 짜증이 나는 | 역겨워하는 | 수심에 잠긴 | 압도당한 | 곤혹스러운 |
| 걱정스러운 | 기가 죽은 | 무력한 | 공황 상태에 빠진 | 격동의 |
| 심드렁한 | 낭패한 | 주저하는 | 당황한 | 혼란스러운 |
| 끔찍한 | 불쾌한 | 가망 없는 | 동요된 | 불확실한 |
| 걱정되는 | 동떨어진 | 소름 끼치는 | 비관적인 | 불편한 |
| 부끄러운 | 산만한 | 적대적인 | 겁에 질린 | 거북한 |
| 당혹스러운 | 심란한 | 상처받은 | 무력한 | 흥미없는 |
| 심장이 뛰는 | 괴로운 | 안달하는 | 어리둥절하는 | 불안한 |
| 사별한 | 방해받는 | 무관심한 | 덜덜 떨리는 | 불안정한 |
| 당황한 | 의심스러운 | 분개하는 | 후회하는 | 연약한 |
| 지루한 | 진이 빠진 | 거리끼는 | 양심의 가책을 느끼는 | 경계하는 |
| 소진된 | 몹시 무서운 | 불안정한 | 제거된 | 약한 |
| 차가운 | 날카로운 | 성난 | 메스꺼운 | 지친 |
| 염려하는 | 어색한 | 짜증스러운 | 분개한 | 내성적인 |
| 갈등을 겪는 | 격분하는 | 거슬리는 | 말하지 않는 | 매우 지친 |
| 혼란스러운 | 질투하는 | 외떨어진 | 체념한 | 걱정스러운 |
| 경멸하는 | 몹시 화가 나는 | 질투 나는 | 안절부절못하는 | 야비한 |
| 까다로운 | 극도로 피곤한 | 초조한 | 슬픈 | 갈망하는 |
| 멍한 | 심신이 지친 | 신랄한 | 겁먹은 | |
| 패배한 | 안절부절못하는 | 무기력한 | 남을 의식하는 | |
| 낙심한 | 당황스러운 | 귀찮은 | 예민한 | |
| 고갈된 | 갈팡질팡하는 | (화가 나) 부들부들 떠는 | 떨리는 | |

2) 『비폭력 대화(Nonviolent Communication)』(Rosenberg, 2003)에서 각색함.

## 관계에서 욕구가 충족되었을 때의 감정 목록[3]

| | | | |
|---|---|---|---|
| 받아들여지는 | 황홀한 | 관심 있는 | 휴식하는 |
| 다정한 | 마냥 행복해하는 | 호기심이 있는 | 회복한 |
| 기민한 | 권한이 있는 | 원기왕성한 | 안전한 |
| 놀라운 | 고무된 | 관련된 | 만족한 |
| 즐기는 | 활동적인 | 즐거운 | 안심하는 |
| 고마워하는 | 사로잡힌 | 적극적인 | 고요한 |
| 흥분한 | 반한 | 다정한 | 섹시한 |
| 깜짝 놀란 | 열정적인 | 상냥한 | 천진한 |
| 경외하는 | 넋이 나간 | 옮겨진 | 자극적인 |
| 더없이 행복한 | 침착한 | 열린 | 놀라운 |
| 평온한 | 신이 난 | 마음이 탁 트인 | 동정적인 |
| 주된 관심의 | 흥취가 나는 | 낙천적인 | 부드러운 |
| 쾌활한 | 기대하는 | 열렬한 | 감사하는 |
| 명석한 | 활기가 있는 | 평화적인 | 매우 흥분한 |
| 편안한 | 매료된 | 쾌활한 | 감동한 |
| 동정하는 | 충족된 | 반가운 | 차분한 |
| 자신 있는 | 기쁜 | 자랑스러운 | 믿는 |
| 내용 있는 | 기분 좋은 | 상쾌한 | 생기 있는 |
| 궁금한 | 행복한 | 원기를 회복한 | 따뜻한 |
| 간절한 | 기대하는 | 느긋한 | |
| | 영감을 받은 | 안도하는 | |

---

3) 『비폭력 대화』(Rosenberg, 2003)에서 각색함.

## 유사 감정 목록

다음은 일반적으로 감정과 헷갈리는 판단이다.

| | |
|---|---|
| 버려진 | 오해받는 |
| 학대를 받은 | 등한시되는 |
| 공격당한 | 깔보는 |
| 경시하는 | 자극받은 |
| 배신당한 | 거부당한 |
| 괴롭힘을 당한 | 당연한 것으로 여겨지는 |
| 사기당한 | 위협적인 |
| 궁지에 몰린 | 속은 |
| 비난받는 | 인정받지 못하는 |
| 폄하되는 | 보살핌을 못 받는 |
| 거절당한 | 귀 기울이지 않는 |
| 무시당한 | 중요하지 않은 |
| 부적절한 | 사랑받지 못하는 |
| 무능한 | 눈에 띄지 않는 |
| 모욕을 당한 | 지지받지 못하는 |
| 주눅이 든 | 원치 않는 |
| 무색해지는 | 이용당한 |
| 조종당하는 | 침해받은 |
| 최소화된 | 부당한 취급을 받은 |

## 관계에서의 욕구 목록[4]

| 안전 | 자아존중감 | 연결 | 자율성 | 자기표현 | 현실적인 한계 |
|---|---|---|---|---|---|
| 균형 | 수용 | 애정 | 모험 | 진정성 | 고려 |
| 연민 | 감사 | 주의 | 선택 | 명료함 | 기여 |
| 일관성 | 도전 | 알아차림 | 발견 | 창의성 | 협력 |
| 예측 가능성 | 효과 | 소속 | 자유 | 재미 | 공정성 |
| 존재 | 평등 | 기념 | 독립 | 정직 | 상호관계 |
| 사생활 | 성장 | 친밀감 | 공간 | 유머 | 참가 |
| 신뢰성 | 희망 | 의사소통 | 자발성 | 영감 | 호혜 |
| 존경/자존심 | 의미 | 지역사회 | 자극 | 온전함 | |
| 휴식 | 칭찬 | 동료애 | | 열정 | |
| 보안 | 진보 | 공감 | | 성적 표현 | |
| 안정성 | 목적 | 지침 | | 투명성 | |
| 접촉 | 안심 | 조화 | | | |
| 신뢰 | 알기/알려지기 | 포함 | | | |
| | 중요한 것 | 친밀함 | | | |
| | 보기/보이는 | 사랑 | | | |
| | 확인 | 육성 | | | |
| | | 지지 | | | |
| | | 부드러움 | | | |
| | | 이해 | | | |
| | | 따뜻함 | | | |

4) 『비폭력 대화』(Rosenberg, 2003)에서 각색함.

## 기본적인 욕구 대 원하는 것

『비폭력 대화(Nonviolent Communication)』에 따르면, 모든 행동의 원동력은 바로 우리가 충족하고자 하는 기본적인 욕구이다(Rosenberg, 2003). 이것은 관계에서 우리가 갈망하는 보편적인 욕구이다. 커플이 **욕구**와 **원하는** 것을 구분하는 것은 중요하다. 원하는 것은 충돌할 수도 있지만 욕구는 여전히 충족될 수 있기 때문이다 (Rosenberg, 2003).

원하는 것은 특정한 욕구를 충족시키기 위해 파트너가 해 주길 원하는 특정 행동이다. 예를 들어, 지원이 필요한 사람은 자신의 파트너가 진찰을 받으러 갈 때 동행하거나 치료법을 선택하는 데 도움을 주기를 원할 수 있다. 파트너로부터 무언가를 원할 때, 우리는 단호하게 요청함으로써 그것을 요구한다(다음 절에서 설명). 욕구는 근본적인 갈망을 묘사하는 반면, 원하는 것은 더 큰 욕구를 충족시킬 수 있는 구체적인 기회이다.

욕구를 파악하는 것은 커플들이 윈-윈 협상(win-win negotiations)에 도달하는 데 도움이 된다. 이는 한 사람이 다른 사람의 근본적인 욕구를 이해할 수 있도록 도와줌으로써 이루어진다. 서로의 욕구를 이해하는 것은 협상 과정을 촉진할 수 있는데, 근본적인 욕구는 거의 충돌하지 않기 때문이다. 근본적인 욕구는 공통된 의견을 만들고, 다른 많은 방법으로 충족될 수 있다(Rosenberg, 2003). 두 사람이 자신이 **원한다고**(또는 요청한다고) 말한 것의 내용에 휘말리면, 한 사람은 원하는 것을 얻고 다른 한 사람은 그렇지 않은 윈-루즈 협상(win-lose negotiations)에 빠질 수 있다. 하지만 두 사람의 근본적인 욕구를 명확히 할 수 있도록 도와준다면 그들은 대부분 공정한 합의에 도달할 수 있다는 사실을 알게 될 것이다. 합의는 원래 요청과 다를 수 있지만, 여전히 두 사람의 기본 욕구를 충족시킬 수 있다.

예를 들어, A는 친구의 생일 파티에 **가고 싶어** 하고, B는 집에 **있고 싶어** 한다고 상상해 보자. A는 B가 중요시하는 행사에 가는 경향이 있지만 B는 자신이 중요시하는 행사에 가지 않는다고 느낀다. 반면, B는 A가 일방적인 결정을 내리고 계획을 세울 때 B가 원하는 것을 고려하지 않는다고 느낀다. 이들의 근본적인 욕구를 탐색해 보면 A의 **욕구**는 공정성, B의 **욕구**는 협력이라는 사실을 알게 된다. 두 사람은 자신들의 욕구를 명확히 인지하고, 생일 파티에 참석하는 것에 대해 자세히 논의하며, 얼마나 오래 머물지, 술을 얼마나 마실지, 무엇을 타고 갈지 등에 대해 구체적인 결정을 내릴 수 있다.

커플치료의 주요 원칙은 두 사람의 욕구를 똑같이 인정해야 한다는 것이다. 두 사람의 욕구가 매우 다른 경우에도 둘 다 똑같이 중요하게 인식해야 한다. 예를 들어, A의 욕구는 자유이고 B의 욕구는 보살핌인 경우에 이렇게 명백하게 모순되는 욕구도 동등하게 고려해야 한다. 욕구를 동등하게 인정해야 한다는 원칙이 확립되면 두 사람은 최소한 부분적으로라도 둘의 근본적인 욕구 모두에 대한 해결책을 협상할 수 있다.

욕구는 가치와 같지 않다. 제4장에서 살펴보았듯이 가치는 한 사람으로서 우리가 취하고 싶은 종류의 행동을 반영하는 반면, 욕구는 우리가 원하는 상대방의 모습에 대한 바람을 나타낸다. 가치는 자신의 행동에 대한 것이지만 욕구는 다른 사람들로부터 얻고 싶은 것에 대한 것이다. 가치는 항상 우리가 통제할 수 있다. 예를 들어, 다른 사람들이 우리를 연민으로 대하든 그렇지 않든 우리는 연민 어린 태도로 행동할 수 있다. 욕구는 상대방의 행동에 따라 충족되거나 그렇지 않은 경우가 종종 있다.

어떤 사람에게 지지하는 것이 중요한 가치라고 생각해 보자. 다음은 지지하는 파트너라는 **가치**로 다가가기 위해 취할 수 있는 몇 가지 예이다.

- 파트너가 일에 압도당한다고 느낄 때 격려한다.
- 일에 대해 어떻게 느끼는지 파트너에게 묻는다.
- 마감일이 다가오면 집안일을 더 많이 돕는다.
- 파트너가 불안해하면 긍정적인 자질을 상기시킨다.
- 파트너가 노력할 때 칭찬과 감사를 표한다.

다음은 지지를 받고자 하는 **욕구**의 몇 가지 예이다.

- 파트너가 나의 우정을 지지해 주길 바란다.
- 파트너가 내 직장생활을 지지해 주길 바란다.
- 파트너가 일상생활을 지지해 주길 바란다.
- 파트너가 정서적으로 지지해 주길 바란다.

다음은 지지가 필요할 때 **요청**하는 사람이 할 수 있는 몇 가지 예이다.

- 직장에서 마감일이 다가오면 집안일을 도와줄래요?
- 이번 주 금요일 방과 후에 아이들을 데리러 가 줄래요?
- 동료와 겪고 있는 문제를 해결하는 데 도움을 줄래요?
- 논문 편집하는 것을 도와줄래요?
- 내가 친구와 겪고 있는 문제에 대해 같이 이야기해 줄래요?

## 적극적으로 요청하기

요청은 한 사람이 근본적인 욕구를 충족시키기 위해 무엇을 원하는지 설명하는 것이다. 효과적인 요청은 매우 구체적이고 실행 가능한 행동이다. 이것은 긍정적인 언어로 표현되는데, 원하지 않는 것보다 **원하는** 행동을 묘사하는 것을 의미한다. 예를 들어, 부정적인 말로 하는 요청은 "친구들과 보내는 시간을 줄일 수 없겠어요?"이다. 반면, 긍정적인 요청은 "일주일에 두 번 저녁 시간을 집에서 함께 보낼 수 있겠어요?"와 같이 할 수 있다. 부정적인 말로 하는 요청은 정말로 원하는 행동에 대해 명확하게 설명을 하지 않고, 저항을 유발하는 경향이 있다(Rosenberg, 2003). 보다 명확하고 구체적으로 말하는 사람이 자신이 원하는 바를 충족할 가능성이 더 크다.

요청(request)은 감정과 근본적인 욕구(needs)가 표현되지 않을 때 **요구**(demand)의 모습을 취한다. 반대로 요청이 감정과 근본적인 욕구 및 명확한 목표에 대한 설명을 동반하면 듣는 사람은 공감적으로 반응할 가능성이 더 크다(Rosenberg, 2003).

두 사람이 완전한 메시지를 사용하여 서로 요청할 수 있도록 다음의 공식을 사용한다.

_____했을 때

나는 _____을 느꼈다(또는 느낀다).

나는 _____을 원한다.

_____을 해 줄 수 있는가?

---

〈예시〉

**우리가 만나기로 시간 약속을 했는데 당신이 늦게 나타났을** 때

나는 **상처받았다고** 느꼈어요.

나는 **신뢰와 존중을** 원해요.

**우리가 합의한 대로 내일 오후 3시에 만나** 줄 수 있어요?

---

요청하는 사람은 상대방이 자유롭게 거절할 수 있는 한 자신이 하고 싶은 어떠한 요청을 해도 된다. 요청하는 사람이 상대방의 거절을 받아들일 수 없다면, 이는 요청이 아닌 요구이다. 요구에 직면한 사람은 복종하거나 반항할 수 있다(Rosenberg, 2003). 세션에서 한 사람이 요청을 했는지 또는 요구를 했는지 확인하려면 요청이 거부되었을 때 반응하는 방법을 관찰한다. 비난, 죄책감, 공격 또는 처벌로 대응하는 것은 요구 과정의 증거이다. 그런 다음 이러한 요구에 이름표를 붙이고 요청하는 사람에게 요청 내용을 다시 작성하도록 해야 한다.

커플에게 어떠한 요청도 들어주거나 들어주지 않을 자유가 있다는 점을 강조한다. 또한 다음과 같은 추가 선택권을 준다.

- 요청을 충족시키고자 하는 파트너의 의지를 평가하기 위한 시간을 갖는다.
- 요청 조건을 협상한다. 'A는 하겠지만 B는 아니다.' 또는 'C를 할 의향이 있지만 조건이 있다.'

받아들이는 사람이 요청을 수락하거나 거절한 후, 답변이 '예'인 경우에 요청하는 사람은 감사와 고마움을 표시하도록 한다. 요청에 응하지 않는 경우에는 협상을 하도록 할 수 있다.

종종 특권의식, 자기희생, 복종, 박탈 스키마를 가진 사람들은 요청하거나 공정하게 협상하는 데 어려움을 겪는다. 자기희생/복종 스키마를 가진 사람은 자신이 원하거나 필요로 하는 것을 확인하는 데 어려움을 겪는다. 이들은 자신에게 이상적인 결과가 무엇인지 혹은 무엇을 요청해야 하는지 알지 못할 수도 있다. 정서적 박탈 스키마를 가진 사람들은 요청(request)과 요구(demand)를 혼동하는 경향이 있고, 이것은 박탈감에 대한 자기충족적 예언으로 이어질 수 있다. 즉, 이들은 종종 강렬한 갈망을 느낄 때까지 감정과 욕구를 억누른다. 그 후 이들은 자신들의 욕구에 대해 시급한 마음으로 요구할 수 있다. 이렇게 하면 듣는 사람이 부담을 느껴 저항을 보일 수 있다.

특권의식/과장 스키마를 가진 사람은 상대방의 욕구를 고려하는 데 어려움을 겪는다. 이들은 상대방의 요청에 동의하지 않으며, 종종 합의된 것에도 따르지 않는다. 한 파트너가 습관적으로 약속을 지키지 못하면, 요청하는 파트너를 돕기 위해 경계를 설정하고 관계에서 자신을 보호할 수 있도록 다음의 기술을 사용한다.

## 경계 설정하기

경계는 참을 수 없는 행동으로부터 자신을 보호하기 위한 개인적인 지침, 규칙 그리고 한계이다. 많은 행동이 불편하지만 반드시 참지 못할 것은 아니라는 점에 유의해야 한다. 두 사람이 이러한 두 가지 유형의 행동을 구별하도록 하는 것이 중요하다. 이들이 싫어하지만 참을 수 있는 행동과 장기적으로 볼 때 참을 수 없고 실행 불가능한 행동을 구분하는 것이 유용하다.

예를 들어, 어떤 사람은 자신의 파트너가 텔레비전을 너무 많이 보거나, 지저분하거나, 몸에 좋지 않은 음식을 먹는 것을 싫어할 수 있다. 하지만 이러한 행동들이 관계를 망치는 것은 아니다. 불편한 행동을 참는 것은 어떤 행동을 바꿀지 또는 바꾸지 않을지 협상하도록 도와준다. 한 사람이 자신의 행동을 바꿀 의사가 없는 경우에 요청을 하는 사람은 다음 중에서 선택할 수 있다.

1. 그 행동을 참을 수 있는 것으로 받아들이고, 그것을 바꾸기 위해 애쓰지 않는다.
2. 그 행동을 참을 수 없다고 판단하고, 자신을 보호하기 위해 그 행동에 대한 대응을 바꾼다.
3. 그 행동을 참을 수 없다고 판단하고 관계를 끝낸다.
4. 그 행동을 참을 수 있는지 없는지 결정하고 그 관계를 계속 유지하며, 그 행동을 바꾸기 위해 예전의 비효율적인 노력을 한다.

뒷번호를 선택하는 경우에 장기적으로 이러한 전략에 드는 노력과 이러한 전략이 그 노력에 비추어 실행 가능한지 평가하도록 한다.

과도한 음주, 부정적인 습관, 부정행위, 거짓말 또는 물리적 폭력 등 용납할 수 없는 행동과 약속이나 합의를 하지 않았는데도 계속되는 행동에는 보다 적극적인 한계 설정이 필요하다. 이것은 또한 관계 자체에서 실행 가능한지 탐색하는 것이 필요하다. 이렇게 더 엄격하게 경계를 설정하는 것에는 문제(허용할 수 없는 행동)를 파악하는 것, 견딜 수 없는 행동이 반복될 경우의 결과 그리고 결과와 함께 일관된 후속 조치를 지원하는 것이 포함된다.

감정과 욕구를 말로 표현하는 것은 경계를 만드는 것의 일부분일 뿐이다. 결과를 명확히 하고 지속적으로 따르는 것이 필요하다. 두 사람은 종종 지나치게 자세히 설명하고 설득하려다 자신의 경계를 말로 표현하는 데 어려움을 겪게 된다. 이들은 상대방이 문제를 이해하고 문제행동의 영향을 제대로 이해하면 상대방이 변하도록 설득할 수 있다고 생각한다. 이것은 일반적으로 효과적인 경계 설정 기술이 아니라 많은 사람이 잔소리라고 하는 것이다.

커플에게 경계는 자유롭게 선택하는 것으로 설명이나 정당화, 인정, 이해가 필요 없다는 점을 설명한다. 그러나 두 사람은 경계(견딜 수 있는 것과 없는 것)를 확인하고, 한계를 명확히 하며, 결과를 이행할 책임이 있다.

다음 공식(완전한 메시지를 위한 공식의 연장)을 사용하여 두 사람은 자기보호/자기관리에 대한 경계를 설정할 수 있다.

_____했을 때

나는 _____을 느꼈다(또는 느낀다).

나는 _____을 원한다.

만약 당신이 _____(문제행동)을 한다면

나는 나 자신을 보호하기 위해 _____(당신의 특정한 자기관리 행동)을 하겠다.

만약 이 행동을 계속 한다면 나는 _____을 하겠다.

〈예시〉

**시간 약속을 하고 만나기로 했는데 당신이 늦게 나타났을** 때

나는 **상처받았다고** 느꼈어요.

나는 당신이 **내 시간을 존중해 주기**를 원해요.

만약 당신이 또 늦는다면 **15분만 기다리다 떠날 거예요.** 만약 당신이 우리 약속에 계속 늦게 나타난다면 나는 **다른 일을 할 수 있도록 집에서 당신을 만날 거예요.**

> 〈또 다른 예시〉
>
> **당신이 누구와 함께 있는지 거짓말을 할** 때 나는 **두렵고 무력감**을 느껴요.
>
> 나는 **당신이 자신이 하는 일, 누구와 함께 하는지**에 대해 정말로 **정직해지길** 원해요.
>
> 만약 당신이 **다시 자기 행동에 대해 거짓말**을 한다면 나는 **나갈 거예요.**

　　종종 사람들은 결과나 한계 설정을 보복이나 위협으로 착각한다. 한계 설정은 결과가 명확하게 표현되고 상대방에게 그것을 피할 기회를 준다는 점에서 보복과는 구별된다. 어떻게 수행되고 무슨 역할을 하는지 보면 위협이나 최후통첩을 결과와 구분할 수 있다. 결과는 상대방에게 벌을 주거나, 교훈을 가르치거나, 기분을 나쁘게 하려는 목적으로 제공되는 것이 아니다. 건설적인 결과의 기능은 항상 자신을 보호하고 안전하게 하는 것이다.

　　다음 결과 대 위협 유인물(부록 D 및 http://www.newharbinger.com/34800에서도 제공)을 통해 이러한 차이를 이해할 수 있다.

### 결과 대 위협

| 결과 | 처벌과 위협 |
| --- | --- |
| 중간 톤의 목소리로 말한다. | 화난 목소리로 말한다. |
| 일관된 한계 설정을 위해 영향력을 사용한다. | 끝까지 지켜지지 않는 결과는 위협이다. |
| 경계는 사전에 분명하게 표현되어 있다. | 미리 언급되어 있지 않다. |
| 동정적이지만 단호한 자세를 취한다. | 적대적 자세를 취한다. |
| 자신을 보호하고 안전을 창출하는 기능이다. | 파트너를 바꾸거나 제어하는 기능이다. |
| 선택 사항을 제공한다(예: 약속된 시간에 저녁을 함께 먹을 수도 있고, 15분 이상 늦으면 혼자 저녁을 먹을 수도 있다). | 선택의 여지가 없고, 싫다는 말을 들을 마음이 없다. |
| 경계가 주어지는 이유가 있다. | 이유가 그 문제에 필연적이지 않다. |
| 문제행동과 논리적으로 연결되어 있다. | 논리적으로 문제행동과 연관이 없거나 문제행동에 따르지 않는다. |

# 협상하기

　여기에서 설명하는 협상 기술을 사용하여 상충하는 욕구를 가진 커플이 공정한 합의에 이르도록 도움을 줄 수 있다. 이러한 기술은 어떤 충돌도 긍정적인 변화를 위한 기회로 바꿀 수 있기에 매우 중요하다.

　어떤 사람들은 협상을 아주 잘 한다. 이들은 원하는 결과를 명확하게 설명할 수 있으며 자신을 옹호할 수 있다. 다른 사람들은 자신의 욕구를 명확히 표현하는 것이 힘들고, 특정 상황에서 실제로 원하는 것이 무엇인지 명확하지 않다. 특히 자기희생/복종 스키마를 가진 사람은 자신의 욕구와 이상적인 결과를 파악하는 데 어려움을 겪는 경향이 있다. 버림받음 스키마를 가진 사람들도 거절당할 것이 두려워 자신의 욕구를 표현하고 협상하는 데 어려움을 겪을 수 있다. 반대로 특권의식/과장 스키마를 가진 사람은 대개 자신의 이상적인 결과에 대해서는 매우 분명하지만, 공정하게 협상하고 상대방의 욕구를 고려하는 데는 어려움을 겪는다. 정서적 박탈 스키마를 가진 사람들은 때로는 자신의 욕구를 옹호하지 못하고, 때로는 자신의 욕구를 위해 어려운 협상 전술과 요구로 싸운다. 두 가지 전략 모두 박탈감을 더 많이 초래할 수 있다.

　커플과 협상 연습을 할 때, 특히 그들이 서로 관심이 다르거나 공동의 결정을 내리려고 할 때 커플이 세션 밖에서 이러한 기술을 사용하도록 격려한다. 세션 밖에서 협상을 연습할 때 효과적인 협상을 미리 준비할 수 있도록 공통 관심사 워크시트(이 장, 부록 D 및 http://www.newharbinger.com/34800에서 제공)를 작성해야 한다.

## 공정한 협상을 위한 기본 규칙

　협상 중인 주제를 토론하기 전에 효과적인 협상을 위한 기본 규칙을 명확히 한다. 이 단계에서 두 사람 모두의 가치를 확인하고, 갈등에 직면하면서 가치라는 측면에서 서로 어떤 행동을 취하고자 하는지 명확히 한다. 협상을 시작하기 전에 두 사람과 다음 지침을 검토한다.

- **협력하라.** 공정한 협상이란 서로가 만족스러운 결과를 얻기 위해 노력하는 것이다. 즉, 특정 방식으로 가지고 있는 것을 내려놓고, 서로의 욕구에 집중하며, 서로의 욕구와 감정을 고려하여 공동의 해결책에 도달하는 것을 의미한다.
- **유연성을 유지하라.** 유연성을 유지한다는 것은 선입견이 있는 해결책을 버리고 새로운 아이디어와 예상치 못한 해결에 대해 열린 마음을 유지하는 것을 의미한다. 창의적인 해결책에 마음을 열고 서로의 관점에 대해 호기심을 가진다. 두 사람이 유연성을 유지할 때 이들은 이기는 데 신경을 덜 쓰게 되고, 해결책을 찾기 위해 공정한 과정을 배우는 것에 더 관심을 두게 된다.
- **비열한 전술을 쓰지 말라.** 상대방의 욕구와 감정에 이름표를 붙이거나, 공격하거나, 죄책감이 들게 하거나, 무시하지 않도록 한다.
- **공감을 유지하라.** 각자의 기본 욕구와 관심사가 무엇인지 깊이 이해하기 위해 서로의 입장이 되도록 한다.
- **들어라.** 바꾸어 말하기, 반영하기, 질문하기, 인정하기 등 적극적인 듣기 기술을 사용한다.

## 협상의 5단계

커플이 협상하기 위한 다섯 가지 단계가 있다. 그것은 논의, 탐색, 확인, 해결책 제안 그리고 결정이다. ① 두 사람의 관심사가 상반되고 문제해결의 욕구가 있거나, ② 결정을 내려야 할 때라고 인식되면 협상 과정을 시작한다. 여기에서는 아만다와 밥의 협상 과정을 살펴볼 것이다. 아만다는 크리스마스에 가족과 함께 시간을 보내고 싶지만, 그녀의 가족은 다른 주에 살고 있어서 가족을 보기 위해서는 밥과 여행을 해야 한다. 반면에 밥은 여행을 가는 대신 그 돈을 크리스마스 휴가에

쓰고 싶어 한다.

### 1단계: 논의

논의 단계에서 두 사람 모두 각자의 상황과 입장에 대한 사실을 언급함으로써 갈등을 탐색한다. 두 사람은 차례로 상황에 대한 자신의 관점을 말한다. 예를 들어, 밥은 아만다에게 이렇게 말할지도 모른다. "우리는 지난 3년 동안 당신 가족과 함께 크리스마스를 보냈어. 그래서 다른 데 휴가를 갈 시간도, 돈도 없었어. 올해는 당신 가족과 함께 보내는 대신 휴가를 가면 좋겠어."

밥이 이런 말을 한 후, 치료사는 두 사람에게 그들의 감정과 욕구를 설명하도록 격려해야 한다. 예를 들어, 밥은 "나는 일에 압도당하고 스트레스를 받고 있어. 휴식이 필요해."라고 말한다. 두 사람의 견해가 명확해지면, 이 커플은 이 장의 앞부분에서 설명한 **완전한 메시지**를 사용하여 본격적으로 논의 단계로 이동하여 상황에 대한 사실을 탐색하고 감정과 기본적인 욕구를 인정할 것이다. 이 논의에는 다음 네 개의 항목을 포함시킨다.

- **상황.** 상황 설명부터 시작한다. 여기에는 문제에 대한 모든 사실과 각자의 의견이 포함된다. "우리 가족은 크리스마스 연휴 동안 함께 지내도록 우리를 초대했고, 밥은 그 대신 휴가를 가고 싶어 해요."
- **감정.** 다음으로 두 사람이 이 상황으로 인해 자신이 가지게 된 감정을 설명하게 한다. "나에게는 크리스마스에 가족과 함께 있는 것도, 밥과 함께 있는 것도 중요하기 때문에 마음이 찢어질 것 같아요. 크리스마스를 가족과 보내지 않거나 밥과 함께 있지 않으면 죄책감이 느껴져요.…… 밥이 휴가를 더 좋아하는 것 같아 답답해요.…… 가족들이 그리워요."
- **욕구와 가치.** 상황에 관련된 자신의 욕구와 가치를 표현하도록 한다. "협력과 팀워크가 필요해요.…… 가족과 유대감을 유지하고 싶어요.…… 공동체와 협력하는 게 필요해요."

- **이상적인 결과(원하는 것).**    마지막으로, 두 사람에게 이상적인 결과(가장 바라는 해결책)의 형태로 그들의 관심사와 원하는 바를 설명하게 한다. "부모님을 뵙고, 오빠와 친구들과 시간을 보내고, 크리스마스 동안 밥과 함께 시간을 가지는 거예요."

### 2단계: 탐색

탐색 단계에서 두 사람은 가능한 해결책을 모색하는 데 도움이 되도록 서로의 관심사와 공통 가치 및 요구 사항을 확인한다. 목표는 거리를 만들어 내는 경쟁적인 태도에 초점을 맞추지 않고 공통 관심사를 확인하는 것이다. 서로의 관심사 뒤에 있는 가치와 욕구를 진정으로 이해한다면 두 사람의 욕구를 모두 통합하는 해결책을 제안할 수 있다. 근본적인 욕구와 가치를 명확히 하면 다양한 방식으로 욕구를 충족시킬 수 있기 때문에 윈-윈 해결책에 유연하게 도달할 수 있다.

두 사람은 다음에 나오는 공통 관심사 워크시트(Shared Interests Worksheet, 부록 D 및 http://www.newharbinger.com/34800에서도 제공)를 작성하여 세션에서 서로 논의해야 한다. 상대방의 근본적인 욕구와 가치에 호기심을 가지고, 서로의 관심사의 중요성을 인정하고, 겹치는 부분을 찾는다. 욕구가 상반되는 방식에 초점을 맞추는 대신 욕구를 연결하는 근본적인 공통점을 인식하게 한다.

## 공통 관심사 워크시트

| 나의 관심사 | 나의 가치와 욕구 | 파트너의 관심사 | 파트너의 가치와 욕구 | 공통 관심사, 가치, 욕구 |
|---|---|---|---|---|
|  |  |  |  |  |
|  |  |  |  |  |
|  |  |  |  |  |
|  |  |  |  |  |
|  |  |  |  |  |
|  |  |  |  |  |

첫 번째 열에는 각자가 해당 상황에서 이상적으로 원하는 것을 나열한다. 상대방의 동의 여부와 관계없이 자신이 원하는 행동과 결과를 나열한다.

두 번째 열에는 근본적 욕구와 가치를 나열한다. 여기에는 각자가 중요하다고 생각하는 사항과 관심사가 포함된다. 가치에는 존중, 공정성, 가족과의 친밀성, 자율성, 독립성 등이 있을 수 있다. 또한 교육, 책임 있는 부모, 건강, 우정 유지, 직업과 같이 중요한 가치 영역도 있을 수 있다.

세 번째 열과 네 번째 열에는 파트너에 해당하는 같은 정보를 작성하게 한다. 파트너에게 적용된다고 생각하는 것을 적고 그것에 대해 이야기한다. 마지막 열에는 그들의 공통된 관심사와 욕구, 가치를 쓰게 한다. 이 열은 중요한 것으로 두 사람이 합의된 영역에 기반을 둔 갈등 해결책을 제안하는 데 도움을 줄 것이다.

### 예: 아만다의 공통 관심사 워크시트

| 나의 관심사 | 나의 가치와 욕구 | 파트너의 관심사 | 파트너의 가치와 욕구 | 공통 관심사, 가치, 욕구 |
|---|---|---|---|---|
| 가족 및 밥과 함께 크리스마스를 보내는 것 | 공정함, 가족과의 친밀함, 축하, 소속감 | 휴가 | 가족과 함께하는 경험, 평화, 공정성, 자발성 | 친밀감, 가족과 함께하는 경험 |

두 사람은 공통된 관심사를 파악한 후 각자가 그 해결책이 이상적인지, 받아들일 수 있는지 없는지를 확인해야 한다.

### 3단계: 확인하기

확인 단계에서는 각자가 상황에 대한 해결책을 받아들일 수 있는지 없는지, 이상적인 해결책은 무엇인지에 대한 목록을 만든다. 다음 질문에 대한 답을 적어 이러한 선택에 대해 살펴본다.

- 나의 이상적인 해결책은 무엇인가? 자신의 이상적인 해결책을 확인하도록 한다. 이것은 매우 구체적이어야 하며, 몇 문장 이하이어야 한다.
- 받아들일 수 있는 것은 무엇인가? 이것은 허용하면서 살아갈 수 있는 것을 설명한다. 이상적인 해결책은 아닐 수 있지만 참을 수는 있는 것이다. 이 부분이 가장 길어야 한다. 수용 가능한 대안을 많이 확인하는 것이 중요하다.
- 받아들일 수 없는 것은 무엇인가? 받아들일 수 없고, 참을 수 없는 결과를 말한다.

다음은 이 3단계 과정의 예이다.

- 이상적인 결과: "밥과 나는 크리스마스를 가족과 함께 보낸다."
- 받아들일 수 있는 결과: "밥은 크리스마스 연휴 동안 짧은 휴가를 내고 크리스마스 이브와 크리스마스 날에 우리 가족과 시간을 보낸다. 또는 밥과 나는 우리 가족과 함께 크리스마스를 보내고 우리는 추수감사절 동안 휴가를 가진다. 또는 밥은 올해 크리스마스를 우리 가족과 함께 보내고, 다음 크리스마스 때 휴가를 가진다."
- 받아들일 수 없는 결과: "밥은 우리 가족과 함께 절대로 크리스마스를 보내지 않는다."

### 4단계: 해결책 제안

수집된 정보를 사용하여 공통 관심사부터 시작해서 이상적인 것, 받아들일 수 있는 것, 받아들일 수 없는 것의 결과를 포함하여 가능한 해결책을 제안하게 한다. 커플이 해결책을 제시하지 못하고 막혀 있다면 브레인스토밍을 할 수 있다.

브레인스토밍에는 가능한 해결책의 목록을 길게 만드는 것이 포함된다. 갈등을 해결할 수 있는 여러 가지 동의 가능한 선택이 있다는 생각으로 개방적 태도를 가질 수 있도록 두 사람을 격려한다. 브레인스토밍에 대한 지침은 다음과 같다.

- **판단하지 않는다.** 떠오르는 모든 아이디어를 적는다. 나중까지 어떤 아이디어도 평가하지 않는다.
- **많을수록 좋다.** 목록이 길어지고 아이디어를 더 많이 낼수록 더 좋은 해결책에 도달할 가능성이 커진다. 아이디어는 특이하고 다듬어지지 않을수록 좋다. 아이디어가 터무니없는 것처럼 보일지라도 틀에서 벗어나 생각한다.
- **상호 욕구를 충족시킨다.** 서로 공유하는 욕구나 공통 관심사 워크시트에 있는 다양한 욕구를 충족할 수 있는 해결책을 제안한다.
- **좋지 않은 영향이 없어야 한다.** 두 사람 모두 아이디어에 대해 비판하거나 비난하지 않도록 한다.
- **협업한다.** 두 사람 다 참여하여 둘 모두의 행동 변화를 이룰 수 있는 제안을 한다.

다음은 아만다와 밥이 한 브레인스토밍의 결과이다.

- 밥은 이번 크리스마스를 아만다와 그녀의 가족과 함께 보낸다.
- 밥은 혼자 휴가를 떠난다.
- 밥과 아만다는 크리스마스 휴가를 떠난다.
- 밥과 아만다는 집에서 크리스마스를 보낸다.
- 밥과 아만다는 크리스마스를 제외한 모든 휴일을 가족과 함께 보낸다.
- 밥과 아만다는 크리스마스에 가족과만 시간을 보낸다.
- 밥과 아만다는 휴가를 가기 위해 따로 시간을 낸다.

- 밥과 아만다는 한 해는 휴가를 가고 다음 해는 가족과 보내기를 번갈아 가며 한다.
- 밥과 아만다는 매년 크리스마스에 휴가를 떠나고 추수감사절은 가족과 함께 보낸다.
- 밥과 아만다는 밥의 가족과 함께 크리스마스를 보낸다.
- 밥과 아만다는 휴가 경비를 절약하기 위해 아만다의 가족을 집으로 초대하여 집에서 크리스마스를 보낸다.

평가와 조정은 마지막에 한다. 두 사람이 더 이상 아이디어를 생각해 낼 수 없는 경우에 목록을 검토하고 논의하도록 한다. 실행이 불가능하거나 어느 한 사람이 참을 수 없는 아이디어는 모두 배제한다. 실행 가능한 것으로 보이는 아이디어를 더 자세히 만든다. 그리고 아이디어를 결합하여 더 나은 아이디어를 만들 수 있다.

이 과정을 촉진하기 위해 다음과 같은 여섯 가지 전략을 사용하여 타협할 수 있다.

1. 나를 위해 이 일을 해 주면 나는 당신을 위해 그것을 하겠다.    만약 밥이 아만다의 가족과 함께 크리스마스 휴가를 보낸다면 그녀는 그와 함께 추수감사절 휴가를 갈 것이다.
2. 당신이 원하는 것 중 일부를 내가 원하는 것으로 하기.    크리스마스 휴가를 반으로 나눈다. 아만다 가족과 함께 4일을 보내고, 하와이에서 4일을 보낸다.
3. 이번엔 내 방식, 다음엔 당신 방식.    이번 크리스마스에 밥은 아만다의 가족을 방문하고, 다음 크리스마스에는 아만다와 밥이 휴가를 간다.
4. 내가 할 때는 내 방식, 당신이 할 때는 당신 방식.    내가 운전할 때는 빨리 달리고, 당신이 운전할 때는 천천히 달린다. 내가 요리할 때는 당신이 설거지하고, 당신이 요리할 때는 내가 설거지를 한다. (이 전략은 이 예에는 적용할 수 없다.)
5. 이것은 내 방식대로, 저것은 당신 방식대로.    매년 크리스마스는 아만다의 선택대로 하고, 매년 새해는 밥의 선택대로 한다.

6. **차이를 구분하거나 중간 지점에 이른다.** 밥은 크리스마스에 하와이에 가고, 아
    만다는 그녀의 가족을 방문한다.

### 5단계: 결정

이러한 결정이 두 사람 모두에게 받아들일 수 있고 참을 만한 것으로 느껴지도록
한다. 누구도 기본적인 욕구나 가치를 양보해서는 안 된다. 비록 두 사람 다 자신의
이상적인 결과를 얻지 못할 수도 있지만, 해결책에는 각자 참을 수 없는 결과가 포
함되어서는 안 된다. 아만다와 밥은 '당신이 원하는 것 중 일부를 내가 원하는 것으
로 하기' 전략을 사용하기로 결정하고, 하와이에서 6일을 함께 보내고 아만다의 가
족과 함께 6일을 보내기로 합의했다. 이 해결책은 둘 모두에게 공평하게 느껴졌고,
그들은 함께 크리스마스 휴가를 즐길 수 있었다.

목표는 치료사가 두 사람 모두 받아들일 수 있다고 생각하는 타협점을 찾는 데
도움을 주는 것이다. 그러나 때때로 해결이 불가능하고 두 사람의 의견이 일치하지
않을 수 있다. 이 경우에 두 사람은 자신의 욕구와 관심사를 계속 탐색하고 나중에
협상으로 돌아갈 것에 동의하도록 한다. 두 사람이 계속해서 난관에 봉착할 경우에
는 각각 앞의 '자기주장하기' 절에 제시된 기술을 활용해야 하며, 각자 자기관리 해
결책(self-care solution)을 개발해야 할 수도 있다.


## 타임아웃으로 잠시 멈추기


화가 난 순간에 타임아웃을 하는 것은 싸움이 폭력 수준으로 격화되는 것을 막
는 중요한 기술이다. 스키마가 너무 활성화되어 있어 효과적으로 또는 공격적이지
않게 의사소통을 할 수 없는 경우에 두 사람은 진정하기 위해 상황에서 벗어나 잠
시 숨을 돌린 후에 다시 상황으로 돌아가는 것이 가장 좋다. 이 전략을 효과적으로
사용하는 비결은 싸움이 통제 불능이 되기 전에 그리고 두 사람이 상처받는 행동을

하기 전에 적용하는 것이다. 그러므로 치료사는 두 사람이 타임아웃에 대한 계약을 만들고, 사랑과 친절 그리고 협력이 깃든 방법으로 타임아웃 전략을 개발하도록 돕는다.

먼저, 타임아웃이 필요할 때 두 사람이 사용할 신호를 확인한다. 이 신호는 스포츠에 사용되는 타임아웃 손 신호와 같은 비언어적 몸짓일 수 있다. 또는 '그만하자.'는 말과 같은 구두 신호일 수도 있다. 그것은 또한 '우리는 자극받았다.' '지금은 효과가 없다.' 또는 '나는 타임아웃이 필요하다.'와 같은 말일 수도 있다. 타임아웃을 요청하는 사람은 '우리' 또는 '나' 진술을 포함하는 비난하지 않는 언어를 사용해야 한다. '우리'라는 말을 사용하는 것은 두 사람을 위해 타임아웃이 실행 중이고 어느 누구도 잘못이 없다는 것을 암시하기 때문에 효과적이다. 또한 타임아웃 계약이 공동 결정이었고, 두 사람 모두 이 기법을 쓰기로 동의했다는 것을 상기시켜 주는 역할을 한다.

두 사람이 타임아웃 시작에 사용할 신호를 확인한 후에는 타임아웃이 필요하다는 초기 경고 신호와 단서에 동의하게 한다. 일반적인 행동이 싸움으로 이어지는 것에 대해 두 사람과 논의한다. 상황을 악화시키는 두 사람의 스키마 대처 행동을 파악한다. 이름 부르기, 공격하기, 큰소리치기나 협박하기는 모두 타임아웃이 필요하다는 지표이다.

마지막으로, 두 사람에게 타임아웃에서 돌아올 시간을 정하는 데 동의하도록 한다. 휴식 시간이 너무 짧으면 여전히 자극받은 상태에 있을 수 있으며, 휴식 시간이 너무 길면 거부되거나 버려지는 느낌을 받을 수 있다. 일반적으로는 한 시간이 타임아웃을 위해 괜찮은 시간이다. 한 시간은 두 사람이 긴장을 완화하고 그들의 감정과 욕구를 탐색하기에 충분한 시간이다.

## 타임아웃을 효과적으로 활용하기

타임아웃의 기능은 화가 난 순간에 비효율적인 의사소통을 멈추고, 커플이 긴장을 완화하도록 돕는 것이다. 타임아웃은 불편한 것을 피하는 데 사용해서는 안 되며, 실제로 분노나 대화로 상처를 주는 징후가 있을 때 시작해야 한다. 타임아웃은 회피 또는 제어 전략으로 활용되기 때문에 실패하는 경우가 많다. 이러한 방법들은 두 사람이 당면한 문제를 해결하지 않거나 갈등이 초래한 감정을 다루는 것을 피하면서 그 순간 기분이 나아지기 위해 논의를 피하는 방법이다. 제어 전략이 발생하면 역효과가 일어나 문제나 갈등이 더 확대되는 원인이 될 수 있다. 따라서 문제해결 기술을 사용하고 공정하게 협상하면서 (휴식 후) 주제로 돌아가는 것이 중요하다.

타임아웃은 두 사람이 주제에서 주의를 돌리거나 다른 데 신경을 쓰도록 시간을 사용하는 대신 가치라는 관점에서 갈등을 탐색하는 데 사용할 때 더 효과적이다. 타임아웃을 효과적으로 사용하면 두 사람은 그들의 경험을 묘사하고, 비판단적으로 설명한 것을 반영하며, 갈등에 대한 책임을 지는 것과 같은 더 능숙한 방법을 통해 대화로 돌아간다. 이것은 갈등으로 인한 분위기를 누그러뜨리고 방어적인 태도를 줄이는 데 도움이 된다.

다음 유인물(부록 D 및 http://www.newharbinger.com/34800에서도 제공)은 커플에게 타임아웃을 사용하기 위한 지침을 제공한다.

## 타임아웃 지침

타임아웃을 하자고 할 때

1. **즉시 멈춘다.**　한 사람이 타임아웃을 요청할 경우에는 즉시 논의를 멈추어야 한다. 타임아웃은 존중되어야 하며, 더 이상의 설명, 방어, 반박 또는 마지막 말이 없어야 한다. 모든 것을 멈춘다.

2. **즉시 떠난다.**　타임아웃을 시작한 사람은 그 장소를 떠나서 다른 사람으로부터 거리를 두고 실제 물리적 공간을 확보해야 한다. 비행기나 차 안과 같이 물리적으로 떠날 수 없는 경우에는 합의된 시간 동안 모든 대화와 상호작용을 중단한다.

3. **타임아웃을 효과적으로 사용한다.**　휴식 시간을 화를 증폭시키고 문제를 되풀이해서 생각하는 데 사용해서는 안 된다. 오히려 그 시간을 자신을 성찰하고 경험에 대해 책임지는 것에 중심을 두어야 한다. 타임아웃은 두 사람이 가치, 감정, 욕구를 식별하기 위한 시간으로 사용할 때 더욱 효과가 있다.

4. **항상 약속된 시간에 돌아온다.**　약속한 시간에 돌아오지 않으면 타임아웃은 역효과를 일으켜 상황을 악화시킬 것이다. 한 사람이 두려움과 혼란을 느낀다면 그 사람은 앞으로 타임아웃을 고수하는 데 어려움을 겪을 것이고, 그 과정은 장기적으로 보았을 때 효과적이지 않을 것이다.

5. **다시 문제로 돌아간다.**　타임아웃은 논의의 끝을 의미하지 않는다. 타임아웃은 두 사람 모두가 더 효과적으로 논의를 진행할 수 있을 때까지 논의를 연기하는 것을 의미할 뿐이다.

타임아웃을 하는 동안

- **스키마 중심 사고에서 벗어난다.**　이러한 생각을 관찰하고 내려놓고 현재의 경험으로 돌아간다.
- **자신에게 연민을 느낀다.**　자신을 친절하게 대하고, 감정적인 고통을 관찰한다. 이 고통은 관계 속에서 자신이 느끼는 감정과 필요한 것에 대한 정보를 제공한다. 비난하는 생각이나 판단으로 고통을 관리하거나 통제하려고 해서는 안 된다.
- **경험에 형태를 부여한다.**　자신의 감정이 물리적인 형태를 가지고 있다고 상상해 본다. 몸 어디에서 이 고통이 가장 심하게 느껴지는지 스스로 물어본다. 무슨 색이고, 어떤 모양이며, 크기는 어떠한가? 얼마나 강렬한가? 움직임이나 미묘한 변화에 주목한다. 타임아웃을 하는 동안 힘든 감정에 마음챙김하며 머무르기 위해 감정 노출을 연습하거나 감정 노출 워크시트를 사용한다.
- **행동 충동을 관찰한다.**　예전의 스키마 대처 행동을 사용하거나 고통을 억제하려는 충동을 알아차린다. 자신의 경험을 제어하거나, 변경하려 하거나, 상대방을 변화시키려는 충동을 알아차린다.

- **가치를 명확히 한다.**　이 순간 자신의 가장 중요한 가치는 무엇인가? 이 고통이 나타날 때 무엇을 나타내고 싶은가? 자신의 행동을 이끌고 어떻게 진행하고 싶은지 명확히 하는 데 어떤 가치가 도움이 될 수 있는가?
- **문제해결을 활용한다.**　자신의 감정과 기본적인 욕구를 파악하고 문제해결 기술을 사용하여 갈등을 이해할 수 있도록 타임아웃을 사용한다. 타임아웃을 더 생산적으로 만들기 위해 문제해결 워크시트(Problem-Solving Worksheet)를 사용한다.

---

커플은 효과적인 타임아웃을 위해 타임아웃 동안 다음 워크시트(부록 D 및 http://www.newharbinger.com/34800에서도 제공)를 작성할 수 있다.

## 노출 워크시트

타임아웃 동안 사용한다.

- 지금 내 몸에서 어떤 감각을 경험하고 있는가?
  _____

- 이 경험을 가장 강하게 느끼는 곳은 어디인가?
  _____

- 이 경험의 강도를 0부터 10까지 구분하면 내 몸에서 느끼는 것은 어느 정도인가?
  _____

- 경험에 대해 묘사한다.

  - 색:
  - 모양:
  - 크기:
  - 움직임:

- 이 타임아웃에 대한 나의 두려움은 무엇인가?
  _____

- 이 타임아웃에 대한 나의 생각이나 신념은 무엇인가? 이 갈등에 대해 나는 무엇을 예상하는가?
  _____

- 나의 가치는 무엇인가?
  _____
  _____
  _____

**문제해결 워크시트**

타임아웃 동안 사용한다.

• 나는 어떤 스키마에 자극을 받았는가?

   _____

• 이 스키마에 대한 나의 전형적인 반응은 무엇인가? 내가 주로 하는 대처 행동은
  무엇인가?

   _____

• 구체적인 자극 요인은 무엇이었는가?

   _____

• 나는 무슨 감정을 느끼는가?

   _____

• 내가 원하는 것은 무엇인가?

   _____

• 이 갈등에 대한 나의 가치는 무엇인가?

   _____

• 가치에 기반을 둔 요청은 어떠한 것인가?

   _____


    _____할 때

나는 _____을 느꼈다.

나는 _____을 원한다.

   _____을 해 주겠는가?

# 감사하기

마음이 끊임없이 위협이 어디 있는지 찾는 자기보호 기계라는 것을 고려하면, 감사하는 마음이 항상 쉽게 생기는 것은 아니다. 파트너가 삶의 질에 기여하는 방식을 보는 것보다 파트너의 부정적인 자질을 보는 것이 더 쉽다. 관계가 시작될 때, 두 사람이 처음 사랑에 빠졌을 때는 종종 서로의 긍정적인 자질과 장점만을 본다. 하지만 시간이 흐르면서 두 사람은 상대방을 당연하게 여기기 시작하고 상대방의 부정적인 자질과 그들이 바람직한 삶에서 벗어나는 방식에 관심을 집중한다.

고마워하고 감사하는 것은 관계 만족도를 향상시키는 중요한 기술이다. 수많은 연구는 감사를 표현하는 것이 만족스러운 관계를 유지하는 주요 요인임을 보여 준다. 가장 행복한 커플은 서로를 비난하기보다 칭찬을 다섯 배나 더 한다는 보고가 있다(Gottman, 1999). 감사의 말을 하는 커플은 서로를 더 가깝게 느끼고, 관계에 있어서 더 큰 성취감을 가지며, 함께 지낼 가능성이 더 높다.

## 감사는 바람직한 행동을 강화한다

파트너의 긍정적인 행동에 감사를 표하는 것은 관계에서 파트너의 행동에 직접적인 영향을 미친다. 칭찬을 받으면 아이들이 긍정적인 행동을 더 많이 하는 것처럼 커플도 감사의 표현으로 강화되면 긍정적인 행동이 많아진다. 커플이 서로가 특정 행동을 줄이거나 더 많이 하기를 원할 때, 가장 효과적인 방법은 원하는 행동에 대해 일관된 보상을 하는 것이다.

한 사람이 관계에서 새로운 행동을 시도하는 것은 믿을 수 없을 만큼 어렵고, 또한 위험을 감수하는 것이다. 새로운 행동은 강화되지 않으면 빠르게 사라질 것이다. 파트너가 더 많이, 자주 하기를 원하는 행동을 인식하고 보상하는 것이 중요하다. 한 사람에게 오래된 촉발 요인이 나타났을 때 그 사람이 새로운 가치기반 행동을 한다면 그것은 다른 사람이 새로운 행동을 인정하고 강화할 수 있는 중요한 기회를 제공하는 것이다. 여기에는 새로운 행동을 하는 것이 얼마나 어려운지 인정하고 노력에 감사하는 것이 수반된다.

고마움을 표현하는 데 도움을 주는 것에는 ① 두 사람이 감사해야 할 것을 알아차리기 위해 마음챙김을 키워 나가는 것, ② 두 사람이 감사를 명확하게 표현할 수 있도록 돕는 것이 있다. 다음 절에서는 두 사람이 일상생활에서 긍정적인 행동에 대한 인식을 쌓고 고마움을 효과적으로 표현하기 위한 기술을 식별하는 데 도움이 되는 전략을 제시할 것이다.

## 감사에 대한 마음챙김

다음의 기법은 고마움과 감사를 표현하는 데 도움이 될 수 있다.

- 파트너의 긍정적인 자질을 알아차린다.    매일 서로에 대해 감사할 수 있는 긍정적인 자질을 인식한다. 이러한 자질은 성격 특성이나 가치, 성격이나 행동 또는 외모일 수 있다. 예를 들어, 친절하거나 관대한 행동, 유머 감각, 미소나 향기, 집으로 돌아왔을 때 하는 인사 등이 있다.
- 파트너가 기여하는 구체적인 방법을 알아차린다.    파트너가 일상생활에 기여하는 모든 사소한 방법을 알아차린다. 파트너는 오늘 무엇을 했는가? 파트너가 자신의 말을 듣고, 문제를 해결하고, 저녁을 만들고, 설거지를 하고, 애정을 표현하고, 지지를 해 주었는가?
- 파트너가 없는 삶을 상상해 본다.    자신의 파트너가 임종했다고 상상한다. 감사한 것에 대해 가장 공유하고 싶은 것은 무엇인가? 파트너에 대해 가장 그리워하는 것은 무엇인가? 삶은 어떻게 변할까? 파트너가 전반적인 삶의 질에 어떻게 기여했는가?
- 차이점에 감사한다.    그들 사이에 있는 어떤 차이점에 대해 긍정적인 측면을

생각한다. 파트너는 많이 가지고 있지만 자신에게 부족한 것은 무엇일까? 자신은 어지르고 파트너는 정리를 잘할 수 있을 것이다. 자신은 능률적이고 파트너는 자발적일 수 있고 또는 자신은 수줍어하고 파트너는 외향적일 수 있다. 이러한 차이가 어떻게 함께 그들의 삶을 향상시켰는지 인식한다.

- **신혼 시기를 떠올린다.** 처음 만났을 때의 기억을 떠올린다. 파트너의 어떤 자질을 존경했는가? 처음에 파트너의 무엇에 끌렸는가? 파트너의 성격 특성과 강점은 무엇이었는가? 아마도 이러한 강점은 여전히 존재할 가능성이 높다. 이러한 강점과 긍정적인 특성이 일상생활에서 어떻게 나타나는가?

- **새로운 행동과 가치에 부합되는 행동을 인식한다.** 파트너가 감소시키거나 증가시키기 위해 노력하고 있는 행동에 주의를 기울이고 이러한 노력을 인정한다. 행동을 바꾸는 것은 어렵기에 이러한 순간들을 알아차리고 고마움을 표현하는 것이 중요하다. 서로의 행동을 중요한 가치로 연결한다. 예를 들어, 파트너의 취약성이 가치로 확인되었는데 주중에 감정을 공유하려고 한다면 이러한 새로운 행동에 대해 감사하는 것으로 반응하는 것이 매우 중요하다.

커플이 다음에 나오는 감사일지(Appreciation Log, 부록 D 및 http://www.newharbinger.com/34800에서도 제공)를 작성하여 상대방이 일상생활에 기여하는 모든 방법을 추적하고 알 수 있도록 한다.

## 감사일지

파트너가 자신의 일상생활에 어떻게 기여하는지 알기 위해 이 워크시트를 일주일 내내 작성한다.

| | 오늘 내 생활에 파트너가 어떻게 기여했는가? | 오늘 나는 파트너의 어떤 점에 감사했는가? | 파트너의 어떤 점이 매력적이었는가? | 오늘 파트너의 장점은 어떻게 나타났는가? |
|---|---|---|---|---|
| 월 | | | | |
| 화 | | | | |
| 수 | | | | |
| 목 | | | | |
| 금 | | | | |
| 토 | | | | |
| 일 | | | | |

## 직접 감사 표현하기

커플이 감사에 대한 인식을 높이는 것은 좋은 시작이지만 더 많은 것이 필요하다. 또한 상대방이 보고 느낄 수 있도록 하기 위해 커플이 서로에 대한 감사를 표현하도록 도움을 주는 것도 중요하다. 직접적인 감사의 표현은 사랑의 포옹, 키스, 미소, 시선, 쓰다듬기, 만지기 등과 같은 행동과 말로 표현될 수 있다. 고마움을 말로 표현할 때 완전한 메시지를 사용하여 자신의 만족감을 표현하는 것이 중요하다.

완전한 메시지에는 다음의 세 가지 요소가 있다.

- 현재 감사의 대상이 되는 구체적인 행동
- 그 행동에 따른 결과적 감정
- 그 행동이 감사한 이유(그 행동이 충족시키는 근본적인 욕구; Rosenberg, 2003)

완전한 메시지를 사용하면 듣는 사람이 인정받은 것으로 느끼고 원하는 동작을 반복할 가능성이 커지기 때문에 더욱 강화된다. "고마워요." "사랑해 줘서 고마워요." "당신이 지지해 줘서 좋아요."와 같은 부분적인 메시지는 너무 모호하다. 듣는 사람이 감사의 대상과 이유를 정확히 알지 못할 수 있다. 효과적인 감사의 표현은 완전한 메시지를 사용한다. 예를 들어, "내가 프로젝트를 끝냈다는 것을 당신이 자랑스럽다고 말했을 때(감사하는 구체적인 행동) 행복하고 감동받았어요(행동에 따른 결과적인 감정). 당신이 내 노고를 알아 주는 것이 중요하기 때문이에요. 지지해 줘서 고마워요(행동이 감사한 이유 또는 그 행동이 충족시키는 근본적인 욕구)."라고 표현할 수 있다.

요약하면, 두 사람이 서로 감사하도록 도움을 주는 것이 지속적이고 성공적인 관계를 형성하는 데 가장 중요하다. 두 사람이 새로운 행동과 가치에 부합하는 행동을 시도할 때 이를 인식하고 인정하는 것이 특히 중요하다. 두 사람이 감사의 뜻으로 대응하며 새로운 행동을 강화할 때 그들이 그것을 더 오래 지속할 가능성이 높다.

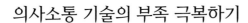

## 의사소통 기술의 부족 극복하기

커플에게 이상의 다섯 가지 핵심 기술을 모두 가르칠 필요는 없다. 하지만 대부분의 커플은 하나나 그 이상의 기술 부족으로 어려움을 겪고 있다. 일단 특정 기술에 대한 몇 가지 기본 지침을 제공했으면 다음 각 세션에서 계속 기술 작업을 진행한다. "지금 이 순간 어떻게 감사를 표현할 수 있습니까?" "비난하지 않는 방식으로 지금 자신의 요구를 어떻게 주장할 수 있습니까?" 또는 "당신의 파트너가 하는 말을 듣고 있습니까? 지금 바꾸어 표현할 수 있습니까?"와 같은 질문을 던진다. 세션 동안 지속적으로 주요 기술을 실습하면(특히 촉발될 경우) 세션 외부에서도 보다 쉽게 사용할 수 있을 것이다.

# 가치기반 문제해결 제9장

두 사람이 회피 모드에 있고 스키마 고통을 다루기 위해 스키마 대처 행동을 사용하면 갈등을 해결하는 것은 불가능하다. 앞서 언급한 바와 같이, 현재 치료의 초점은 내용(예: 특정 충돌 문제)이 아닌 과정에 맞춰져야 한다. 치료사는 각 파트너와 함께 스키마에서 비롯된 감정, 회피 충동, 상황별 특정 욕구를 탐색한다. 일시적으로라도 두 사람이 스키마 대처 행동 사용을 중단하고, 회피하지 않고 연결할 때에만 문제해결이 가능하다.

# 문제해결을 위한 전제 조건

문제해결을 시작하기 위한 전제 조건은 다음과 같다.

- 두 사람이 회피 모드에 있지 않고 감정적으로 연결되어 있다.
- 두 사람이 갈등과 관련된 감정을 탐색했다.
- 두 사람이 갈등과 관련된 특정 욕구를 공유했다.
- 두 사람과 치료사는 갈등을 다루면서 촉발될 수 있는 스키마 대처 행동인 회피 충동을 경계한다.
- 두 사람이 갈등 상황과 관련된 가치를 파악했다.

## 예시 대화

로라와 에이미는 외로움에 시달리고 있다. 로라는 사회적 고립/소외 스키마로 인해 상대방이 자신을 보지 않는다고 느끼고 모임에서 소외감을 느끼게 된다. 로라는 두 사람이 친구나 가족과 함께 시간을 보낼 때 거리를 두고 물러나 있다. 에이미는 정서적 허기와 외로운 감정을 유발하는 박탈 스키마로 힘들어한다. 그녀는 로라를 비난하고 요구하면서 고통을 극복하려고 노력한다. 에이미의 비난으로 인해 로라는 더 외면당하는 기분이 들고 소외감을 느끼게 된다. 로라가 거리를 두면 에이미는 더 외로워진다.

치료사는 특정한 갈등(에이미는 주말에 로라와 더 많은 시간을 보내기를 원한다)보다는 과정에 초점을 맞춘다.

치료사: (에이미에게) 둘이 친구나 가족과 함께 시간을 보낼 때 로라와 연결된 느낌을 원한다고 말했는데, 저는 당신의 목소리가 커지고 주먹을 꽉 쥐는 걸 알았어요. 지금 기분이 어때요?

에이미: 슬프고 화나요. 슬프고 화가 난다고요.

치료사: 로라에게 그 슬픔에 대해 말해 줄 수 있나요?

에이미: 그런 일은 절대 일어나지 않을 것 같고…… 진짜 우리에게. 외롭고 남겨
진 느낌이에요. 그리고 나아지지 않을 거라는 느낌이 들어요.

치료사: (잠시 지켜보면서) 그 느낌에 그대로 있을 수 있겠어요? 그런 감정과 함
께 어떤 것이 필요한가요?

에이미: 전 이런 걸 자주 느껴요. 우리가 모임을 할 때 로라는 그냥 나가서 사라져
버려요. 로라가 제가 얼마나 외롭고 단절된 기분이 드는지 이해할 수 있
으면 좋겠어요.

치료사: (침묵한 후) 그렇다면, 만약 그녀가 이해한다면요? 그 밖에 더 필요한 건
없나요?

에이미: 모임을 할 때 함께 있는 것. 우리가 커플인 것처럼 느끼기 위해서 함께 있
는 것. 우리 사이에 부드러움을 느끼는 것. 연결되어 있다는 걸 느끼는
것이요.

로라: 그게 무슨 뜻이야? 우리는 항상 커플로 모임에 참석하잖아. (팔짱을 끼고
의자 뒤에 기대어 앉는다.)

치료사: (로라에게) 지금 무슨 일이 일어나고 있나요? 자세가 바뀌었네요. 좀 물
러나고 있는 건가요?

로라: (끄덕인다.)

치료사: 에이미를 보면서 지금 당신의 감정을 말할 수 있나요?

로라: 두려워. 우리가 정말로 함께할 수 없다는 게. 넌 내가 아닌 사람이 필요하
고 난 네가 아닌 사람을 필요로 해. 우리가 헤어질까 봐 두렵고, 헤어져야 하
는데 그러지 않는 게 두려워.

치료사: 에이미에게서 멀어지고 있군요. 그녀를 보고 지금 필요한 게 뭔지 말해
줄 수 있어요?

로라: 내가 어느 곳에도 속하지 못하는 것에 대해 얼마나 괴로워하는지 알아줬으면 좋겠어. 내가 얼마나 외로운지. 그리고 때때로 우리가 친구들과 모임을 가질 때 그 느낌이 더 나빠져.

에이미: 아.

### 고통 직면에 대한 양가감정 다루기

치료사: (로라에게) 자신이 소속되어 있지 않다고 느끼고, 에이미와 함께 다른 사람들과 있을 때 더 무섭다고 느끼고 있군요. 그리고 다른 사람들과 에이미로부터 떨어져 거리를 두고 싶은 충동이 있군요. (잠시 멈춘다.) 서로 다가가고 가치에 따라 더 행동하면 그 고통은 그곳에 있을 거예요. 당신이 말한 것처럼 한동안은 더 나빠질 수도 있어요. 이런 질문을 드려도 될까요? 비록 고통이 있더라도 관계를 강화하기 위해 노력할 의향이 있습니까?

로라: (침묵한 후) 여기 온 이유가 바로…… 그래요, 난 여전히 그걸 원해요.

치료사: 에이미에게 더 가까이 가고 싶나요? 비록 모임을 할 때 그녀와 단절되었다고 느낄 때조차도 말이에요. 비록 그것이 고통을 의미한다고 해도요?

로라: 네. 우리가 그녀의 친구들이나 가족과 있을 때 저는 그녀에게서 너무 멀리 떨어져 있는 기분이 들어요.

치료사: 에이미, 지금 기분이 어때요?

에이미: 슬퍼요, 로라가 혼자라고 느끼는 게. 우리가 이런 사회적 상황에 처했을 때조차도요. (울기 시작한다.) 하지만 그게 진실인 것 같아요. 제가 더 잘 이해한다고 생각했는데…….

### 문제해결로 전환하기

치료사: 친구나 가족과 함께 시간을 보내고 서로 연결된 느낌을 유지하고자 하는 문제로 돌아갈 준비가 되었는지 궁금합니다. 이 대화에 어떤 가치를 가져오고 싶으신가요?

## 가치기반 문제해결 단계

ACT가 제공하는 문제해결의 기본 요소는 가치에 대한 명확한 인식이다. 두 사람이 원하는 관계는 무엇인가? 이들은 자신들의 요구 사항을 협상하면서 서로를 어떻게 대하고 싶은가? 이 치료 과정의 시점에서 핵심 가치를 식별하는 데 시간을 할애한 두 사람은 일반적으로 자신의 행동을 이끄는 한두 개의 가치를 빠르게 인식할 수 있다.

에이미의 가치는 로라를 돌보고 이해하는 것이다. 로라의 가치는 에이미의 감정을 존중하고 지지하는 것이다. 치료사는 모든 단어와 몸짓의 선택이 이러한 가치에서 나올 수 있으며, 문제해결 과정 전체가 두 사람이 서로를 치료하기 위해 헌신하는 방식에 의해 추진된다는 것을 강조한다. 본질적으로 이 두 사람은 새로운 가치기반 행동을 같이 만들어 낼 것이다.

문제해결의 두 번째 단계는 브레인스토밍이다. 전통적인 문제해결 계획서(D'Zurilla & Goldfried, 1971)의 이 구성요소에서는 두 사람이 돌아가면서 **두 사람의 요구 사항 중 일부를 다루는** 특정 갈등에 대한 해결책을 제안하도록 함으로써 두 사람에게 적용된다. 브레인스토밍은 제8장에 자세히 설명되어 있었지만 여기서 브레인스토밍 지침과 같은 몇 가지 핵심 사항을 검토해 보자.

- 제안된 해결책에 대해 비난하지 않는다.
- 아이디어가 많을수록 좋다.
- 자유분방한 것이 좋다. 광범위할수록 좋다.
- 제안된 해결책을 결합하고 보강할 기회를 모색한다.

상대방이 제안한 해결책에 대해 거절하지 않도록 한다. 그런 거절의 말은 진행을 방해하는 경향이 있다. "네, 그리고……."라는 말을 하도록 격려한다. 이에 따른 메시지는 다음과 같다. "그건 좋은 생각이야. 그리고 여기에 우리가 추가할 수 있는 것이 있어." 치료사는 '또 다른 흥미로운 아이디어'나 '다른 가능성' 등을 언급하지 않고도 아이디어를 확실히 평가하면서 이들이 제안한 해결책에 관한 목록을 만들 수 있다.

어떤 경우에는 두 사람이 아이디어에 대해 고민하고, 작업하며, 수정을 제안한다. 치료사는 이 과정을 지원한다. 만약 이들이 어떤 것에 끌린다면 이들이 어디로 가는지 기다리며 지켜본다. 또 다른 경우에는 두 사람이 주제에서 벗어나기도 한다. 핵심 갈등에 주의를 기울이며 다음과 같이 질문한다. "이것들은 매우 유용한 생각입니다. 하지만 우리가 ……에 관해서 무엇을 하고 있는지 궁금합니다."

한 사람이 대부분의 해결책을 제안하지 않도록 주의한다. 교대로 하는 방식을 지켜서 공유 과정이 가능하도록 한다. 한 사람이 상대적으로 소극적인 것을 알게 되면 해결책 제안을 요청하고 응답을 기다린다. 마지못해 하거나 수동적인 사람들에게는 어떤 아이디어도 완벽할 필요가 없으며, 때로는 가장 이상한 아이디어가 가장 도움이 된다는 것을 상기시켜 주면서 격려한다.

브레인스토밍 과정 전반에 걸쳐 해결책을 제안할 때 두 사람이 표현한 요구 사항 중 일부를 다루어야 한다는 점을 상기시킨다. 완전히 자기 잇속만 챙기는 해결책은 갈등을 해결하지 못하고 다른 사람을 소원하게 만드는 경향이 있다. 한 사람이 자신의 요구만 해결하는 해결책을 하나 이상 제안하는 경우에는 "이 해결책에는 상대방의 요구 사항이 어떻게 포함되어 있습니까?"라고 질문한다. 그런 다음 각자의 요구를 반복하고 중요성을 확인한다.

항상 그렇듯이, ACT 커플치료 전반에 걸쳐 회피가 표면화되는 경우에는 내용에 집중하지 말고 과정(감정, 충동 및 욕구)으로 전환한다.

때로는 두 사람이 해결책을 확보하여 서로 지지하거나 조금 수정하면서 신속하게 합의에 도달할 수 있다. 그러나 아이디어에만 맴돌고 실천방법에 대한 생각은 매우 다른 경우가 있다. 이러한 사람들에게는 문제해결의 세 번째 단계인 협상이 도움이 될 것이다.

협상은 이전 장에서도 자세히 다루었지만, 이 시점에서 두 사람과 함께 주요 전략을 검토할 수 있다.

- 이번엔 내 방식, 다음엔 당신 방식
- 내가 할 때는 내 방식, 당신이 할 때는 당신 방식
- 나를 위해 _____ 해 준다면, 나는 당신을 위해 _____할 것이다.
- 당신이 원하는 것 중 일부를 내가 원하는 것으로 하기
- 일주일 동안 내 방식대로 해 보라. 당신이 좋아하지 않는다면 예전 방식으로 돌아가겠다.
- 차이를 구분한다.
- _____는 나에게 중요하다. 이번에는 당신이 할 만한 가치가 있는 일을 하기 위해 내가 무엇을 해야 할까?

협상을 위해서는 치료사의 적극적인 코칭이 필요하다. 브레인스토밍과 마찬가지로 핵심 아이디어는 각자가 요구하는 것을 얻는 것이다. 서로의 요구를 타당하고 중요한 것으로 보고 어떤 해결책이든 협상을 두 사람의 요구를 모두 포함하는 도구로 간주하도록 장려한다.

두 사람의 협상 전략이 잘못되어 진척이 없는 경우도 드문 일이 아니다. 어떤 것도 얻지 못한다면 두 사람에게 전략 목록을 검토하고 다른 전략을 선택하도록 한다. 다시 말하지만 치료사의 코칭 기술은 매우 중요하다. 두 사람이 당황하지 않도록 끼어들어 다른 협상 방식을 선택하도록 한다.

가치기반 문제해결의 네 번째 단계는 자기관리 해결책(self-care solutions)이다. 모든 합의가 잘 풀리는 것은 아니다. 두 사람은 여러 가지 이유로 인해 새로운 약속을 지키지 못할 수 있다. 두 사람에게 이러한 가능성을 예상하게 하고 합의가 깨지는 경우에 **자신의 요구를 어떻게 처리할 것인지 계획하는 것**이 도움이 될 수 있다.

자기관리 해결책은 비난이나 실패를 암시하지 않고 다루어져야 한다. 새로운 합

의는 좋은 것이지만 그것을 실천으로 옮길 때 고통을 겪거나 어려움에 압도될 가능성이 항상 있다. 그럼 어떻게 하는가? 충족되지 않은 욕구가 있는 사람은 무력감이나 분노로 무너질까? 이 사람은 관계를 손상시키는 예전의 스키마 대처 행동으로 돌아가는가? 이러한 문제를 피하기 위해 자기관리 해결책에는 다음과 같은 요소가 포함되는 경우가 많다.

- 상대방의 주요 요구 사항에 대한 명확한 설명
- 약속이 이행되지 않는 경우에 자신의 욕구를 **자율적으로** 충족시키는 방법에 대한 계획
- 비난하지 않는 언어

두 **사람 모두**에게 자기관리 해결책이 항상 필요한 것은 아니다. 매우 고통스러운 사람이나 갈등의 시작이 된 요구를 한 사람에게 자기관리 해결책을 제안할 수 있다. 자기관리 해결책의 몇 가지 예는 다음과 같다.

- A는 B의 과다 지출에 대해 우려하고 있으며, 두 사람은 한 달에 임의로 지출하는 금액을 제한하기로 동의한다. A에게는 다음과 같은 자기관리 해결책이 있다. "우리가 매달 버는 것보다 더 많이 쓰는데 나는 계약금을 모으는 게 정말 중요해. 지출 상한선이 통하지 않으면 급여를 따로 계좌에 입금할 생각이야."
- C는 집안일이나 청소할 때 D의 도움을 거의 받지 못해 불만이다. 이들은 집의 청결을 유지하기 위해 매주 토요일 두 시간씩을 따로 확보해서 함께 일하기로 합의했다. C에게는 다음과 같은 자기관리 해결책이 있다. "나는 우리의 해결책이 효과가 있기를 바라고 있어. 하지만 내가 여전히 가장 큰 몫을 하게 되면 가정부를 고용할 것이고 비용은 분담할 거야."

**예시 대화**

앞의 예에서 볼 때 로라와 에이미의 관계에서는 사교적 상황에 계속 관련되어 있어야 한다는 에이미의 욕구와 모임 상황에서의 두려움과 불확실성을 보고 이해해야 한다는 로라의 욕구가 문제가 되고 있다.

### 두 사람에게 그들의 가치를 상기시킨다

치료사: 친구나 가족과 함께 더 많은 시간을 보내는 문제로 돌아가 봅시다. 이것과 관련된 단어와 방법을 선택하는 데 도움을 줄 수 있는 가치들이 있어요. 에이미, 당신은 정말로 로라를 돌보고 이해하고 싶어 하고 있어요. 로라, 당신은 에이미와 연결되고 싶고, 에이미의 감정을 지지하길 원하고 있어요. 우리가 함께 모임 문제에 대해 이야기할 때 이 사실을 명심할 수 있겠어요?

로라와 에이미: (끄덕인다.)

### 브레인스토밍

치료사: 제가 하고 싶은 것은 두 사람이 각자 돌아가면서 가능한 해결책을 제시하도록 하는 것입니다. 하지만 여기에는 해야 할 것이 있어요. **각자 요구하는 것 중 최소한 몇 가지는 해결해야 합니다.** 제 말은 이런 의미예요. 에이미, 당신은 모임을 할 때 로라와 연결되었다고 느끼고, 로라가 당신의 외로움을 이해하고, 연결되어 있다고 느끼는 것이 당신에게 얼마나 중요한지 느끼길 원해요. 로라, 당신은 에이미가 모임을 할 때 당신이 두려워하고 확신하지 못하고 있다는 것을 이해해 주기를 바라고 있어요. 그리고 당신은 모임을 할 때조차도 가끔은 더 외로움을 느낍니다.

로라와 에이미: (침묵한다.)

치료사: 알아요. 두 사람의 요구가 서로 다르고, 그것들을 결합하는 방법을 알아보는 것은 어려운 일입니다.

에이미: 저는 적어도 일주일에 한 번은 모임을 하고 싶어요. 그리고 로라는 그 활동을 선택할 수 있어요. 그게 뭐든지요. (로라는 아무 말도 하지 않고 에이미는 로라를 날카롭게 바라본다.)

치료사: 시작했네요. 로라는 그녀가 확신할 수 없다는 것을 당신이 인식하고 이해하길 원해요. 그걸 포함할 수 있는지 궁금하군요. 좋은 생각 있어요, 로라?

로라: (웃는다.)

치료사: 당신이 필요한 것을 위한 공간을 마련하기 위해 에이미의 생각을 바꾸거나 수정할 방법이 있나요?

로라: 제가 언제 겁에 질리는지 말해 줄 수 있을 것 같아요.

치료사: 좋아요, 에이미의 생각과 함께 결합해 보세요.

로라: 우리는 함께 모임을 할 거예요. 그리고 제가 이상한 기분이 들거나 겁에 질리면 말할 거예요. 그러고 나서 우리가 떠나는 거예요.

에이미: 떠나지 않는 게 어때? 그리고 네가 이상하거나 무서우면 그것에 대해 이야기하는 거야.

로라: 내가 항복하고 네가 원하는 걸 다 주면 어때? (축 처져서 바닥을 본다.)

## 회피 다루기

치료사: 연결을 끊고 있는 건가요?

로라: (고개를 끄덕인다.)

치료사: 고통을 지켜볼 수 있겠어요? 어떤 감정이 올라왔나요?

로라: 모든 게 잘못된 것 같아서 무서워요. 이런 식으로 느끼는 것을 절대로 그만두지 못할 거 같아요.

치료사: 지지한다는 당신의 가치를 이용해서 에이미에게 말할 수 있나요? 에이미를 봐요.

로라: 미안해. 이런 내 자신이 싫어. 우리가 이런 상황이 될까 봐 두려워. 혼자라고 느낄 것 같고 완전히 겁에 질려 버릴 것 같아.

에이미: (이해한다는 가치에 따라 행동하며) 나는 너를 이해하고 싶어. 그렇게 느끼다면 우리가 하는 일을 멈추자. 그리고 나한테 말해 봐.

로라: 우리 둘 다 영화를 좋아해. 내 생각은 일요일에 같이 교회에 가는 거야.

에이미: 하지만 영화관에서는 모임을 할 수 없잖아.

치료사: 이건 아이디어입니다. 우리는 한 아이디어가 무엇으로 변할지 결코 알 수 없어요. (적는다.)

에이미: 토요일에 네 친구 에릭과 저녁을 먹고 그 후에 더 할 일이 있는지 결정해 보면 어떨까?

로라: 기분이 안 좋아. 자, 토요일을 위해 뭔가 계획하면 어떨까? 토요일 아침이 되고 내가 겁이 나면 말해 줄게.

에이미: 내가 말한 대로 하지 않고?

로라: 모르겠어.

치료사: 좋은 아이디어들이에요. 하지만 모든 해결책이 아프고 자극을 줄 때는 브레인스토밍을 하는 것이 어려워요. 우리가 얘기했던 협상 기술을 사용할 수 있을지 궁금하군요.


## 협상하기

치료사: (주요 협상 전략을 상기시킨다.) 현재 유용한 것이 무엇일까요?

로라: 나한테 괜찮은 건 '이번에는 내 방식, 다음에는 당신 방식'이야. 그래서 한 주는 어떤 일이 있어도 친구와 저녁을 먹고, 그다음 주말엔 내가 압도당하는 느낌이 들면 네가 나 없이 저녁을 먹으러 가는 거야.

에이미: 좋아, 하지만 네가 저녁을 먹으러 가는 것에 대해 겁이 나더라도 네 기분을 말해 줬으면 좋겠어.

로라: (오래 망설이다가) 그럴 거라고 생각해. …… 좋아, 그렇게 할 수 있어.

## 해결책

모든 커플치료사가 알고 있듯이, 주어진 해결책으로 가는 길은 종종 감정과 어려운 진실로 가득하다. 그리고 그 해결책은 일단 도달은 했지만 다음 충돌의 무게로 무너질 수 있는, 불안한 플랫폼일 수도 있다. 문제해결의 목표는 **파트너로서** 상충되는 요구 사항에 직면할 수 있는 신뢰와 기술을 모두 구축하는 것이다.

에이미와 로라에게는 특정 합의가 효과가 있든 없든 도망가지 않고 그들의 요구와 고통을 공유하는 경험이 더 중요하다. 이들에게 이 과정은 **파트너로서** 상충되는 요구 사항에 직면할 수 있다는 신뢰를 구축해 준다. 각각의 문제해결 세션은 서로를 더 잘 알고 이들 관계의 한계와 가능성을 배우기 위한 단계가 될 수 있다.

다음은 두 사람에게 가르칠 수 있는 몇 가지 특별한 문제해결 기술이다.

### 역할 바꾸기

문제를 해결하는 동안 서로에게 연민을 느끼게 하는 한 가지 방법은 상대방이 되어 역할극을 해 보는 것이다. 이 기술은 특정 갈등에 대한 두 사람 각자의 감정과 요구를 철저히 조사한 후에만 사용할 수 있다. 이 전략은 다음과 같이 사용할 수 있다.

1. 서로 역할을 하는 동안 갈등과 관련된 고통에 대해 이야기한다.
2. 서로 역할을 하는 동안 갈등과 관련하여 자신이 바라는 것을 설명한다.
3. 역할극을 마치고 상대방에 대해 알게 된 내용을 서로 이야기한다. 상대방의 고통에 대해 공감이나 연민을 더 많이 느끼는가? 다른 사람의 요구에 대해 더 강한 인식을 가지고 있는가?

협상 단계에서 두 사람은 역할을 바꾸어 타협과 해결책을 제안하는 역할극을 다시 사용할 수 있다.

## 모델링

더블링(doubling)이라고도 불리는 이 기술에서 치료사는 파트너 중 한 사람에게 자신의 감정과 요구를 상대방에게 표현하는 역할을 하도록 한다. 모델링에는 다음과 같은 몇 가지 장점이 있다. 모델링을 통해 두 사람은 중요한 의사소통 기술을 얻을 수 있다. 고통을 표현하는 데 어려움을 겪는 사람들은 명확하게 표현된 것을 듣는 경험을 한다. 그리고 공격적이거나 비난적인 언어로 자신을 설명하는 경향이 있는 사람들은 자신들의 고통에 대해 비판단적 표현으로 설명을 듣게 된다. 또한 두 사람은 누군가는 마침내 자신들의 감정을 이해한다는 것의 확인으로서 모델링을 경험하게 된다. 마지막으로, 요구 표현을 모델링하면 명확해질 수 있으며 협상 중에 더 나은 결과를 얻을 수 있다.

## 해결책 도출

커플이 해결책에 도달하면 종종 한 명이나 두 명 다 새로운 행동을 시도해야 한다. 그리고 새로운 행동이 가치에 기반을 둔 것이라면 뿌리를 내릴 가능성이 훨씬 더 크다. 두 사람에게 다음과 같이 질문한다. "자신의 가치에 따라 **해결책**이 생긴다면 어떤 것일까요? 자신의 가치에 맞게 **행동**한다면 갈등 상황에서 어떻게 행동할까요?"

각자에게 물어보고 답을 적게 한다. 두 사람에게 적은 것을 주고 몇 분 동안 함께 작업하여 두 사람의 응답으로 하나의 해결책을 만들도록 한다.

가치에 대한 명확성은 커플의 문제해결에 필수적이다. 기술(제8장 참조)은 효과적으로 문제를 해결하는 데 충분하지는 않다. 가치와 의도는 기술에 방향과 맥락을 주어 효과적인 해결책을 제공한다.

# 관점 받아들이기 제10장

커플이 함께 오래 지내다 보면, 이들은 서로에 대한 이야기를 가지게 된다. 이러한 이야기로 두 사람은 의도치 않게 서로를 이해하는 데 제한을 두게 된다. 즉, 서로 충돌할 때 상대방의 반응과 의도를 예측하게 되는 것이다. 스키마 고통이 활성화되면 두 사람이 유연하고 완전하게 서로를 보는 것이 더욱 어려워진다. 일단 두 사람이 촉발되면 이들은 상대방의 이미지를 통해 상호작용을 걸러 내어 실제로 일어나고 있는 일을 정확하게 보지 못한다. 건강한 관계를 유지하려면 이야기로 누군가의 반응이 결정되지 않고 서로의 현재 순간 경험에 마음을 여는 능력이 필요하다.

터치와 동료들(Tirch, Schoendorff, & Silberstein, 2015)이 관찰한 바와 같이 "관점 받아들이기는…… 우리 자신을 벗어나 심리적으로 다른 존재의 관점에서 세상을 바라볼 수 있게 하는데, 이것은 연민의 시각을 갖게 되는 기초를 제공한다." 유연한 관점을 가지는 것은 서로에 관한 이야기를 좀 더 가볍게 다룰 수 있는 기술이다. 자신의 관점을 제한하는 이야기를 내려놓으면 공감을 형성할 수 있고, 서로의 입장이 되어 상대방이 보는 것처럼 세상을 볼 수 있다. 이 전략은 또한 이들이 서로에 대해 가지고 있는 이야기들이 항상 진실은 아닐 수 있다는 것을 보여 줄 수 있다.

관점을 받아들이는 기술에는 ① 자신의 생각, 감정, 감각과 분리해서 보기, ② 상대방의 생각, 감정, 감각과는 별도로 전체적으로 상대방에 관한 자비롭고 유연한 시각 키우기의 두 가지 요소가 있다.

이 과정의 일부분으로 치료사는 커플이 두 사람의 개인으로 이루어진다는 것을 인식하도록 도움을 주고 싶을 것이다. 또한 두 사람의 경험을 모두 유효한 것으로 인정하고 받아들이는 것이 중요하다. 이것은 문제행동을 용서하거나 봐 주는 것이 아니라 각자의 삶과 관계에 관한 인식을 이해하는 것을 의미한다.

ACT 관점에서 볼 때 관점 받아들이기는 내용(생각, 감정, 감각)이 **되는** 것이 아니라 **경험**하는 자기, 즉 관찰하는 자기(맥락으로서의 자기)에 근거를 두고 있다. 경험을 관찰하고 내용과 동일시하지 않을 수 있는 이 능력을 통해 우리는 다른 사람의 관점을 취하고, 상대방이 보는 대로 경험을 관찰하며, 잠시 상대방 입장에서 살 수 있다.

관점 받아들이기를 위한 전략에는 어린 시절의 주요 사건 다시 보기, 역할 바꾸기로 공감하기, 서로의 세계관과 스키마 고통을 이해하는 데 도움이 되는 인식 연습하기 등이 있다. 이 관계는 새로운 행동을 실험하고 과거에 충족되지 않았던 욕구를 충족시키기 위해 배우는 공간으로 사용된다. 두 사람은 오래된 상처를 치유하고, 고통을 인정하며, 회복적인 정서 경험을 만드는 방식으로 서로의 주된 고통과 욕구에 연결되는 법을 배운다.

# 어린 시절의 주요 사건 다시 보기

어린 시절의 중요한 순간은 종종 스키마의 기원이 되기 때문에 토론과 시각화를 통해 어린 시절을 탐색해 보면 커플들이 서로의 스키마 고통을 이해하는 데 도움이 될 것이다. 이것이 관점 받아들이기의 본질이다.

두 사람이 현재의 촉발 요인을 어린 시절의 주요 사건에 연결하는 데 도움을 주는 두 가지 방법이 있다. 이를 토론 형식이나 시각화로 수행할 수 있다. 첫째, 두 사람 모두에게 최근에 있었던 스키마 촉발 사건을 토론하거나 시각화하도록 한다. 감정, 신체적 감각, 욕구 및 충동을 충분히 느낄 수 있도록 격려한다. 그리고 나서 이들에게 같은 감정을 느꼈던 어린 시절로 돌아가라고 한다. 두 사람은 이 사건을 완전히 시각화하고, 그들이 어떻게 느끼는지 그리고 그 감정이 현재의 스키마와 갈등에 어떻게 연결되는지 관찰한다. 마지막으로, 두 사람에게 자신의 경험을 서로 소리 내어 공유하도록 한다. 이러한 초기 경험이 오늘날 각자가 겪는 스키마 고통에 어떻게 연결되는지 확인하기 위해 적극적으로 듣게 한다. 두 사람이 스키마 고통의 원인을 이해하고 현재 촉발 요인에 어떻게 연결되는지 이해하도록 돕는다면 공감을 구축할 수 있다. 여기 그 기술의 예가 있다. 셸리와 짐은 최근 아이들의 취침 시간 때문에 싸웠다.

**예시 대화**

치료사: 다투었던 때로 돌아가 살펴봅시다. 그 일로 두 사람이 다 자극받았다는 걸 알아요. 눈을 감고 무슨 일이 있었는지, 누가 무슨 말을 했는지 기억해 보세요. 그 장면이 펼쳐졌던 상황을 보고 들을 수 있는지 보세요. …… 자, 이제 그때 일어났던 감정에 주의를 기울여 보세요. 그리고 그것은 아마 지금도 나타날 거예요. 그 감정을 표현할 말을 찾을 수 있는지 알아보세요. 그것들은 얼마나 큰가요? 그것들은 작고 잡기 쉬운가요, 아니면 크고 압도

적인가요? 완두콩 크기만 한가요, 빵 한 덩어리 크기만 한가요 또는 트럭 크기만 한가요? 질감은 어떤가요? 매끈한가요? 거친가요? 아니면 정말로 들쭉날쭉한가요? 이런 감정들과 함께 몸 속에서는 어떤 감각이 일어나나요? 그것들은 몸 어디에 있는 것 같나요? 감정에 따라 그런 충동이 생기나요? 그 충동 때문에 뭔가를 하게 되나요? 할 수 있다면, 이 감정이 어떤 스키마에 연결되는지 알아차리세요. 판단하지 말고 연관성만 알아차리세요.

이제 시간을 거슬러 어린 시절로 돌아가라고 부탁할 것입니다. 이와 비슷하거나 똑같은 감정이나 고통스러운 느낌이 있었던 인생 초반기로 가 봅시다. (잠시 멈춘다.) 어린 시절 그 장면을 기억할 때 어디에 있었는지, 누구와 함께 있었는지 알아보세요. 자신의 아이 자아 관점에서 펼쳐지는 장면을 보세요. 어떤 일이 일어나는지 지켜보면서 자신의 감정을 알아차리세요. 자신이 그 아이라고 상상할 때 지금 이 순간 몸에서 어떤 느낌이 드는지 알아차리세요. 자신과 그 상황에 대한 감정에 주목하세요. 그리고 그 느낌이 최근 아이들의 취침 시간 때문에 싸우고 화가 났던 그 감정과 얼마나 비슷한지 보세요. 이 감정이 얼마나 오래되었으며, 오늘 스키마와 어떻게 연결되는지 스스로 인식해 보세요. 그 순간이 얼마나 힘들었는지 '자신'을 느끼면서 숨을 쉬어 보세요. 그리고 아이들의 취침 시간 때문에 힘들어하는 오늘의 '자신'에게 부드럽게 눈을 돌려 보세요.

좋습니다. 준비가 되면 천천히 눈을 뜨고, 시간을 가지고 나서 방으로 돌아오세요. 누가 먼저 경험을 나누겠어요?

셸리: 정말 슬펐어요. 저는 짐이 저를 지지해 주고 애들을 좀 더 일찍 재우는 걸 도와주길 바랐어요. 혼자서 아이들을 키우는 것처럼 너무 외로워요. 그래요, 이건 슬픔이고, 커요. 이 방보다 더 큰 느낌이 들어요. (웃는다.)

치료사: 어린 시절의 어떤 일과 연결되었나요?

셸리: 아버지한테 제가 쓰고 있는 바보 같은 에세이를 완성하는 걸 도와달라고 부탁드렸던 때요. 아버지는 영어 교수셨지만 신경을 써 줄 수가 없었어요.

저는 아이디어가 필요했지만 아버지는 제가 쓰면 나중에 검토하겠다고 말
씀하셨어요. 하지만 그러지 않으셨어요. 그것과 같은 느낌이었어요. ……
제가 신경 쓰고 있는 것이 아버지에게는 중요하지 않았어요. (울기 시작한
다.) 이게 바로 그 감정이에요. 제가 중요하지 않다는 거. 저는 제가 필요로
하는 것을 결코 얻을 수 없을 거예요. 제 욕구는 중요하지 않으니까요.

치료사: 그리고 이것은 취침 시간을 두고 싸울 때 촉발된 박탈 스키마입니다. 아
　　　무도 당신을 신경 써 주지 않고, 아무도 당신에게 필요한 지원을 해 주지
　　　않을 것 같다는 느낌입니다.

셸리: (고개를 끄덕이며 운다.)

치료사: 짐, 셸리의 경험을 당신의 말로 표현해 줄 수 있나요?

짐: 당신 아버지는 신경을 쓰지 않으셨어. 과제와 또 많은 것으로 당신이 힘들어
　　할 때 당신을 혼자 놔뒀어. 당신은 결국 아버지가 신경을 쓰지 않는다고 느꼈
　　고, 필요한 지원을 받을 수 없을 거라고 느꼈어. 그게 지금 당신이 느끼는 거
　　야. 내가 아이들의 취침 시간을 자유방임적으로 둘 때 말이야.

치료사: (인정을 촉진한다.) 기억을 고려해 보면, 셸리가 필요한 지원을 절대로
　　　받을 수 없을지도 모른다고 슬퍼하는 것이 이해되시나요?

짐: 난 당신 아버지는 아니지만…… 그래, 아이들을 좀 더 일찍 자도록 돕지 않은
　　게 왜 내가 당신을 신경 쓰지 않는 것 같다고 느꼈는지 알겠어. 당신이 그렇
　　게 느끼는 건 당연해. 왜냐면 자랄 때 아무도 당신을 신경 쓰지 않고 도와주
　　지 않았으니까.

　그런 다음 치료사는 싸움 도중의 짐의 감정(강제되고 통제된 느낌), 어린 시절
의 기억(양아버지가 그를 게으른 곱추라고 부르며 꼿꼿하게 서서 거실을 앞뒤로
왔다 갔다 하라고 시킨 일), 스키마(종속)에 초점을 맞추어 전 과정을 반복한다.
마지막으로, 치료사는 셸리가 짐의 경험을 평가하기 위해 적극적으로 경청하고 인
정할 수 있도록 도와준다.

치료사가 어린 시절의 경험과 최근의 갈등을 결합하여 셸리의 스키마 고통을 인정하는 방법을 짐에게 어떻게 모델화하는지에 주목하라. 그런 다음 듣는 사람이 인정할 말을 하도록 장려하고, 치료사는 주요 질문과 코칭을 사용하여 유용한 방식으로 그를 과정에 참여시킨다. 특히 짐에게 셸리가 도움을 필요로 할 때 도움을 주지 않은 아버지를 상상하도록 함으로써 셸리가 얼마나 두려운지 보게 한다. 셸리는 나중에 그녀가 거실에서 앞뒤로 왔다 갔다 하는 모습을 짐이 보는 것이 어떨지 상상해 보라는 요청을 받는다. 두 사람은 이 시각화를 통해 다른 사람이 경험한 것을 이해할 수 있다.

연습이 끝날 때 치료사는 또한 커플에게 일반화하도록 장려해야 한다. 이와 같은 스키마 감정과 어린 시절의 경험에 관련되는 다른 갈등이 있는가? 두 사람에게 이러한 고통스러운 어린 시절의 경험과 연결된 스키마가 어떻게 그들의 지금-여기 일상생활에서 계속 나타나는지 인식하게 한다.

## 맥락으로서의 자기

터치가 관찰한 바와 같이 마음챙김 훈련은 "우리 인간들이 경험에 대한 '나-여기-지금(I-here-now-ness)'의 감각을 유지하게 한다(Tirch et al., 2015)." ACT에서는 스키마에서 비롯된 이야기를 식별하지 않고 자신의 경험을 관찰하는 마음챙김 기술을 맥락으로서의 자기라고 한다. 마음챙김 훈련을 통해 경험의 흐름(맥락으로서의 자기)을 관찰할 수 있는 능력이 쌓일 뿐만 아니라 감정, 욕구, 경험을 인식하여 다른 사람의 관점을 취할 수 있다(Tirch et al., 2015).

## 관점 받아들이기 알아차림 연습

이것은 관점 받아들이기에 관한 공식적인 마음챙김 연습의 한 예이다. 두 사람이 눈을 감고 서로 마주 앉게 하고 이 연습을 시작한다. 다음 스크립트를 읽는다.

호흡의 감각에 주의를 기울이세요. 숨을 내쉬고 들이마실 때 가슴과 배가 오르내리는 것을 주목하세요. 숨을 들이쉬고 내쉬는 동안 콧구멍에서 느껴지는 감각에 주목하세요. 몸에서 숨을 가장 쉽게 느낄 수 있는 곳은 어디입니까? 어떤 생각이라도 여러분을 사로잡는다면 그냥 알아차리고 관심을 다시 호흡으로 돌아오게 합니다. 호흡 감각을 계속 알아차립니다. (두 사람에게 2~3분 동안 이 작업을 수행하게 한다.)

이제 눈을 부드럽게 뜨고 서로를 보세요. 서로의 눈에 초점을 맞추고, 그 사람이 어린아이라고 상상하세요. 어떤 아이였을지 상상해 보세요. 그 아이는 어떻게 생겼나요? 아이가 가족과 상호작용하는 것을 상상해 보세요. 학교에 가고, 사춘기를 겪고, 낭만적인 상심에 시달리고, 어른이 되고, 집을 떠나 이사하는 등 직면했던 모든 삶의 단계를 어떻게 겪었을지 상상해 보세요. 당신의 파트너에게는 수많은 경험과 생각, 기억 그리고 감정이 있습니다. 당신의 파트너는 상실과 사랑, 거절, 기쁨, 갈망, 흥분, 박탈, 두려움, 희망 그리고 다른 많은 것을 포함하여 변화하는 많은 감정을 경험했습니다. 이 사람은 자신만의 독특한 이야기와 경험을 가진 고유한 사람이라는 것을 알아차리세요. 당신의 파트너도 당신처럼 최선을 다하는 인간입니다.

파트너가 완벽한 인간이라는 인식에서 벗어나고, 처음 만났을 때의 기억을 떠올려 보세요. (잠시 멈춘다.) 처음 만났을 때 어땠나요? 함께한 경험은 무엇이었나요? 이제 파트너가 최고라고 느꼈을 때와 파트너에 대한 사랑과 확신을 느꼈던 순간을 떠올려 보세요. 이제 파트너가 최악의 상황이었을 때를 기억해 보세요. (이미지가 떠오르면 손을 들라고 한다.) 파트너가 여전히 같은 사람이라는 점에 유의하세요. 때때로 당신은 파트너의 가장 좋은 점을 보거나 가장 나쁜 점을 볼 수도 있지만 그는 여전히 같은 사람입니다. 또한 당신은 파트너에 대해 때때로 더 많은 유대감을 느낄 때도 있고, 더 멀게 느낄 때도 있지만 그 사람은 여전히 이 모든 다른 특성을 가지고 당신 앞에 있는 사람입니다.

이제 파트너가 나이가 들면서 어떤 모습일지 상상해 보세요. 눈을 보면서 파트너의 얼굴이 늙어 가는 모습을 상상해 보세요. 자신과 마찬가지로 당신의 파트너도 인생의 다음 단계로 계속 늙어 갈 거라는 것을 기억하세요. 나이가 들고 시간이 지남에 따라 몸이 변하는 경험을 떠올려 보세요. 하지만 당신의 파트너는 여전히 같은 사람입니다. 파트너의 몸은 바뀌어 있을 겁니다. 그 사람은 많은 감정, 생각, 감각을 경험했을 것이지만 여전히 그곳에 있을 것입니다. 어렸을 때 그곳에 있었고, 당신을 만났을 때 그곳에 있었고, 좋은 일로 또는 나쁜 일로 그곳에 있었고 그리고 지금 여기에 있습니다.

자신과 파트너가 겪은 삶의 모든 단계와 진행 중인 다른 단계들에 주목하세요. 이제 관심을 파트너의 눈을 응시했던 그 순간으로 부드럽게 돌아가도록 하세요.

우리가 자신과 다른 사람들을 어떤 순간적인 경험보다 더 큰 것으로 볼 수 있다면 서로를 더 유연하게 이해할 수 있을 것이다. 관점 받아들이기가 연민을 키우는 기초라는 것을 고려하면, 두 사람이 관찰자 자기와 유연한 관점을 배양할 때 더 큰 공감과 조화를 이룰 것이다.

## 영화에 비유하기

비유는 커플이 관점 받아들이기를 할 수 있는 유용한 방법이다. 비유는 관찰하는 관점에서 경험이 어떠했는지를 이해하기 쉽게 한다. 이를 통해 두 사람은 한 걸음 뒤로 물러나 어떤 한 사건이나 마음속 내용보다 더 큰 것을 볼 수 있다.

영화에 비유하기를 사용하려면 다음과 같이 요청할 수 있다.

다음번에 갈등이 일어나 자신의 스키마 중 하나가 촉발될 때 상황에서 벗어나 마치 영화 화면을 보는 것처럼 관찰해 보세요. 영화 속 다양한 인물을 모두 알 수 있는지 보세요. 그들은 서로에게 무슨 말을 하고 있나요? 그들의 기분은 어떻습니까? 그들이 필요로 하는 것은 무엇인가요? 그들의 얼굴이나 몸짓은 어떻습니까? 그들의 비언어적 행동은 당신에게 그들의 경험이 어떻다고 말하고 있습니까?

---

장면에서 한 발짝 벗어나 마치 당신이 영화를 내레이션하고 장면 속 인물들의 생각, 감정, 행동, 요구, 가치를 묘사하는 것과 같이 매우 흥미로운 영화를 보는 것처럼 관찰해 보세요.

관찰하는 동안 아무런 대응도 할 필요가 없습니다. 어떤 식으로든 대응할 필요가 없다는 것을 알아차리세요. 단지 어떤 충동에 반응하거나 행동하지 않고 모든 장면과 인물에 주의를 기울이세요. 어떤 스키마가 촉발되었나요? 생각이 이끄는 것은 무엇인가요? 어떤 강한 충동이나 감정을 알아차리세요. 이 순간 이 장면에서 어떤 역할을 맡고 있습니까? 그것이 당신이 흔히 빠지는 역할입니까? 그 역할은 당신의 가치를 반영합니까? 파트너의 행동을 알아차리고 이름을 붙이세요. 당신을 자극하는 행동에 주목하고 이름을 붙이세요. 어떤 것도 바꾸거나, 고치거나, 해결할 필요가 없습니다. 그저 그 장면이 펼쳐지는 것을 관찰하고, 그 장면의 다른 모든 측면을 마음챙김하며 머물 수 있는지 살펴보세요.

영화에 비유하기 연습은 커플이 갈등에 대한 감정적이고 인지적인 반응에서 벗어나 그 과정의 목격자가 되도록 도와준다. 장면을 관찰함으로써 내용과 거리를 두고 현재 지금−여기에서의 흐름을 관찰할 수 있다. 따라서 다른 방식으로 반응할 수 있는 선택의 순간을 알아차릴 수 있다. 갈등을 관찰하면 가치에 따라 행동할 수 있는 자유와 행동의 유연성을 가질 수 있다.

## 역할 바꾸기로 공감하기

역할 바꾸기는 커플치료의 핵심 기술이다. 이는 두 사람이 유연한 관점을 구축하고 깊은 연민의 감정을 가질 수 있도록 도와준다.

역할 바꾸기를 할 때는 기본 규칙을 명확히 하는 것이 중요하다. 역할극의 목적은 상대방을 조롱하거나, 자신이 옳다고 증명하거나, 서로의 고통을 느끼도록 하는 것이 아님을 두 사람에게 설명한다. 역할 바꾸기의 목적은 서로의 입장이 되어 보는 것이다.

역할 바꾸기를 실시할 때는 상대방의 스키마 고통, 원인, 경험에 대한 공감적 틀을 이미 이해하고 있는 것이 중요하다. 커플의 공감대를 형성하는 데 도움이 되는 역할 바꾸기를 수행하는 네 가지 기본 단계가 있다.

1. **갈등 요소 확인.**  두 사람은 논의하고자 하는 최근의 갈등을 확인한다. 갈등은 관계의 핵심 스키마와 주제가 명확하게 연결되는 최근의 상황이어야 한다. 그것은 이들이 어느 정도 통찰이 되었고 과거에 논의했던 갈등이어야 한다.

2. **역할 바꾸기.**  다음으로 두 사람은 역할 바꾸기를 이용하여 갈등 상황에서 상대방 역할을 한다. 그 장면을 기억하고 있는 그대로 연기한다. (분노가 있든 없든 상관없이) 서로를 진정으로 묘사하고, 서로의 역할을 연기하면서 현재 순간에 서로의 경험에 연결되도록 한다. 그 순간에 상대방이 느끼고 필요로 하는 것에 연결되도록 한다.

3. **역할극 토론.**  역할극과 각자의 경험을 토론한다. 두 사람 모두 그때 상대방의 경험을 어떻게 이해하는지 논의하고 확인한다. 어떤 스키마가 촉발되었는가? 어떤 힘든 감정이 상대방에게 나타났는가? 고통에 공감하고 그것을 관계에서 특정 가치와 욕구에 연결한다. 상대방의 관점에 공감하고 이해하며 토론한다. 이렇게 하면 역할 바꾸기를 보다 효과적으로 할 수 있다. 상대방의 관점을 이해한다는 것은 어떤 상황에서 상대방이 자극을 받는지, 어떤 느낌이 드는지, 어떤 욕구를 가지는지 명확히 하는 것이다. 어린 시절에 가졌던 것과 비슷한 감정을 느꼈을 때 현재 갈등의 촉발 요인을 초기 어린 시절 경험에 연결하면 도움이 된다. 이는 스키마의 기원을 보여 준다. 이 후반 작업은 공감대를 형성하는 데 도움을 줄 수 있다. 토론하는 동안 두 사람은 자신의 욕구를 파악하고 서로의 경험을 인정한다.

4. **역할극 다시 하기.**  마지막으로, 보다 효과적인 행동을 하면서 역할극을 다시 수행한다. 이것은 다음에 비슷한 갈등이 생길 때 어떻게 다르게 행동할 수

있는지 배울 수 있기 때문에 이 과정에서 가장 중요한 부분이다. 여기서 치료사는 ① 두 사람이 새로운 행동을 하면서 이들 자신의 역할을 하는 보통의 역할극을 하거나, ② 역할 바꾸기로 두 사람에게 상대방 역할을 다시 해 보게 하여 보다 효과적으로 대응하는 방법을 모델링할 수 있다. 역할 바꾸기를 하는 동안 상대방의 역할 모델을 만들어 자신의 욕구가 충족되기 위해 상대방이 어떻게 대응하면 좋을지 설명한다.

## 커플과 함께하는 역할 바꾸기

역할극의 4단계 예를 살펴보자. 역할 바꾸기를 하려면 지난주에 발생한 특정 촉발 요인을 확인하고 두 사람에게 상대방 역할을 하도록 한다. 이 장면에서 이들을 상대방의 근본적인 욕구, 가치 및 스키마 그리고 떠오를지도 모르는 생각, 감정, 충동에 연결되도록 한다. 이 장면에서 정확하게 이들이 기억하는 대로 서로 역할극을 하도록 한다. 역할극의 목적은 갈등 중 상대방이 상황을 어떻게 인식했는지에 주의를 기울이는 것이다.

**예시 대화**

다음은 실패 스키마를 가진 찰스와 자기희생 스키마를 가진 애너벨 간의 대화 예시이다. 찰스와 애너벨은 결혼 준비 중이고, 애너벨은 모든 사람의 요구를 충족시킬 수 있을까, 그들이 요청한 자리에 앉을 수 있을까에 대해 매우 걱정하고 있다.

찰스(애너벨 역할): (급하고 빠르게 말한다.) 찰스, 좌석 배치에 문제가 좀 있어. 지금 내 여동생이 마크 옆에 앉게 되는데 그 애가 마크 옆에 앉아야 하는 걸 알면 화를 낼 것 같아서 어떻게 해야 할지 고민이야. 다른 방법은 몰리를 저 자리로 옮기는 거야. 하지만 그러면 몰리가 데이브 옆에 못 앉을 거고, 그러면 좋아하지 않을 거야.

애너벨(찰스 역할): (초조하고 날카로운 목소리로) 그래서 몰리는 데이브 옆에 앉지 않는 거지. 괜찮아.

찰스(애너벨 역할): 그럼 몰리는 화를 낼 거야. 나는 그게 너무 걱정스러워. 모든 게 엉망진창이야.

애너벨(찰스 역할): 여기 자리 배치도가 있는데 다 해결되었어. 몰리를 옮기고 싶으면 우리가 옮길 수 있지만 몰리 자리를 옮기지 않더라도 잘 될 거야. 그렇게 큰 문제는 아니야.

찰스(애너벨 역할): 아니, 큰일이야. 당신은 내 여동생이 어떻게 나올지 몰라서 그래. 그 앤 정말 화를 낼 거고, 그 애한테는 그게 전부가 되어서 하루를 망칠 거야.

애너벨(찰스 역할): 당신 여동생은 그날이 당신 결혼식 날이라는 걸 깨닫고 괜찮아질 거야. 소란을 피우지 않을 거라고. 여동생은 신부 들러리라 평소처럼 행동하지 않을 거야.

찰스(애너벨 역할): 이해를 못하고 있어, 찰스. 그 애는 원하는 곳에 앉지 못하면 불만을 가질 거야. 그리고 그 애는 자신이 신부 들러리인지 아닌지에 대해서는 신경 쓰지도 않아. 화를 벌컥 내고 하루를 망칠 거라고. 왜 그걸 이해하지 못해?

애너벨(찰스 역할): (좌절한 목소리로) 애너벨, 대체 나한테 뭘 원하는 거지? 마크한테 전화해서 몰리 옆에 앉을 의향이 있는지 알아봐 줄까?

찰스(애너벨 역할): 아니, 그건 내가 지금 원하는 게 아니야. 문제가 뭔지 이해해 주면 좋겠어.

애너벨(찰스 역할): 당신은 정말 이것을 확대 해석하고 있어. 괜찮을 거야. 벌써 결정된 거라고. 자리 문제는 이미 끝난 거야.

찰스(애너벨 역할): (화를 내며) 당신은 너무 이기적이야. 당신은 이 결혼식이나 나나 도와주는 거에 관해서 신경도 안 쓰고 있어.

> 애너벨(찰스 역할): 지금 당장은 이 일을 처리할 수 없어. 당신은 과민반응하고 있
> 어. 항상 결혼식에 관한 일뿐이야.
> 찰스(애너벨 역할): 내가 과민반응하고 있다고 말하지 마.
> 애너벨(찰스 역할): 나한테 원하는 게 뭐야, 애너벨? 항상 이런 식일 수는 없어.

　이 시점에서 치료사는 경험을 처리하기 위해 역할 바꾸기를 중단한다. 그런 다음 두 사람은 경험한 것과 배운 것에 대해 토론한다. 토론에는 다음의 몇 가지 질문이 포함될 수 있다. 예를 들어, 상대방 입장이 된 기분이 어떠한가? 상대방 역할을 할 때 그들은 무엇이 필요했을까? 그 경험은 어땠는가? 방어적이 되거나 자극받은 순간은 언제인가? 두 사람에게 서로의 감정과 욕구를 탐색하고 확인하게 한다. 연습을 할 때 치료사는 개인이 상대방 역할을 할 때와 상대방이 자신을 묘사하는 것을 관찰할 때 모두 어떻게 느꼈는지 두 사람이 충분히 토론하도록 격려하고 싶을 것이다. 보다 구체적으로는 두 사람이 다음의 주요 질문을 서로 살펴보도록 한다.

- 당신의 파트너는 갈등 중에 무엇을 느끼고 필요로 한다고 생각하는가? 당신은 그 갈등 동안 무엇을 느끼고 필요로 했는가?
- 당신의 파트너가 상처받거나 방어적인 방식으로 당신을 묘사하는 것에 대해 알아차렸는가? 자신을 어떻게 다르게 표현하고 싶은가?
- 역할극 파트너가 당신의 감정을 표현하는 방법을 개선하기 위해 사용할 수 있는 관계 가치가 있는가?

애너벨과 찰스가 역할극 과정에 대해 논의한 방법은 다음과 같다.

**예시 대화**

치료사: 찰스, 결혼식 자리 배치에 대한 논쟁 중에 애너벨의 역할 연기를 보았을 때 무엇을 알게 되었나요?

찰스: 그녀는 저를 정말 가혹하고, 매우 날카롭게 연기했어요. 아마 제가 그렇게 말하는 것 같았겠지요. 제 생각에 그녀는 무시당했다고 느끼고 있었던 것 같아요. 마치 제가 그녀에게 좌절감을 느끼게 하거나 그녀의 말을 듣지 않는 것처럼 말이에요.

치료사: (애너벨에게) 갈등 중에 그렇게 느꼈나요?

애너벨: 네. 찰스가 제 감정을 모르는 것 같았어요. 그는 그저 제안을 하고 문제를 해결하려고 했을 뿐이에요. 저에게 정말 필요한 것은 제가 얼마나 혼란스럽고 불안했는지 감정을 나누는 것이었어요. 그는 그저 해결책을 원하는 것 같았고, 그것에 대해 더 이상 말하지 않았어요.

치료사: 찰스 역할을 연기할 때 어땠나요?

애너벨: 꼼짝할 수 없는 느낌이었어요. 어떻게 해도 지는 상황 같았어요. 매우 좌절감을 느꼈어요. 그 당시에 그는 선택의 여지가 없다고 느꼈던 것 같아요. 말하는 모든 것이 틀렸고, 무력하고, 갇힌 기분처럼요.

치료사: 찰스, 그 갈등에 있는 동안 기분이 어땠나요?

찰스: 제안했던 모든 것이 상황을 더 악화시킨다고 느꼈어요. 저는 그녀가 해결책을 찾는 것을 도와주려고 노력했지만 어떤 것도 그녀를 행복하게 하지 못했어요. 아무것도 충분하지 않았어요.

치료사: (찰스에게) 애너벨이 그 순간에 무엇을 필요로 했다고 생각하세요?

찰스: 애너벨이 여동생에 대해 죄책감과 절망감을 많이 느끼고 있다는 것을 깨달았어요. 그게 얼마나 고통스럽고 답답한지 들어 주는 게 필요한 것 같아요.

토론이 진행되면서 애너벨은 찰스가 상황을 바로잡아야 한다는 압박감과 긴급함을 느끼고 있다는 것을 깨닫게 된다. 그는 직장에서 중요한 이메일을 받았고, 자신과 그녀에게 필요한 것 사이에서 갈팡질팡하고 있었다. 찰스는 애너벨의 말을 듣고, 그녀가 느끼는 감정을 인정해야 한다는 것을 깨달았다. 찰스가 그녀에게 제안을 더 많이 할수록 그녀는 더 좌절하고 외로움을 느낀다. 역할 바꾸기를 하는 동안 둘 다 애너벨에게 찰스의 이해가 필요하다는 것과 찰스가 자리 배치에 대해 그녀와 의논할 시간을 만들지 못할까 봐 걱정하고 있다는 것을 알 수 있었다. 찰스는 그가 문제를 해결하려고 할수록 애너벨이 더 좌절하게 되고, 결국에 그가 더 무력해지기 때문에 좌절하게 된다.

이 토론에 이어 치료사는 두 사람이 서로의 피드백을 사용하여 서로의 요청을 다시 수정하도록 지도한다. 목표는 첫 번째 역할극과 토론에서 알게 된 것을 사용하여 원래의 갈등을 재생하는 것이다. 이러한 형태의 관점 받아들이기를 통해 두 사람은 ① 갈등을 동시에 두 가지 관점에서 보고, ② 중요한 관계 가치를 존중하면서 자신이 할 말을 선택할 수 있다.

이 시점에서 두 사람이 자신의 역할을 다시 할지 또는 상대방의 역할을 다시 할지를 선택할 수 있다. 이번에는 보다 효과적인 가치기반 의사소통 전략에 대해 서로의 피드백을 사용한다. 이 장면을 다시 시작할 때는 서로의 감정과 욕구를 표현하는 것이 중요한 가치임을 염두에 두도록 한다.

다음의 예시 대화는 애너벨과 찰스가 다시 역할 바꾸기를 한 것이다. 이 역할 바꾸기에서는 가장 듣고 싶은 것을 서로 모델화하고, 다른 사람에게 어떻게 다르게 대응할 수 있는지를 보여 준다.

**예시 대화**

찰스(애너벨 역할): 찰스, 결혼식 자리에 대해 잠시 얘기 좀 할 수 있을까? 그 문제가 좀 당황스러워서 안심이 되었으면 좋겠어. 내가 편안해지도록 도와줄래?

애너벨(찰스 역할): 사실 2분 전에 직장에서 이메일을 받았는데 걱정이 많이 돼. 우선 이메일에 답을 주고 15분 후에 이야기해도 될까?

찰스(애너벨 역할): 그 이메일이 중요하다는 거 이해해. 먼저 답장을 하는 건 괜찮지만 그러고 나서 말할 시간을 내는 게 나한테는 매우 중요하다는 것을 알아주었으면 해.

애너벨(찰스 역할): 약속할게. 결혼식장 자리 문제가 당신에게 중요하다는 것을 알고 있어. 나한테도 중요한 일이야. 일단 이메일을 처리하고 나면 당신을 더 많이 지원해 줄 수 있을 것 같아.

찰스(애너벨 역할): 15분 후에 이야기하면 어때?

둘 다: 좋아.

애너벨(찰스 역할): (15분이 지났다고 친다.) 애너벨, 이메일을 보냈어. 무슨 일이 있어?

찰스(애너벨 역할): 나는 결혼식이 너무 부담스러워. 여동생이 그날을 망칠까 봐 걱정돼서 그러는데, 당신이 날 안심시켜 줬으면 좋겠어.

애너벨(찰스 역할): 당신이 너무 부담스럽게 느끼는 게 당연한 것 같아. 내가 어떻게 하면 당신을 도울 수 있을까?

찰스(애너벨 역할): 내가 여동생 때문에 걱정하는 걸 들어 주고, 그날이 우리의 날이고 그 애가 화를 내거나 실망해도 당신은 나를 지지할 거라는 걸 상기시켜 주면 도움이 될 것 같아.

애너벨(찰스 역할): 당신이 그 문제로 긴장하고 있다는 것을 알아. 우리는 당신 여동생이 어떤 요구를 하거나 어떤 것에 대해 실망할 가능성이 있다는 걸 알고 있어. 그녀를 대하는 건 때때로 꽤 어렵지.

찰스(애너벨 역할): 자리 배치도를 살펴보고 다른 방법이 있는지 시간을 좀 내서 알
　　　　　아볼 수 있을까? 당신이 시간을 내서 모든 것을 살펴본 다음에
　　　　　우리가 함께 의논할 수 있다면 마음이 놓일 것 같아.

애너벨(찰스 역할): 응, 할 수 있어. 당신이 불안한 거 이해해. 그날은 우리의 날이
　　　　　고, 그녀가 어떻게 반응하든 나는 당신을 지지하고 싶어.

찰스(애너벨 역할): 고마워, 자기야. 정말 고마워.

　역할 바꾸기를 통해 두 사람은 상대방처럼 갈등을 경험할 수 있다. 한 사람이 상대방의 관점을 받아들이고 이해할 수 있을 때 이들은 마침내 상대방에게 자신의 감정과 필요한 것을 더 효과적으로 표현하는 방법을 모델화할 수 있다.

## 세션 내 관점 받아들이기

　이 장의 연습은 유연한 관점을 함양하는 것 외에 치료상의 난국에 대응하기 위한 자원이 될 수 있다. 두 사람이 자신만의 관점에 갇혀 있고 상대방의 매우 다른 요구와 경험을 인식할 수 없는 것처럼 보일 때가 있다. 이 순간은 커플을 위한 모든 치료에서 필연적으로 찾아온다. 두 사람은 관계에서 자기중심적인 관점에 갇혀 자신의 주장이 옳다는 것을 입증하기 위해 상대방을 비난하면서 스스로 방어한다. 이들은 마치 참호 속의 군인처럼 자신들의 심리적 근거를 보호한다.

　이 세 가지 관점 받아들이기 연습을 사용하면 자기중심적인 경직성과 서로에 대한 좁은 이야기에서 벗어날 수 있다. 관점 받아들이기를 통해 두 사람은 서로의 고통을 보고, 중요한 욕구를 인식하며, 애쓰고 소망하고 기뻐하는 온전한 인간으로서 서로를 더 완전하게 알 수 있다.

# 세션 구조: 8단계 프로토콜  제11장

커플에게 ACT 과정과 비폭력 대화 기술을 소개하면 각 세션에서 일관된 규약을 사용하여 기술과 과정을 통합한다. 이제부터 한 세션은 형식과 주요 치료 개입 측면에서 다른 세션과 유사하게 될 것이다. 연속적 절차에는 일반적으로 다음 단계가 포함된다.

## 1단계

주중에 있었던 특정 갈등 및 촉발 요인을 검토한다. 먼저, 두 사람에게 어떤 문제와 싸움이 있었는지 확인한다. 내용이나 촉발 결과를 많이 탐색하지 않고 간략한 개요만 살펴본다. 어떤 문제가 최상의 배움의 기회를 제공할 것인지 드러나지 않게 결정한다(즉, 스키마 고통과 문제 대처 행동을 활용한다).

## 2단계

세션 중 스키마와 스키마 대처 행동이 촉발될 것으로 예측한다. 특정 갈등을 자세히 살펴보기 전에 두 사람 모두 스키마 고통을 겪을 가능성이 있으며, 스키마 대처 행동으로 인한 고통을 피하고 싶어 한다는 것을 명시적으로 제시한다. 각자의 핵심 스키마를 언급하고 그것이 활성화되는 순간을 경계하도록 한다. 또한 두 사람이 어떤 스키마 대처 행동을 사용할 것 같은지도 예측한다.

두 사람에게 그 일이 지금 ① 스키마 고통, ② 스키마 대처 행동(경험적 회피)을 인식하는 작업임을 알게 한다.

## 3단계

두 사람에게 가치에 따라 행동할지 또는 오래된 회피 전략에 따라 행동할지의 두 가지 선택의 순간을 상기시킨다. 언제 스키마 고통이 나타날지에 대해, 회피하려는 충동에 대해 그리고 다른 반응(가치기반 행동)을 선택할 가능성에 대해 주의를 기울일 필요가 있다는 것을 설명한다.

### 예시 대화

마이클과 파티마는 고통스러울 정도로 상호 보완적인 스키마를 가지고 커플치료에 왔다. 엄격한 기준 및 특권의식 스키마(보다 부드럽게 말하면 '모든 일이 옳게 되어야 한다.')를 포함한 마이클의 기본 스키마는 파티마의 자기희생 및 실패 스키마와 자주 충돌한다. 스키마가 마이클에게 미치는 영향은 깊은 실망과 상실이며, 스키마 대처 행동에는 공격, 비난 및 거리 두기가 포함된다. 파티마는 실패에 직면했을 때 깊은 수치심을 경험하고, 그녀의 욕구에 연결될 때는 죄책감과 혼란을 경험한다. 스키마 대처 행동은 거부와 변명으로 시작하여 굴복과 (다른 모든 것이 실패할 경우) 언어 공격으로 이어진다.

이 시점에서 커플은 6주째 치료에 들어가고 있다. 이들은 스키마와 스키마 대처 행동을 알고 있다. 특히 스키마 고통이 촉발된 상황에서 가치와 의도를 파악했다. 마지막으로, 치료사는 가치기반 행동에 대한 장애물을 극복하기 위한 주요 과정에 대해 소개했다.

- 스키마 영향에 대한 마음챙김과 노출
- 스키마에서 비롯된 사고에 대한 탈융합과 맥락으로서의 자기
- 대인관계 기술 결함에 대한 비폭력적 대화

**특정 갈등 및 촉발 요인 검토**

치료사: 상태가 어떤지, 이번 주에 무슨 문제가 생겼는지 제가 확인해 볼게요.

마이클: 우리는 신용카드 결제대금 미납 통보를 받은 것 때문에 싸웠어요. 그리고 또 뭔가 있었는데 기억이 안 나요. …… 아, 파티마가 늦는 것에 대한 거였어요.

파티마: 휴가 같은 게 있었어요. 세도나에 가지 않은 거.

마이클: 그것 때문에 매우 낙담했어요.

파티마: 그는 제가 완전히 잘못된 것처럼 느끼게 해요.

치료사: 여기서 그 문제를 탐구해도 될까요?

마이클과 파티마: (끄덕인다.)

**스키마와 스키마 대처 행동이 촉발될 것으로 예측된다**

치료사: 무슨 일이 일어났는지 보기 전에…….

마이클: 파티마가 여행을 계획했는데 제가 가장 가고 싶었던 세도나를 방문할 시간이 없었어요.

치료사: 네, 무슨 일이 일어났는지 알아보기 전에 우리 세 사람 모두가 지켜보고 알아차려야 할 것이 있어요. 이 시점에서 이 휴가 계획에 대해서 이야기할 때, 제 생각에 스키마가 촉발될 것이라고 예상할 수 있을 것 같아요. 마이클, 당신은 '일이 옳아야 한다.'와 그것에 수반되는 깊은 실망감을 지켜보세요. 할 수 있을까요?

마이클: 네. 그래서 속상해도 세도나를 우리의 계획에서 뺀 겁니다.

치료사: 네. 그리고 파티마, 이 충돌은 우리가 얘기했던 실패 스키마를 촉발할지도 몰라요. 그런 일이 일어나는지 알아보도록 하죠. 스키마 고통, 수치스러운 느낌을 지켜보세요.

파티마: (고개를 끄덕인다.)

치료사: 스키마 고통이 나타나면 우리는 그에 대한 반응으로 자주 일어나는 다른 것에 대해 경계해야 합니다. (잠시 멈춘다.)

파티마: 대처 행동이요.

치료사: 맞아요. 스키마 고통이 나타나면 피하려고 노력하죠. 다들 그렇게 하고 싶어 해요, 저를 포함해서요. 파티마, 자신을 방어하거나, 항복하거나, 화를 내는 오래된 회피 전략을 염두에 두세요.

파티마: 좋아요.

치료사: 마이클, 깊이 실망하고 당신이 원하는 대로 되지 않을 때 당신이 스스로 대처하고 피할 수 있는 방법이 있지요?

마이클: (고개를 끄덕인다.)

치료사: 때때로 당신은 파티마에게 무언가가 얼마나 엉망인지를 보여 주려고 하거나, 비난을 하거나, 거리를 둘 수 있어요. 그러니 가능하다면 그런 일이 일어날 때 그것에 주목해 보도록 하죠.

마이클: 알아차리도록 노력할게요.

**선택의 순간과 핵심 가치를 상기시킨다**

치료사: 마이클, 당신이 자극을 받을 때 선택의 순간이 있을 겁니다. 당신은 오래된 대처 전략을 피하는 것과 가치에 따라 행동하는 것 중에서 선택을 할 겁니다. 당신의 가치는 무엇인가요? 휴가 계획에 대해 말하다가 자극을 받으면 파티마와 어떻게 지내고 싶나요?

마이클: 연민의 마음으로 듣고 싶어요.

치료사: 좋아요, 스키마 고통에 빠져 있더라도 그게 당신이 원하는 방식이에요. 파티마, 스키마 고통으로 인해 자극을 받는 경우에 당신도 예전 스키마 회피 행동을 하느냐 또는 가치에 따라 행동하느냐 선택의 순간을 가지게 될 거예요. 당신의 가치는 무엇입니까? 휴가 얘기를 하다가 자극을 받으면 마이클과 어떻게 하고 싶나요?

파티마: 저는 그를 이해하고 제 진실을 말하고 싶어요. 입 다물고 있는 게 아니고요.

치료사: 그럼 그 선택이 나타나는 순간을 지켜보도록 하죠.

# 4단계

**토론할 갈등을 선택하고 시작한다.** 현재로서는 관심의 대상이 내용이지만 그것은 과정에 불을 붙이기 전까지만 집중한다. 내용에 따라 스키마 영향과 대처 행동이 촉발되는 즉시, 치료에서는 정서적 고통과 회피 충동에 마음챙김하며 관찰한다. 두 사람 중 누구나 영향을 받으면 내용에 머무르지 않는다. 스키마로 인한 고통의 존재는 해결이 아닌 관찰로 전환할 필요가 있다.

## 5단계

치료사와 두 사람은 세션 중에 발생하는 활성화, 촉발 요인 및 회피 행동 징후의 과정과 이름을 마음챙김하며 관찰한다. 이것이 치료사의 마음챙김 능력이 가장 많이 테스트되는 시점이다. 다음과 같은 비언어적인 표시를 포함하여 스키마 영향이나 회피의 어떠한 표시도 알 수 있을 것이다.

- 목소리 톤의 변화(더 커지거나, 더 부드러워지거나, 더 거칠어짐)
- 한숨을 쉬거나 호흡을 깊게 하기
- 얼굴 표정 변화(눈, 턱, 입술이 긴장됨, 입꼬리가 경멸스러운 표정을 보임, 눈썹이 위나 아래로 움직임, 눈동자 굴림 등)
- 자세 변화(움츠림, 팔짱 끼기, 뒤로 물러나기, 앞으로 기울기, 고개 기울기, 머리 흔들기)
- 활발한 손짓(손가락으로 가리키기, 주먹 쥐기)
- 아래를 내려다보거나 멀리 보기

이러한 미묘한 회피 신호들 외에도 스키마 신념이나 대처 행동이 명백하게 말로 표현되는지 살펴볼 필요가 있다. 이러한 감정이나 회피의 신호가 나타나면 그것을 즉시 확인하고 개인의 감정과 충동을 조사한다.

---

**예시 대화**

**선택한 갈등에 대한 논의를 시작한다**

마이클과 파티마의 휴가 문제는 파티마가 남서부 여행을 준비하는 것을 중심으로 전개된다. 그녀는 브라이스 캐니언(Bryce Canyon), 그랜드 캐니언(Grand Canyon), 시온(Zion) 및 아치스(Arches) 국립공원을 예약했다. 그러나 애리조나 주의 세도나(Sedona)를 방문하기 위한 숙소나 시간은 따로 없었다. 마이클은 그가 가장 방문하고 싶은 지역을 파티마가 무시했다고 주장한다.

파티마: (의자에 등을 기대고 시선을 돌린다.) 당신이 가고 싶은 장소들을 나한테 말했지만 모든 곳에 다 갈 시간이 없었어.

마이클: (고개를 저으며 팔짱을 낀다.) 당신은 내가 가장 가고 싶은 곳이 거기라는 것을 알고 있었어. (목소리를 높이며) 알고 있었지.

## 마음챙김하며 과정을 관찰한다

치료사: 지금 무엇을 알아차렸습니까?

파티마: 평소처럼 어려움에 처했다는 걸 알았어요. (부드러운 목소리로) 그것이 내가 세운 우리의 마지막 계획이야, 마이클. (한숨을 쉬면서 의자에서 몸을 좀 더 구부린다.)

치료사: 무슨 일이 일어나고 있는지 관찰해 봅시다. 마이클, 팔짱을 끼고 목소리가 좀 커졌어요. 기분이 어때요?

마이클: 너무 안 좋아요.

치료사: 스키마 고통은 무엇인가요?

마이클: 마치 내가 정말 원하는 것이 있는데 그걸 빼앗긴 기분이에요.

치료사: 상실감을 느끼는군요. 모든 일이 잘되면 좋겠지만 그렇게 되질 않아서요.

마이클: (끄덕인다.)

치료사: 그리고 지금 무엇을 시작하고 있는지 알아보세요. 어떻게 그런 느낌을 피하려고 하는지. (침묵한 후) 마이클, 어떻게 대처하고 있나요?

마이클: 화내고 있어요. 그녀가 일을 망쳤다고 증명하려고요.

치료사: 좋아요, 무슨 일이 일어나고 있는지 알아차리고 있군요. 파티마, 당신에게도 무슨 일이 있었군요. 한숨을 쉬면서 몸을 구부리는 걸 봤어요. 기분이 어때요?

파티마: (어깨를 움츠린다.)

치료사: 이것이 실패 스키마입니까? 계획을 잘 세우지 못했다는 말을 들은 것 같나요?

파티마: 네, 제가 망친 것처럼요.

치료사: 당신이 망쳤다고 생각하고 있다는 것을 알아차리세요.

파티마: 하지만 기분도 그래요. 나빠요.

치료사: 그럼 그 감정에서 벗어나려고 노력했나요? 그 감정으로부터 자신을 보호하기 위해서요?

파티마: 우리가 전에 말했던 것처럼 전 포기하고 싶었어요. 마이클이 알아서 하라고 해요. (주먹을 쥔다.)

치료사: 화가 난 것도 알아차리세요. 고통을 피할 수 있는 또 다른 방법이죠.

파티마: (불만스러운 표정으로 고개를 끄덕인다.)

치료사: 우리가 이 일을 시작하자마자 고통이 시작되었죠? 그리고 나서 그것으로부터 스스로를 보호하려고 했고, 서로에게서 멀어졌습니다.

마이클: 무슨 일이 일어나는지 알겠어요. 감정이 올라오자마자 우리 둘 다 여우구멍으로 기어 들어갔죠.

치료사: 내일 해가 뜨는 것이 확실한 것처럼 이 문제에 대해 말하면 상실감이 나타날 거예요. 하지만 고통이 시작되고 스키마 대처 행동으로 피하려는 유혹이 생길 때마다 두 분은 선택할 수 있습니다. 우리는 지금 그것에 대해 작업을 할 것입니다.

# 6단계

회피 행동이 나타날 때 커플에게 그들의 경험을 향해 나아갈 것을 권한다. 그들은 현재 크게 느껴지는 감정, 고통 그리고 필요한 것들을 설명하면서 직접적인 접촉을 유지한다. 현재의 스키마 고통과 회피에 대해 관찰하고 토론한 후에는 두 사람을 감정적인 접촉으로 되돌려야 한다. 두 사람이 직접 눈을 마주치거나, 손을 잡거나, 다른 방식으로 접촉하도록 한다. 그 목적은 상대방을 자극하는 고통으로 관심을 돌리는 것이다.

이제 두 사람에게 그들의 관계 가치를 상기시킨다. 스키마 고통이 올라오더라도 가치에 기반을 둔 의도와 일치하는 단어와 목소리를 선택하게 한다.

이 시점에서 치료사는 새로운 대화를 촉진한다. 문제나 내용을 언급하지 않고, 오히려 현재의 고통, 감정 및 요구 등 각자의 핵심 경험에 초점을 맞춘다. 지금 중요한 건 이것이 전부이다. 원래 문제는 사소한 것이며, 상대방의 요구와 영향에 대한 진입점일 뿐이다.

필연적으로 커플이 핵심 자료를 공유하면 회피가 다시 표면화될 것이다. 그들은 손을 떨어뜨리거나 시선을 피할 것이다. 미묘하거나 노골적인 스키마 대처 행동을 보게 될 것이다. 이것은 치료상의 문제가 아니며 일반적으로 일어나는 과정이다. 회피하고 있다는 증거를 부드럽게 지적하고, 어려움에도 불구하고 두 사람에게 직접적이고 진실한 접촉을 다시 하도록 권한다.

**예시 대화**

치료사: 지금 당장은 고통이 있고 서로에게서 벗어나고 싶어도 어떤 식으로든 접촉을 해 주셨으면 합니다. 손을 잡거나 서로를 보세요. 그렇게 해 보시겠어요?

마이클과 파티마: (손을 잡으려고 팔을 뻗는다.)

치료사: 여전히 물러나거나 피하고 싶을 수 있습니다. 괜찮아요. 하지만 어떤 고통에도 불구하고 접촉할 수 있는지 보세요.

## 핵심 가치 기억하기

치료사: 마이클, 당신은 연민의 마음을 갖고 단어와 목소리 톤을 선택하여 파티마의 말에 귀를 기울이고 싶어 해요. 다음 대화에서는 그 가치에 따라 행동할 수 있겠어요?

마이클: (고개를 끄덕이며) 네.

치료사: 파티마, 당신이 마이클과 함께 있기를 원하는 사람은 이해와 진실을 말하고 있어요. 그 가치들을 다음 대화에 끌어들이겠다고 약속할 수 있겠어요?

파티마: 최선을 다해 볼게요.

## 감정과 욕구 탐색하기

치료사: 휴가 계획을 얘기하고 있었잖아요. 파티마, 지금 어떤 기분인지 말해 줄 수 있나요? 어떤 고통인가요? 마이클에게 말해 주겠어요?

파티마: 내가 틀리고 나쁜 것 같아. 내가 어렸을 때 엄마가 일을 제대로 하지 않았다고 때렸을 때처럼…… 좋은 사람이 아니라서, 몸이 움츠러드는 것 같아.

치료사: 마이클, 파티마의 말을 들으니까 어떤가요?

마이클: 슬퍼요. …… 그녀가 이렇게 아프다니.

치료사: (파티마에게) 지금 필요한 것은 무엇입니까?

파티마: (마이클에게) 내 말을 들어 주었으면 좋겠어. 난 최선을 다했고, 노력이 부족해서 당신을 실망시키지 않았다고. (울기 시작한다.)

마이클: (눈길을 피하며) 그럼 어떻게 된 건지 모르겠네. 내가 세도나 얘기했던 건 다 잊었어?

## 다시 떠오르는 회피

치료사: 지금 무슨 일이 일어나고 있나요, 마이클? 파티마와 연결되어 있는 동안 한 걸음 물러서서 관찰할 수 있겠어요? 그냥 당신이 느끼는 것을 보고 알아차리세요.

마이클: 거의…… 절망적이에요. 파티마에게서 제가 원하는 걸 절대로 얻지 못할 것 같아요.

치료사: 그 감정에 잠시 머무르세요. 좀 더 오래 관찰할 수 있는지 보세요. 파티마에게 당신의 기분을 말하세요.

마이클: (파티마를 깊이 바라보며) 희망이 없어. 내가 정말 필요한 것을 절대 가질 수 없을 거라고. 화도 나고 너무 상처를 받았어.

치료사: 필요한 것을 말할 수 있나요? 연민이라는 가치를 기억하세요. 그걸 이용해서 단어를 찾을 수 있는지 알아보세요.

마이클: 모르겠어. …… 당신이 나를 봐. 내가 정말 필요로 하거나 원하는 게 있는지 알아봐.

## 파티마의 고통은 회피와 항복의 스키마 대처 행동을 더 많이 유발한다

파티마: (화가 나서 입을 삐죽거린다.) 좋아.

치료사: 이제 뒤로 물러서기 시작했군요. 이해와 진실 말하기라는 당신의 가치를 기억하세요. 어떻게 그 가치가 당신이 느끼고 필요한 것을 마이클에게 말하는 데 도움이 될까요?

파티마: (한참동안 아무 말도 하지 않는다.) 나는 당신이 원하는 것을 얻지 못할 때 그것이 얼마나 힘든지 알아. 당신 얼굴에서 봤어. 그리고 난 지금 내가 뭔가 잘못된 것 같은 기분이 들어. (다시 울기 시작한다.) 그거 알아? 내가 당신이 원하는 걸 주어야 하는 사람 같은데 난 실패했어.

치료사: 어떤 것이 필요하세요?

> 파티마: (마이클에게) 내가 당신을 사랑한다는 것을 알아주었으면 좋겠어. 당신
> 이 필요한 걸 가졌으면 좋겠어. 내가 그걸 못 주는 건 방법을 모르기 때
> 문이야. 아니면 내가 이해하지 못한 걸 수도 있고…… 당신이 그걸 믿고
> 받아들여 주면 좋겠어.

## 7단계

**가치기반 문제해결을 함양한다.** 먼저, 두 사람이 각자 얼마나 많은 고통을 겪고 있는지 확인하는 것으로 시작한다. 고통이 연결을 유지하고 가치에 따라 행동하는 데 어떻게 장애가 될 수 있는지 지적한다. 이제 다음 주의 사항을 사용하여 문제해결 과정으로 전환한다.

- 두 사람이 가치에 기반을 둔 비폭력적 의사소통을 하도록 격려한다.
- 두 사람의 요구 중 적어도 일부를 해결할 수 있는 해결책을 차례대로 제안한다.
- 회피 또는 스키마 대처 행동이 다시 나타날 경우, 문제해결은 중단되어야 한다. 대신 스키마 영향과 요구에 초점을 맞춘다.

가치기반 문제해결에는 치료사의 응원이 어느 정도 필요하다. 두 사람이 제시하는 모든 해결책에 따로 지지하지 않고 감사를 표현한다. 핵심 문제나 갈등에 초점을 맞추며, 좋은 아이디어를 결합하고 수정하도록 권장한다(제8장의 '협상의 5단계' 참조). 두 사람이 계속 교대로 진행하고, 서로의 생각을 비판하지 않도록 과정을 구성한다.

# 8단계

　　두 사람에게 회피 및 스키마 대처 행동으로 전환되는 순간을 파악하고 책임을 지도록 가르친다. 다시 한 번 두 사람이 선택의 순간을 인식하도록 격려한다. 하지만 이제 마음챙김과 가치기반 행동 선택에 대한 책임이 두 사람에게 옮겨 가고 있다. 이는 다음과 같은 질문을 통해 이루어진다.

- 지금 무슨 일이 일어나고 있습니까?
- 여기에서 무엇을 선택할 수 있습니까?
- 지금 상대방을 향해 가고 있습니까, 아니면 다른 곳으로 가고 있습니까?
- 지금 바로 자신의 가치에 따라 행동하기로 결정한다면 그건 어떤 모습이겠습니까?
- 지금 당장 어떤 사람이 되고 싶습니까?

**예시 대화**

**확인**

치료사: 휴가 문제는 두 분 모두에게 많은 고통을 안겨 주었습니다. (마이클을 보면서) 깊은 실망과 상실감을 느꼈지요. (파티마를 향해 고개를 끄덕이며) 잘못되고 나쁘다는 느낌이 들었지요. 이러한 고통과 이를 피하려는 노력은 서로에게 연민을 가지고 경청하고 이해하며 진실하게 말해 주는 사람이 되고자 하는 데 장애물이 될 수 있습니다.

**문제해결방법 소개하기**

치료사: 휴가 문제로 돌아가 봅시다. 여러분의 고통과 요구를 공유할 수 있는 기회가 있었기 때문에 우리는 이제 해결책을 찾는 데 더 성공적일 수 있을

것입니다. 우리가 했으면 하는 일은 이렇습니다. 자신의 가치와 서로에게 표현한 욕구, 즉 마이클은 자신을 봐 주기를 바라고, 파티마는 받아들여지는 느낌을 원한다는 것을 염두에 두고 두 사람이 차례로 휴가 문제에 대해 가능한 해결책을 제시해 주면 좋겠어요.

자신이 들은 아이디어를 비판하지 마세요. 그 생각이 마음에 들면 그렇다고 말하세요. 대안을 제안하고 싶으면 "응, 그리고……."라고 말하세요. 다른 말로는 "그 아이디어도 괜찮아. 하지만 여기에 우리가 덧붙일 수 있는 다른 것도 있어."라고 할 수 있어요. 누가 먼저 하시겠어요?

파티마: (오랜 침묵 후에) 우리 각자에게 중요한 것을 말하고 나서 함께 계획을 짜면 좋겠어.

마이클: (눈동자를 굴리며) 당신은 파트타임으로만 일하잖아. 난 낮에 시간이 없어…….

**두 사람에게 선택의 순간을 인식하고 책임질 것을 권장한다**

치료사: 지금 무슨 일이 일어나고 있나요?

마이클: (한참동안 말이 없다.) 실망스러워요.

치료사: 지금 당장 어떤 사람이 되고 싶습니까? 반응하는 대로요.

마이클: (파티마에게) 나는 왜 당신이 모든 일을 하고 싶어 하지 않는지 이해해. 그게 옳지 않으면 내가 당신 탓을 할 수도 있으니까.

치료사: 파티마의 해결책에 추가할 수 있는 방법이 있나요?

마이클: 우리에게 중요한 것들을 적는 거요. 그리고 파티마가 저를 이해한다고 느낄 수 있도록 그것에 관해 이야기하는 거요.

파티마: 그리고 우리가 계획을 세울 때 마지막으로 결정하기 전에 서로 확인하는 거예요.

마이클: (뒤로 기댄다.) 그러면 당신은 실수하지 않을 거야.

파티마: 그러면 나는 비판을 많이 받지 않을 거야.

**각 회피 사건에 대응한다**

치료사: 잠시 시간을 갖고 무슨 일이 일어나고 있는지 관찰하세요. 파티마, 당신
은 비난받는 것에 대한 **생각**이 있었어요.

파티마: 비난받는 느낌이었어. 그래, 난 실수하고 싶지 않아. 왜냐하면 나는 당신
을 실망시키거나 실패했다고 느끼게 하고 싶지 않기 때문이야. 둘 다지.

치료사: (마이클에게) 당신은 이제 선택할 수 있습니다.

마이클: 알아. (잠시 멈춘다.) 난 듣고 있어, 파티마. 우리 둘 다 그 과정에서 상처
를 받지 않도록 같이 계획을 짜고 싶은 거지.


# 핵심 과정

이 장에서 설명한 8단계는 치료의 나머지 세션에서 반복되고, 문제가 나올 때마
다 반복된다. 시간이 지남에 따라 두 사람은 회피와 선택의 순간을 보다 쉽게 파악
할 수 있게 된다. 치료사는 다음에 무엇을 할지 상기시켜 주는 말과 질문을 점차적
으로 중단하고, 두 사람이 보고 선택하는 책임을 지도록 격려한다.

결국 이 치료법은 다음을 학습하는 네 가지 핵심 과정으로 세분화되고 단순화된다.

- 촉발 요인 및 스키마 영향의 존재를 인식한다.
- 스키마로 인한 고통과 생각을 관찰한다.
- 스키마 고통에 대해 회피 및 스키마 대처 행동이 아닌 가치기반 대응을 선택
  한다.
- 각자의 요구에 대해 가치 및 인식에 따라 갈등을 해결한다.

이 시점에서는 치료에서 탈융합이 강조되지 않는다는 것을 알 수 있다. 탈융합

은 개인이 스키마 생각에 연결되거나 그것이 명백히 영향을 미칠 때 사용한다. 이제는 스키마 고통과 가치를 회피하거나 실천하기 위한 행동 선택에 초점을 맞추고 있다. 대화에서 볼 수 있듯이 치료는 선택의 순간을 알아차리고 포착하는 데로 끊임없이 돌아간다.

**예시 대화**

치료사: 이번 주는 어땠어요?

마이클: 화요일에 약간 언쟁이 있었지만, 그것에 대해서는 정말 이야기하지 않았어요. 우리는 그것을 좀 무시했어요.

파티마: 엄마가 마이애미에서 오실 건데 마이클은 엄마가 우리와 함께 있는 걸 원치 않았어요.

마이클: 와, 그런 말 한 적 없어요. 개인적인 시간이 별로 없을 거라고만 말했어요.

파티마: (뒤로 기대며) 같은 말이에요.

치료사: 지금 무엇을 알아차리고 있나요?

파티마: 엄마가 우리와 함께 있기를 바란 것에 대해 죄책감을 느껴요.

치료사: 자, 뭔가 잘못하고 있다는 스키마에서 비롯된 생각을 하고 있군요. 그 밖에는요?

파티마: 그냥 '내가 잘못했다'는 느낌과 (오랜 침묵 후에) 상실감이 들어요. 전 엄마가 저랑 함께 있기를 바라요.

치료사: 서로 이야기할 수 있겠어요?

파티마: (마이클의 손을 잡는다.) 난 슬퍼. 난 엄마가 우리랑 같이 있으면 좋겠는데 내가 다 망쳤어. 당신을 실망시키고.

마이클: (시선을 피하고 한숨을 쉰다.)

치료사: 여기서 선택할 것이 있나요, 마이클?

마이클: (어깨를 으쓱한다.) 아마도요. 당신 엄마가 여기 있으면 힘들어.

파티마: 일주일밖에 안 되는데, 당신은 대부분 직장에 있을 거잖아.

마이클: (한숨을 쉬고 침묵한다.)

치료사: 지금 당신은 파티마 쪽으로 향해 가고 있나요, 멀어지고 있나요?

마이클: 멀어지고 있어요. 통제감을 느껴요. 반응하지 않고 느끼기만 하는 건 정말 힘드네요.

치료사: 아직 선택을 할 수 있어요. 그 감정을 가지고 파티마와 계속 접촉할 수 있나요? 당신의 가치도요.

마이클: (고개를 끄덕이고 침묵한다.) 나도 당신이 엄마가 와서 좋은 시간을 가졌으면 해. 당신이 엄마를 그리워하는 거 알아. (마이클의 가치인 연민)

파티마: 엄마가 우리 집에 오면 당신은 어때?

마이클: 물어봐 줘서 고마워.

파티마: 나는 이해하고 싶어. (파티마의 핵심 가치 중 하나)

마이클: 긴장이 돼. 항상 조심해야 할 것 같아.

파티마: (고개를 끄덕인다.)

치료사: 지금 기분이 어때요, 마이클?

마이클: 가벼워졌어요.

치료사: 문제해결을 해 볼까요? 차례대로 해결책을 제안해 봅시다.

마이클: 아니요. (망설인다.) 당신 엄마와 함께 있자.

파티마: 정말?

마이클: (고개를 끄덕인다.) 당신이 내 기분이 어땠냐고 물었을 때 뭔가 달라졌어.

치료사: 그렇게 느꼈어요?

마이클: 어…… 네.

치료사: (파티마에게) 당신이 엄마를 얼마나 그리워하는지에 대해 마이클이 인정했을 때 무슨 일이 일어났나요?

파티마: 안도감을 느꼈어요. 이제 엄마가 우리와 함께 있는 것이 더 편안해졌어요.

치료사가 덜 끼어들고, 두 사람은 점차적으로 과정을 관찰하며 선택의 순간에 가치를 떠올리는 일을 하게 된다. 시간이 흐르면서 이러한 기술들은 상담실에서 일상생활로 옮겨 간다.

　결국 커플을 위한 수용전념치료는 고통에 직면하여 사랑하는 법을 배우는 것으로 귀결된다. 영원히 행복할 수 있는 약속은 없다. 단지 사랑에 따라 행동하느냐 또는 회피하느냐 하는 영원한 선택의 순간이 있을 뿐이다.

# 연구 결과 부록 A

이 부록은 커플들에게 6주간 ACT 기반 프로토콜의 효과를 시험한 연구 결과를 개략적으로 설명한다. 아비가일 레프는 샌프란시스코의 개인 진료소에서 22쌍의 커플을 대상으로 한 무작위 통제 연구(randomized, controlled study)에서 이 프로토콜을 사용했다. 참가자들은 두 그룹 중 하나에 무작위로 배정되었다. ① 실험 그룹 (14쌍)은 커플 프로토콜에 대한 6주간의 ACT를 받았고, ② 통제 그룹(8쌍)은 대기자 명단에 올려졌다(나중에 치료되었다).

그 결과, 커플들에 대한 ACT 치료는 관계 만족도(관계 평가 척도 RAS에 의해 측정) 와 의사소통 기술(경험 설문지에 의해 측정)을 향상시켰고, 부적응적 대인관계 행동 (개인 문제 목록 IIP-64에 의해 측정)을 감소시켰다.

관계 평가 척도 RAS(Relationship Assessment Scale)는 관계 만족도를 측정하기 위 해 사용되는 도구로, 효과 크기(d=.94)가 크게 나타났다.

경험 설문지(Experiences Questionnaire)는 파트너의 의사소통 기술에 대한 자기보고 측정 도구이다. 이 측정에서 또한 효과 크기(d=1.05)가 크게 나타났으며, 이는 이 치료가 커플의 의사소통 기술을 향상시켰음을 시사한다.

마지막으로, 개인 문제 목록(Inventory for Interpersonal Problems: IIP-64)은 부적응적인 대인관계 행동을 측정하는 데 사용되었다. IIP-64는 대인관계의 어려움을 측정하는 자기보고 수단이다. 그 결과, 중간 내지 큰 효과 크기(d=0.716)가 나타났다.

가설처럼 영 스키마 설문지(Young Schema Questionnaire)는 유의미한 효과 크기가 나타나지 않았는데, 이는 치료 과정 동안 스키마와 핵심 신념이 변하지 않았으며 다른 조치의 변화를 중재하지 않았음을 시사한다.

수용 및 행동 설문지(Acceptance and Action Questionnaire: AAQ)와 가치 평정 척도(Values Ratings Scale)는 조절 변수를 검토하는 데 사용되는 두 가지 도구이다. 이러한 방법은 RAS, 경험 설문지 및 IIP-64에서 발생한 변화를 가치나 경험적 회피가 매개하는지 여부를 확인하기 위해 사용되었다. 이 두 조치 모두 유의미한 효과 크기가 나타나지 않았으며, 이는 RAS, 경험 설문지 및 IIP-64에서 발생한 변경 사항에 가치나 경험적 회피가 영향을 미치지 않았음을 시사한다. 앞으로의 연구는 탈융합의 매개 효과 가능성을 살펴보아야 한다. 이 치료의 초점은 스키마(신념)에 대한 우리의 관계를 변화시키고 스키마에서 비롯된 생각으로부터 거리를 두는 데 있는 것으로 볼 때, 탈융합이 매개 변수로 판명될 수도 있다.

# 커플 스키마 설문지  부록 B

다음 설문지는 자신의 관계 속에서 어떤 스키마가 자신과 가장 관련되어 있는지 결정하는 데 도움이 될 것이다. 각 문장을 읽은 후 제공된 척도를 사용하여 각 문장이 자신을 얼마나 잘 설명하는지에 따라 점수를 매긴다.

질문 옆의 밑줄에 점수를 표시한다. 마지막에 간단한 결과를 안내할 것이다.

0-그렇지 않다

1-그저 그렇다

2-약간 그렇다

3-그렇다

4-매우 그렇다

### 1. 버림받음/불안정(Ab/In)

_____ 1. 나는 파트너를 믿고 의지할 수 있을 것 같지 않다.

_____ 2. 나는 종종 나에게 헌신할 수 없는 파트너에게 끌린다.

_____ 3. 내 관계는 불안하고 불안정한 느낌이다.

_____ 4. 내 관계는 아주 취약해서 곧 끝날 것 같은 느낌이다.

_____ 5. 파트너가 항상 나를 위해 곁에 있어 줄 거라고 기대할 수 없다.

_____ 6. 파트너가 떠날까 봐 늘 걱정하고 있다.

_____ 7. 나는 종종 파트너가 선호하는 다른 사람을 찾을까 봐 걱정된다.

_____ 8. 나는 파트너와 멀리 떨어져 시간을 보내거나 파트너가 자신만의 공간을 필요로 할 때 겁이 난다.

_____ 9. 파트너가 옆에 없을 때 파트너가 나에게 헌신하지 않는 것에 걱정한다.

_____ 10. 나는 종종 파트너에게서 버림받거나 파트너를 잃을까 봐 두렵다.

### 2. 불신/학대(M/A)

_____ 1. 나는 종종 파트너가 나를 이용할까 봐 걱정된다.

_____ 2. 파트너가 나를 해치거나 배신할까 봐 걱정된다.

_____ 3. 파트너를 믿기 어렵다.

_____ 4. 대부분의 사람은 믿을 수 없다.

_____ 5. 관계에서 안전하다고 느끼려면 나 자신을 보호하고 경계해야 한다.

_____ 6. 나는 종종 파트너의 의도와 동기가 의심스럽다.

_____ 7. 파트너가 약속을 지킬 거라고 확신할 수 없다.

_____ 8. 파트너가 거짓말을 하거나 약속을 어길까 봐 경계한다.

_____ 9. 파트너가 나를 학대할까 봐 두렵다.

_____ 10. 파트너가 어떤 식으로든 나를 속이는지 자주 궁금하다.

## 3. 정서적 박탈(ED)

_____ 1. 파트너로부터 정말 필요한 사랑과 보살핌을 받지 못하고 있다.

_____ 2. 파트너는 나를 이해하지 못하거나 내가 필요한 보살핌을 제공해 주지 않는다.

_____ 3. 나는 애정관계에 있어서 만족스럽지 않다.

_____ 4. 파트너가 더 감정 표현을 하고 내 욕구를 충족시켜 주면 좋겠다.

_____ 5. 파트너가 날 돌봐 준다고 느끼기 힘들다.

_____ 6. 파트너는 종종 내 감정적 욕구에 냉담하고 거리를 두는 방식으로 반응했다.

_____ 7. 나는 항상 파트너가 제공할 수 있는 것보다 더 많은 관심과 애정이 필요했다.

_____ 8. 나는 종종 파트너에게 박탈감을 느끼고 더 많은 것을 원했다.

_____ 9. 파트너에게 감정적 지지를 기대하는 것이 어렵다.

_____ 10. 파트너와 함께 있어도 자주 혼자인 것 같고 외롭다.

## 4. 결함/수치심(D/S)

_____ 1. 파트너가 진짜로 나를 안다면 나에게 실망할 것이다.

_____ 2. 파트너가 나의 결점이나 결함을 모두 안다면 나를 받아들이지 않을까 봐 걱정된다.

_____ 3. 나에 대해 너무 많이 드러내면 파트너가 나를 사랑하지 않을까 봐 걱정된다.

_____ 4. 나는 근본적으로 나쁘거나 망가졌다고 느낀다.

_____ 5. 나의 문제가 뭔지 알려고 노력하므로 난 바뀔 수 있다.

_____ 6. 파트너에게 내 모습을 완전히 드러내면 나를 거절할까 봐 걱정된다.

_____ 7. 나는 종종 파트너가 나에게 과분해서 나보다 더 나은 누군가를 찾을 수 있다고 생각한다.

_____ 8. 파트너가 진짜 나를 안다면 나와 함께 있고 싶지 않을 것이다.

_____ 9. 나는 종종 대부분의 파트너에게 실망을 안겨 주었다.

_____ 10. 나는 가장 깊은 불안을 파트너와 나눌 수 없다.

## 5. 사회적 고립/소외(SI/A)

_____ 1. 나는 파트너나 공동체에 소속되어 있다는 느낌이 들지 않는다.

_____ 2. 자주 집단에서 소외되고 외부인인 것처럼 느낀다.

_____ 3. 파트너와 나는 우리의 친구 그룹과 잘 어울리는 데 어려움이 있다.

_____ 4. 파트너의 친구나 가족과 관계를 맺을 때 어색하고 다르다는 느낌을 받는다.

_____ 5. 나는 파트너와 너무 다르고 서로 다른 세계에 사는 것 같아 걱정된다.

_____ 6. 파트너가 사회적 상황에서 나와 함께하고 싶어 하지 않아 걱정된다.

_____ 7. 나는 파트너와 함께 사회적 상황에 있을 때 소외감을 느낀다.

_____ 8. 나는 파트너가 사회적 상황에서 나를 당황하게 하거나 부끄러워할까 봐 걱정 된다.

_____ 9. 파트너의 친구나 가족과 잘 어울리지 못할까 봐 걱정된다.

_____ 10. 나는 파트너와 사회적 상황에 있을 때 당황스럽거나 다른 사람의 시선을 의 식한다.


## 6. 의존(De)

_____ 1. 파트너의 도움 없이는 일을 끝내기가 어렵다.

_____ 2. 파트너가 대부분의 결정을 하는 것을 선호한다.

_____ 3. 오랫동안 혼자 있는 게 힘들다.

_____ 4. 나 혼자서는 감당하기 어려운 문제가 많아 파트너의 도움이 필요하다.

_____ 5. 파트너의 의견 없이 스스로 결정을 내리는 것이 어렵다.

_____ 6. 파트너의 도움 및 조언에 크게 의존한다.

_____ 7. 파트너의 지지 없이는 대부분의 문제를 처리할 수 없다.

_____ 8. 나는 종종 무력감을 느끼거나 무엇을 해야 할지 몰라 당황스럽다.

_____ 9. 일상의 문제를 해결하기 위해 파트너가 도움을 주고 안심시켜 주는 것이 필 요하다.

_____ 10. 파트너의 조언이 없으면 실수를 하고 잘못된 결정을 내릴까 봐 두렵다.

## 7. 실패(Fa)

_____ 1. 파트너의 기대에 미치지 못할까 봐 걱정된다.

_____ 2. 나는 대부분의 파트너에게 실망했다.

_____ 3. 나는 대부분의 관계에서 실패했다.

_____ 4. 좋은 결정을 내릴 자신이 없다.

_____ 5. 파트너가 나에게 뭔가 해 달라고 부탁하면 보통 일을 망친다.

_____ 6. 내 잠재력에 부응하지 못할 것 같아 두렵다.

_____ 7. 나는 항상 성취적인 면에서 부족하다.

_____ 8. 나는 계속 실패해서 파트너를 실망시키고 있다.

_____ 9. 나는 파트너의 기준에 맞지 않는다.

_____ 10. 내가 시도하는 모든 것을 망쳤다.


## 8. 특권의식/과장(En)

_____ 1. 파트너에게 원하는 것을 얻지 못하면 화가 난다.

_____ 2. 자주 파트너가 나에게 너무 많은 것을 요구한다고 느낀다.

_____ 3. 나는 보통 내 관계에서 내가 원하는 것을 얻는다.

_____ 4. 파트너가 나에게 이래라저래라 하는 것을 받아들이지 않는다.

_____ 5. 파트너가 나를 구속하는 것에 자주 좌절감을 느낀다.

_____ 6. 내 요구가 파트너의 요구보다 우선시되어야 한다.

_____ 7. 파트너는 내가 하고 싶은 일을 막아서는 안 된다.

_____ 8. 파트너가 내게 원하는 몇 가지 제한은 받아들일 필요가 없다고 생각한다.

_____ 9. 인생에서 좋은 일에 관한 한, 나는 대부분 받을 만한 것을 얻는다.

_____ 10. 나는 파트너가 내 방식대로 하도록 설득을 잘한다.

## 9. 자기희생/복종(Su/SS)

_____ 1. 관계에서 내 욕구를 충족시키기가 어렵다.

_____ 2. 파트너의 욕구보다 내 욕구를 우선시하면 죄책감이 든다.

_____ 3. 파트너에게 동의하지 않거나 거절하는 것이 두렵다.

_____ 4. 나는 보통 파트너의 계획에 잘 따른다.

_____ 5. 나는 하고 싶지 않다는 것을 알면서도 파트너를 위해 하기로 자주 동의한다.

_____ 6. 상대방의 욕구를 충족시키지 못하면 보복하거나 벌을 줄까 봐 걱정된다.

_____ 7. 지금 내가 원하는 것을 콕 집어서 찾는 것이 어렵다.

_____ 8. 파트너의 마음에 들기 위해 열심히 노력하고, 상대방의 욕구를 내 것보다 우선시한다.

_____ 9. 관계에서 나 자신을 옹호하거나 필요한 것을 주장하기가 어렵다.

_____ 10. 내가 원하는 것과 필요한 것을 알리는 것이 어렵다.


## 10. 엄격한 기준(US)

_____ 1. 파트너와 나 자신에게 매우 높은 기준을 세운다.

_____ 2. 내가 하는 일은 거의 만족스럽지 않다. 나는 보통 내가 더 잘할 수 있다고 생각한다.

_____ 3. 파트너가 내 삶에 기여하는 것보다 단점을 보는 것이 더 쉽다.

_____ 4. 내가 만족할 정도로 성취하지 못하면 쉽게 침체되어 있는 것 같다.

_____ 5. 파트너나 내가 실수를 하면 비판적이 된다.

_____ 6. 실패하면 매우 화가 난다.

_____ 7. 파트너가 내 기대에 미치지 못하면 자주 실망한다.

_____ 8. 나는 파트너가 더 나아지거나 더 나은 일을 할 수 있는 방법을 잘 찾는다.

_____ 9. 나는 파트너와 나 자신에 대한 기대치를 높이 설정한다.

_____ 10. 나는 결코 적당히 끝내지 않는다.

점수

_____ 1. 버림받음/불안정

_____ 2. 불신/학대

_____ 3. 정서적 박탈감

_____ 4. 결함/수치심

_____ 5. 사회적 고립/소외

_____ 6. 의존

_____ 7. 실패

_____ 8. 특권의식/과장

_____ 9. 자기희생/복종

_____ 10. 엄격한 기준

## 커플의 스키마 해석

- 0~10점: 해당 없음. 이 스키마는 아마 적용되지 않을 것이다.
- 11~19점: 상당히 낮음. 이 스키마는 미미하게 영향을 미친다.
- 20~29점: 중간. 이 스키마는 중간 정도의 영향을 미친다.
- 30~40점: 높음. 이것은 중요한 스키마이다.

# 커플을 위한 ACT 세션 대화 부록 C

다음 대화에서는 책에 설명된 모든 과정을 통합한 커플 프로토콜을 위한 ACT 세션을 묘사하고 있다. 이 대화를 읽으면서 치료사가 어떻게 헨리와 앤 사이에서 벌어지는 스키마 고통과 대처 행동에 초점을 맞추고 그들이 다르게 행동할 수 있는 선택의 순간을 깨닫게 하는지 관찰하도록 한다.

치료사: 좋아요, 헨리, 앤. 오늘 두 사람이 왜 오게 되었는지 좀 말해 줄래요?

앤: 음, 헨리가 저를 멀리하고 자기에게 무슨 일이 일어나고 있는지 말하기를 거부하는 것 같아요.

치료사: 음…… 흠.

헨리: 저는 많은 것을 공유했어요.

앤: 아니, 그렇지 않아요. 헨리는 단답식으로만 말을 하고, 제가 뭘 물어보면 항

상 쳐다보지도 않는 것 같아요. 몸을 돌려 버리고…….

헨리: 당신은 항상 이래. 요전에 직장에서 일어난 일 때문에 당신은 계속 이렇게 물었어. "무슨 일을 하고 있었어? 회의에서 무슨 일이 있었어? 당신한테 무슨 일이 있어?" 하루 종일 나에게 일어나는 모든 일에 대해 매일매일 당신한테 전달해 줄 수는 없다고.

앤: 하지만 그게 결혼생활이야.

헨리: 아니야! 난 집에 와서 쉬고 싶지 밤새도록 심문을 받고 싶지는 않아.

치료사: 그럼 이번 주에 이런 일이 일어났다고 느꼈던 구체적인 순간을 말해 줄 수 있겠어요? 언제 심문을 받는다고 느꼈어요?

헨리: 음, 청구서 일로 수요일에 큰 회의가 있었어요. 들어와서 외투도 벗지 않았는데 앤이 일이 어떻게 돌아가는지 물어봤어요. 저기, 일주일 내내 열심히 일하며 노력해도 가끔은 원하는 대로 일이 잘 안 풀리기도 해요. 그리고 사무실에서 벗어나려고 애쓰고 있는데 그걸 집에서 밤새도록 설명할 필요는 없다고 느껴요. 그러고 나면 잔소리가 시작돼요. (부인을 흉내 내며) "아, 설거지는 어떻게 됐어? 빨래는? 누가 축구에서 애들을 데리고 왔어?" 제 말은, 저는 최선을 다했는데 결코 충분하지 않다는 거예요.

치료사: 그럼 당신이 회의를 한 수요일부터 시작할 수 있는지 봅시다. 무슨 일이 있었지요?

앤: 헨리에게 다가가서 "어떻게 됐어?"라고 물었어요. 전날 밤 늦게까지 일하면서 자료와 스프레드시트를 정리했는데 잘 됐는지 알고 싶었어요.

치료사: 그래서 당신은 헨리에게 다가가서 말했어요…….

앤: 그래서 헨리에게 다가가서 "그 미팅이 어떻게 되었는지 얘기해 줄 수 있어? 정말 궁금해서……."

헨리: (겹쳐 말하며) 괜찮았다고 말했어요.

치료사: 아, 그리고 헨리가 괜찮다고 말했을 때, 앤, 당신은 어땠어요?

앤: 그게 그냥…… 벽처럼 느껴졌어요. 마치 헨리에게 닿지 않는 것처럼.

헨리: (한숨을 쉰다.)

앤: 그는 큰 회의를 준비하고 있었어요. 그냥 "괜찮았어."라고만 말하고 등을 돌려 전화기를 보러 갔어요. 그래서 저는 그가 정말로 저랑 얘기를 하고 싶어하지 않는다는 생각이 들었어요. 그리고 그에게 중요한 무언가로부터 제가 정말로 단절된 기분이 들었어요.

치료사: 당신은 외로움과 단절감을 느꼈어요. 그리고 헨리가 그렇게 했을 때, 그가 당신과 연결을 끊었을 때, 당신은 그 순간에 무엇을 했어요? 그에게 어떻게 반응했나요?

앤: 음, 이렇게 말했어요. "있잖아, 당신이 나한테 등을 돌리고 그 회의에서 실제로 무슨 일이 있었는지 자세히 말하지 않는다면 내가 어떻게 당신의 기분을 이해할 수 있겠어? 서로 지지하면서 어딘가 가는 것 같지가 않아."

치료사: 그러니까 당신은 헨리에게 "우리는 어디에도 도달하지 못할 거야……." 라고 말한 거죠.

앤: 네.

치료사: "…… 우린 서로 지지하지 않아?"라고요.

앤: 네, "계속 이러면 우리 결혼생활은 나빠질 거야. 우린 점점 멀어질 뿐이야. 그리고 계속 멀어지면 내가 어떻게 계속 신경을 써?"

헨리: (끼어들며 화낸다.) 언제나 이래. (말을 더듬으며) 늘 이런 식이야.

치료사: 그래서 지금 무슨 일이 일어나고 있어요, 헨리?

헨리: 제가 하는 건 뭐든 충분하지 않아요. 전 일을 해요. 도우려고 노력하는데…… 항상 똑같아요. 그것은 항상 "충분하지 않아. 내 요구를 들어주지 않아."예요.

치료사: 그럼 당신은 정말 꼼짝 못하고 있는 기분이겠군요. 당신은 계속 지는 상황에 있는 기분인가요? 무력감이 들고? 맞나요?

헨리: 제 잘못인 게 확실해요. 결혼 계약을 끝까지 지키지 못할 거라는 확신이 들어요.

치료사: 음. 그것이 당신 잘못이라고 느끼는군요. 죄책감을 느끼나요?

앤: 음, 충분하지 않아요. 그가 말해 주는 게 충분하지 않아요. 충분하지 않다고 생각해요. 제 생각엔…… 그건 쓸모 있는 게 아니에요.

치료사: (겹쳐 말하며) 그럼 지금 무슨 일이 일어나고 있는 것 같은지 주목해 봅시다. (앤에게) 당신은 그것이 충분하지 않다고 말하고, (헨리에게) 당신은 조금 거리를 두고 있는 거죠. 맞나요?

헨리: 어쨌든.

앤: 아주 익숙한 느낌이에요.

치료사: 그리고 앤이 회의에 대해 물어보고 지지를 하지 않았다고 말한 날, 앤이 그 말을 한 후에 당신은 무엇을 했어요? 어떻게 대응했나요?

헨리: 떨어져 있으려고 했어요. 그냥 집을 나와서 거리를 돌아다녔어요.

앤: 봐요. …… 그렇게 되는 거예요.

치료사: 마음을 닫기 시작했네요. 거리를 두기 시작하는데, 그가 그렇게 하면 당신에게는 어떤 일이 일어날까요?

앤: 외롭고 좌절감을 느껴요.

치료사: 그에게 어떻게 대응하지요? 그가 멀어지기 시작하면 무엇을 하나요?

앤: 그의 관심을 끌려고 캐비닛을 아주 크게 열었다 닫았어요. 발도 좀 굴렀어요. 화가 났다는 걸 보여 주려고요.

치료사: 그럼 어떻게 되는 거죠? 화가 났다는 걸 보여 주면 이 관계에서 무슨 일이 생기죠?

헨리: 이렇게 되는 거죠!

앤: 보통 우리는 저녁 내내 아무 말도 하지 않고 보내요. 정말 긴장한 채로 잠자리에 들어요. 결국 그는 자기 컴퓨터 방에서 자게 될 거예요. 저는 침대에서 노

트북으로 수준 낮은 리얼리티 쇼를 보고요. 우리 관계는 이렇게 되겠죠.

치료사: 그래서 (앤에게) 당신은 이 외로움과 아주 많이 고통스러운 아픔과 갈망에서 벗어나려고 노력해 왔고, (헨리에게) 당신은 앤의 요구를 충족시키지 못하고 뭘 해도 실패하는 이 느낌에서 벗어나려고 노력해 왔어요. 이것들은 매우 고통스러운 경험입니다. (앤에게) 당신은 혼자라는 것에서 벗어나려고 애썼어요. 헨리를 건드려 보기도 하고, 당신을 보게 하려고 하기도 하고, 때로는 화가 나서 공격하고, 쫓아가기도 했어요. 그리고 (헨리에게) 당신은 그냥 도망치려고 애쓰고, 물러서고, 감정적으로 안전한 거리에 가는 것으로 충분치 못하다는 매우 고통스러운 감정에 대처하려고 노력했어요. 두 사람 다 이 고통에서 벗어나려고 노력했어요. 오랫동안. 그리고 궁금한 건, 고통스러운 것이 좀 나아졌냐는 거예요. 외로움과 박탈감이 사라졌나요? 좀 더 유대감이 느껴지세요?

앤: 혼자인 것 같아요.

치료사: 좋아요, 그럼 당신은요, 헨리? 어떻게 해도 앤의 욕구를 충족시키지 못하고, 어떻게 해도 충분하지 않다는 느낌으로부터 자신을 지킬 수 있었어요? 아니면 그 느낌이 여전히 강하게 드나요?

헨리: 점점 더 나빠지고 있어요!

치료사: 이 고통을 겪지 않으려고 했던 두 사람의 모든 노력에도 불구하고—매우 이해할 수 있는 일이지만—(헨리에게) 당신의 경우에는 벗어나려고 노력했고, (앤에게) 당신의 경우에는 그를 건드려서 당신에게 관심을 두게 하고 연결하려고 노력했지만 여전히 고통스러워요. 이 두 가지 행동 모두 이 문제에 대처하기 위한 매우 합리적인 방법입니다. 하지만 그 고통이 여전히 거기 있다고 말하고 있어요. 그리고 오히려 더 나빠졌어요.

앤: (고개를 끄덕인다.)

헨리: 네.

치료사: 이것은 질문입니다. 제가 답을 모르기 때문에 재미있는 질문이에요. 우리는 두 사람을 위해 어떤 답이 있는지 봐야 해요. 하지만 고통에서 벗어나려고 한다면 그 고통에서 벗어나고, 외로움과 충분하지 않다는 느낌을 고치려고 했던 모든 행동, 매우 합리적이라고 했던 행동들이 실제로 상황을 더 악화시켰다면 이 고통으로 할 수 있는 다른 무언가가 있을까요? 고통이 없어지지 않은 것 같거든요. 멀어지는 것은 당신들의 관계입니다. 점점 더 나빠지고 있어요.

헨리: 맞아요.

치료사: 그리고 더 아프고요.

앤: 네.

치료사: 그럼 고통이 사라지지 않는다면…….

앤: 음…… 흠.

치료사: ……이 고통으로 우리가 또 무엇을 할 수 있을까요? 우리가 취할 수 있는 다른 방법이 있나요? 도망치고, 멈추게 하고, 막으려고 하고, 고치려고 하는 거요? 이 고통으로 또 뭘 할 수 있을지 혹시 생각나는 게 있는지 궁금해서요. 그것에서 벗어나려고 노력하는 것 말고 또 뭐가 있을까요?

앤: 음, 우리가 그것을 서로 공유하려고 노력하면 어떨까요?

치료사: 그것에 대해 이야기하기 위해서요?

앤: 음…… 흠.

치료사: 그럼 고통이 거기 함께 있을 수 있도록 하기 위해서요?

앤: 맞아요. 그런 순간에 제가 "나는 혼자이고 상처받고 있어."라고 말할 수 있고, 그러고 나서 헨리는 자신이 충분하지 않다고 느끼는 것에 대해 뭔가를 말할 수 있다면 어떨까요?

헨리: 그러면 또 캐물을 거예요. 애초에 이 이야기를 하고 싶지 않다면요? 그것에 대해 말하는 것이 문제를 어떻게 해결하는지 모르겠어요.

치료사: 네. 그 심정 완전히 이해할 수 있어요. 그런데 문제는 얘기를 하지 않는 것도 문제를 해결하지 못했다는 거예요. 그래서 조금 우려되는 부분이 있어요…….

앤: 맞아요.

치료사: 적어도 당신이 말하는 것은 이렇습니다. 말하지 않는 걸로 고통에서 벗어나려고 노력했는데 충분하지 않다는 감정을 실제로 덜어 주지 못했다는 거예요.

헨리: 음…… 흠.

치료사: 그래서 저는 우리가 정확히 그렇게 해야 한다고 제안하는 것은 아니지만 흥미로운 것은 어떻게든 고통을 거기에 있도록 허용하고 당장 고치려고 하지 않는다는 거예요. 고통으로 그 외에 다른 것을 하는 거죠. 고통을 자세하게 설명할 필요는 없어요. 하지만 우리가 고통을 그대로 둔다면, 고통이 그곳에 있는 동안 그것을 없애려 노력하지 않고, 밀어내려고 하지 않고, 다른 것을 할 수 있다면요, 우리는 고통에 대해 뭔가 다른 것을 할 수 있을 거예요.

헨리: 무엇을요?

치료사: 무엇을요? 좋은 질문이네요.

앤: 음, 맞아요. 제 기분이 어떤지 일기를 쓰러 갈 수도 있어요.

치료사: 음, 그래요. 하지만 지금 여기 함께 앉아 있고, 지금 그런 것처럼 고통이 밀려오고 있어요. 두 분이 저를 보고 있을 때 그것을 느낄 수 있었어요. (헨리를 돌아보며) 이런 느낌입니다. "또 시작이야. 나는 늑대 역할을 하고 있어, 제대로 하지 못하는 녀석이지. 이 결혼생활도 제대로 하지 못해." 우리가 이 이야기를 할 때조차도 저는 느낄 수 있어요. 고통은 여기 있어요. 그리고 기존의 대처방법은 뒤로 물러서서 안전한 거리를 두거나 혹은 (앤을 보며) 그를 따라가서 당신이 얼마나 고통받고 있는지 알게

하는 거예요.

앤: 맞아요.

치료사: 하지만…… 궁금한데요. 우리가 고통을 허락하고 다른 것을 시도한다면요? 고통이 있는 동안 그것을 없애는 것이 아니라 다른 것을 한다면요? 고려해 보겠어요?

앤: 다른 전술처럼요?

치료사: 다른 방법처럼요. 고통에서 벗어나려고 애쓰는 대신에 그리고 우리가 말한 이러한 대처 전략을 사용하는 대신에, 고통이 나타날 때 뭔가 다른 것을 하는 거예요.

앤: 음. 제 목소리의 톤을 바꾸거나 떨어져 있는 정도를 바꾸거나 하는 것처럼요?

치료사: 예를 들어, 두 분은 이 관계에서 어떻게 있고 싶나요? 어떤 사람이 되고 싶으세요?

앤: 저는 연민이 있는 사람이 되고 싶어요. 응원해 주고 싶어요.

치료사: 좋아요. 당신은요, 헨리?

헨리: 솔직하게 말하고 싶어요.

치료사: 좋아요.

헨리: 제 생각을 말하고 싶어요. 제 마음을 표현하고 싶어요.

치료사: 알겠습니다. 당신의 경험과 당신에게 일어나고 있는 것에 대해 솔직하고 싶은 거죠?

헨리: 네.

치료사: 좋아요. 그럼 제가 조금 전에 드린 질문으로 해 봅시다. 기꺼이 그 고통, 그러니까 연결되고자 하는 욕구, 외로움 또는 부족하다는 느낌으로 생기는 고통을 기꺼이 가지고, 이 관계에서 그 가치들에 따라 행동할 의향이 있나요? 그 순간 고통이 나타나나요?

앤: 네.

치료사: 달아나려고 하는 대신 이렇게 말해 보세요. "좋아, 여기 있어. 나는 지금 이 순간 나에게 무슨 일이 일어나고 있는지 내 경험에 대해 진실하게 말할 거야. 나는 물러나서 도망가지 않을 거야. 난 여기 남아서 진실을 말할 거야. 그리고 연민을 가지고 여기 있을 거야."

헨리: 음…… 흠.

치료사: 그건 또 다른 방법이 되겠군요.

앤: 그건 가능할 것 같아요.

헨리: 네.

치료사: 좋습니다.

　　　(시간이 지나고)

치료사: 지난주에 우리는 여러분이 너무 자극받고 고통스러워서 자신의 가치에 따라 행동할 수 없을 것 같은 그 순간에 무엇을 해야 하는지에 대해 조금 이야기했어요. 그리고 잠시 타임아웃을 하고, 두 분이 돌아와서 대화를 끝낼 때까지 조금 기다리는 게 어떨지 이야기했어요. 타임아웃에서 돌아와서 여러분의 가치와 경험 그리고 감정을 서로 나누는 것에 대해서도 말했어요. 그게 어떻게 작용했는지 궁금하네요.

헨리: 형편없었어요.

치료사: 그래요?

헨리: 네, 정말요. 어떻게 4초 동안 타임아웃을 할 수 있는지 이해가 안 가요. 그녀가 제 생각을 알고 싶어 쫓아오기까지 말이죠.

치료사: 아. (앤에게) 어떤 경험이 있었어요?

앤: 예전과 똑같이 거리 두기와 저항이요.

치료사: 그럼 당신은 혼자라고 느꼈고, 단절되었다고 느꼈나요?

앤: 음…… 흠.

치료사: (헨리에게) 그리고 부끄럽고 감정에 사로잡히는 느낌이었다고요?

헨리: 부끄럽고 무시당하는 느낌이었죠.

치료사: (고개를 끄덕이며) 이 이야기를 하는 지금은 무슨 일이 일어나고 있나요? 궁금해요. 왜냐하면 당신과 함께 뭔가 일종의 에너지를 느낄 수 있어서. …… 지금 무슨 일이 일어나고 있나요?

헨리: 화가 났어요.

치료사: 알겠습니다.

헨리: 화가 나요. 이 시나리오가 계속해서 반복되고 있으니까요. 멈출 필요가 있어요. (소리친다.) 멈춰야 해요!

치료사: 그리고 그 분노가 당신을 앤과 단절시키는 건가요, 지금? 당신이 그녀에게서 다소 거리를 두는 것 같군요. 안전한 거리를 찾으려고 노력하고 있어요.

헨리: 그래요!

치료사: (앤에게) 지금 무슨 일이 일어나고 있나요?

앤: 음, 저는 우리가 가까운 것 같지가 않아요. 우리가 더 멀리 있는 것 같아요.

치료사: 네. 그럼 지금 아주 단절되어 있고 혼자라는 느낌이 드나요? 지금 이 순간? 맞나요?

앤: 네. 그리고 우리가 타임아웃을 시도했을 때요.

헨리: (기가 막힌 듯 한숨을 쉬며 의자에 기대 팔짱을 낀다.)

치료사: 이해합니다. 좀 거리를 두는군요. 하지만 이제 다시 그 가치들을 생각해 보죠. 제가 하고 싶은 것은 우리가 아주 다른 것을 할 수 있는지 보는 것입니다. 타임아웃을 하는 기분이 어땠는지 그리고 이번에는 서로 접촉하고 경험을 계속 나눌 수 있는지 보고 싶어요.

앤: 맞아요. 이 결혼생활에서 전 혼자 같아요.

치료사: 그리고 이제 약간 비난하면서 자신의 고통을 표현하기 시작했어요.

앤: 맞아요. 저는 그게 헨리 잘못이라고 생각해요.

치료사: 그건 하나의 생각이고, 자신이 경험하는 것은 혼자만의 느낌입니다. 이

관계에서 뭔가 다른 것을 바라고 갈망하고 있어요.

앤: 맞아요.

치료사: 이제 고통이 나타났고, 여러분이 가졌던 가치들을 다시 생각해 보죠. 뭘 원하세요? 이 고통이 나타나면 어떻게 하고 싶으세요? 당신이 하고 싶었던 게 뭐였어요, 헨리?

헨리: 저는 제가 실제로 느끼고 있는 것을 정직하게 표현하고 싶었어요.

치료사: 네. 좋습니다. 그런데 그건 어려운 일이 될 거예요. 왜냐면 당신이 원하는 건 그냥 화를 내고 뒤로 물러서서 안전한 거리를 얻는 거니까요. 하지만 충분하지 못하다고 느끼고 자신에게 뭔가 문제가 있다고 느끼는 것을 포함해서 자신의 감정에 대해 말할 수 있다는 것은 어려운 일입니다. 정직하다는 것은 그중 일부를 포함할 뿐만 아니라 그것을 느끼고 표현하는 것이 얼마나 어려운지도 포함하는 거예요. 앤은요?

앤: 음, 제가 원하는 것은 지지해 주고, 동정심 있고, 친밀한 사람이 되는 거예요.

치료사: 그래서 이제 우리의 작업은 타임아웃에 대해 다시 대화를 나누고, 그 가치들과 계속 접촉할 수 있는지 보는 것입니다. 비록 마음속으로는 그를 뒤쫓아 가서 그를 건들며 "당신은 …… 하지 않아."라고 할지라도요.

앤: 네.

치료사: 그리고 그 가치와 접촉하는 것은 정말 어려운 일이 될 거예요. 그리고 제가 바라는 것은 당신이 할 수 있다면 그냥 손을 잡는 거예요. 이상하게 들릴지 모르지만 손을 잡는 것은 우리가 계속 접촉하고, 회피적인 전략에 다시 발을 들이는 대신 이 관계에서 함께할 것이라고 약속하는 거예요. 우리는 여기 남아서 이 가치들을 향해 나아갈 수 있는지 알아볼 거예요.

앤: 제가 그에게 화가 날 때는 힘들어요. 그에게 닿으려고……

치료사: 두 분 다 뒤로 물러나는 곳에 있어요. 두 분 다 고통을 피하려고 하는군요. 이것은 우리가 이야기했던 고통 회피입니다.

앤: 맞아요.

헨리: 제가 할게요. (앤에게 손을 내민다.)

치료사: (앤에게) 마음을 내서 해 보실래요?

앤: 네. 좋아요. (그녀는 그의 손을 잡는다.)

치료사: 그리고 서로 눈을 마주치면서 손을 잡을 수 있을지 한번 보세요. 이제 어렵고 고통스럽고 두려움이 생길 거예요. 긴장해서 웃고 있는 자신을 발견할 수도 있고, 예전처럼 행동하도록 끌려가는 자신을 발견할 수도 있어요.

앤: 음…… 흠.

치료사: 여러분은 안전한 거리로 떨어져 도망치고 싶을지도 모릅니다. 그래서 그렇게 나올 수 있어요. 하지만 다시 돌아가서 타임아웃 경험을 말하면서 접촉하고 알아차릴 수 있는지 알아봅시다. 우리는 모두 고통을 피하고 밀어내려고 시작하는 그 순간을 알아차리고 마음챙김하려고 노력하고 있어요.

앤: 네.

치료사: 좋아요. 그럼 계속 지켜볼까요?

헨리: (한숨을 쉬며) 음, 목요일에 집에 돌아왔을 때 시작됐어. 당신은 나에게 하루가 어땠냐고 물었지. 솔직히 말해서 그 말을 해서 더 안 좋아졌어.

앤: 음. 이해해.

헨리: 내가 정말 필요했던 것은 당신이 웃거나, 농담을 하거나, 주제를 바꿔서 그날에 대해 물어보는 것 말고 다른 거였어.

앤: 음. 당신 그날 정말 힘들었잖아. 당신은 그 순간 그것에 대해 말하는 것을 감당할 수 없었겠어.

헨리: 그랬지. 내가 견딜 수 있는 것 이상이었지. 내가 그 주제를 바꾸려고 했을 때 당신은 다시 그 주제로 돌아갔어. 그리고 다른 방식으로 나한테 물어봤

고, 난 정말 압도당하기 시작했어. 그래서 타임아웃을 요청한 거야. 그리고 당신은 잠시 동안 했지만, 내 말은 당신은 10초 후에 다시 물었고 그건 내가 감당할 수 있는 것 이상이었다는 거야.

치료사: 그럼 충분히 회복하지 못했다는 거군요? 그런가요?

헨리: 그래요.

치료사: 시간이 더 필요했어요? 아니면…… 뭐가 필요했죠? 그녀에게 말해 줄 수 있어요?

헨리: 나는 그 얘기를 하기 전에 거리를 두고 그것을 처리할 수 있는 공간이 실제로 필요했던 것 같아. 단지 그 일을 더 이상 생각하고 싶지 않았어.

앤: 음…… 흠. 좋아.

헨리: 말하자면, 안 좋은 회의였어. 이미 계좌를 잃을 뻔했는데, 잘 모르겠어, 힘들었어.

치료사: 그렇겠죠. 그냥 확인해 보는 거예요. 공평하게 말하자면, 그냥 다른 얘기를 하면서 같이 있고 싶었다고 말하는 거죠? 맞나요?

헨리: 음, 제 말은 우리가 다른 이야기를 했다면 함께 있으면서 이야기할 수 있었다는 거예요. 제가 실패한 많은 것에 대해서 이야기하는 게 아니라요.

치료사: (앤에게) 타임아웃 경험을 좀 이야기해 주시겠어요? 들으면서 지금 무슨 일이 일어나고 있었어요?

앤: 음, 저는…… 듣고 있다고 생각하는데…… 그 일에 대해 말하지 않는 게 더 나았을 거라고 들었어요. 하지만 우리 사이에서 벌어지고 있는 일에 어떻게 연결되는지 정말 궁금해요.

헨리: (손을 펴서 허공에서 손을 휘젓고, 넌더리를 느끼며 쳇 하고 내뱉는다.) 이건 똑같아요. 똑같은 짓이에요.

치료사: 이건 정말 좋네요. 자, 지금이 바로 그런 순간 중 하나입니다. 이런 일이 생겨서 정말 기뻐요. 이런 걸 느끼는 게 재미없다는 건 알지만, 제 말은

이런 일이 일어나게 되어 기쁘다는 거예요. 왜냐하면 이번 일이 우리가 이 일을 할 수 있는 기회니까요. 고통이 다가오는 것을 느낄 수 있죠? 그게 나는 충분하지 않다는 것에 대한 고통인가요? 그것을 알아차렸나요? 느낄 수 있었나요?

헨리: (고개를 끄덕인다.)

치료사: 그리고 나서 이 고통을 없애야 할 것 같은 느낌이 들죠. 그리고 그 순간 당신은 손을 저으며 연결을 끊었어요. 괜찮아요, 이해해요. 하지만 이건 알아 두도록 하죠. 고통이 다가와서 당신은 앤으로부터 잠시 벗어나야 했어요. 그리고 바로 그때 당신에게 무슨 일이 일어났나요?

앤: 음, 저는 아직도 그 욕구를 유지하고 있는 것 같아요.

치료사: 음, 당신이 단절이 걱정된다고 말하기 시작했기 때문에 고통이 있었어요. 아마 당신은 박탈감과 외로움을 느끼기 시작했나요?

앤: 맞아요.

치료사: 그리고 나서 물론 헨리, 그것은 바로 '내가 무엇을 해도 나는 결코 제대로 하지 못할 거야.'라는 느낌을 불러일으켰어요. 그러니까 그냥 주목해 보죠. 그리고 다시 가치로 돌아갈 수 있을지 지켜보도록 하겠습니다.

앤: 좋아요.

치료사: 힘들겠지만 다시 연결되어 대화를 계속할 수 있는지 봅시다. 고통이 막 생겼고, 둘 다 모두 가끔 대처하기 위해 했던 행동을 했어요.

앤: 맞아요.

치료사: 다시 가치로 돌아가서 다시 연결되어 대화를 조금 이어 가도록 하죠. 괜찮습니까? 그렇게 해 보시겠어요?

헨리: 음…… 흠.

치료사: 그렇게 할 의향이 있으세요?

앤: 네.

치료사: 그래서 고통이 나타나고 그것에 대해 말하기 시작할 때, 반응이 어떻든 간에 자신의 가치를 반영하는 방식으로 말할 수 있는지 보세요. 연민을 가지고 지지하며 헨리에게 무슨 일이 일어나는지 아는 것입니다.

앤: 좋아요.

치료사: 알겠죠? 그게 우리가 지금 할 일이에요. 그럼 다시 한 번 손을 잡고 타임아 웃에 대한 경험을 좀 말해 줄 수 있겠어요? 그리고 고통이 찾아오고 그에 직면하여 우리가 계속 연결될 수 있는지, 자신이 느끼는 것과 필요한 것에 대해 가치를 이용해서 계속 말할 수 있는지 알아보세요. 당신의 가장 정직한 자아와 헨리가 느낄지도 모르는 것에 대한 연민과 알아차림을 이용하세요.

앤: 좋아요.

치료사: 그럼 타임아웃으로 어떤 경험을 할 수 있을까요?

앤: 그가 어려운 일을 겪어서 기분이 안 좋아요. 그가 힘든 일을 겪었고, 일을 열심히 했다는 것을 알게 되어 슬퍼요. 그리고 어떤 식으로든 지지해 주고 싶어요.

치료사: 그러니까 얼마나 힘든 날이었는지에 대해 연민을 느끼시는군요.

앤: 그래요.

치료사: 지금 당신에게 일어나고 있는 또 다른 일 타임아웃이나…… 헨리에게 바라는 것이 있나요? 그는 그가 원하는 것, 그날의 경험에 대해 말했어요. 필요한 게 있나요?

앤: (깊게 한숨을 쉬며) 제가 그에게 무슨 일인지 물어볼 때 그가 솔직하게 말할 필요가 있다고 생각해요. 제가 그 필요에 대응할 수 있다고 생각해요.

치료사: 그럼 헨리가 뭐라고 말한다면요? 무엇이 당신에게 도움이 될까요?

앤: 그가 그것이 고통스러운 상황이고 단지 그 순간 그것을 다시 생각하고 싶지 않다는 사실에 대해 정직하다면요. 전 이해할 수 있어요.

치료사: 그게 당신에게 도움이 될까요?

앤: 네, 그건 그가 어디서 왔고 왜 그런 반응을 보이는지 이해하는 데 도움이 될 거예요.

치료사: (헨리에게) 앤으로부터 그 말을 듣는 것이 어떤 기분인지 궁금합니다. 그녀는 그 내용에 대한 모든 세부 사항을 알 필요 없이 당신에게 어려운 일이 있었는지 알고 싶어 합니다.

헨리: 음, 사실 꽤 고무적이에요. 이런 패배를 다시 경험하는 건 정말 힘들어요. 모든 걸 다시 겪어야 하는 것 같아요. 정말 노력하는데…… 최근에 그런 일이 없었거든요. 그리고 그건 정말 힘들어요.

치료사: 앤이 더 원하는 것은 이 경험을 이해하고 당신이 그것에 대해 더 많이 말해 주는 것입니다. 모든 세부 사항에 대해 자세히 말할 필요는 없습니다. 그 순간 다시 방문하기 힘들다는 것을 이해하도록 도와주세요.

헨리: (앤에게) 음, 나는 항상 당신이 나를 잡으려 하거나 어떤 방법을 찾으려고 하는 것처럼 느껴져. 일어난 일에 대해서는 내가 책임을 져야 해.

치료사: 앤, 그가 어떤 일을 겪었다는 것을 알고도 그것이 무엇인지 알지 못하고 알아낼 수 없을 것 같으면 당신에게 무슨 일이 일어날까요?

앤: 음, 우리 사이에 벽을 쌓는 것 같아요.

치료사: 그리고 그 벽을 쌓으면 당신 안에서 무슨 일이 일어날까요?

앤: 저는 제정신이 아닌 것 같아요.

치료사: 그게 무슨 고통이죠, 차단?

앤: 어떤 면에서는 박탈감이 느껴져요. 제가 거기에 있지도 않고, 필요하지도 않은 것 같아요. 전 혼자예요.

치료사: 그에게 그것을 말해 줄 수 있나요? 가끔 그에게 무슨 일이 일어나고 있는지 모를 때 당신은 혼자라고 느끼고 박탈감을 느낀다고 말해 보세요. 당신이 그에게 필요하지 않은 것 같다는 그 감정에 대해 말해 줄 수 있나요?

앤: 내가 필요하지 않은 것 같아. 마치 당신 삶에서 위안을 얻으러 오는 사람이 내가 아닌 것처럼. 그리고 당신이 어떤 경험을 할 때 내가 줄 수 있는 것은 사랑과 지지뿐이야. 그걸 당신과 나누고 싶어.

헨리: 음, 알겠는데, 당신이 그렇게 할 때 내가 느끼는 건 내가 어떻게 하든 당신을 실망시키는 것 같다는 거야. 마치 내가 다른 방식으로 해야 할 필요가 있는 것처럼.

앤: 음…… 흠. 그렇게 느끼게 하고 싶지는 않아.

헨리: 그리고 당신이 그러면 내가 제대로 하고 있지 않다고 느껴져.

치료사: 당신은 죄책감을 느끼고 꼼짝 못 하고 있어요. 그래서 이제 할 것은 다른 선택이 있다는 것입니다. 그 고통이 충분히 기분이 좋지 않고 앤을 실망시키는 것으로 나타날 때, 실제로 정직하다는 가치에 따라 행동할 수 있습니다. "저기, 난 지금 정말 많이 힘들어. 안 좋은 하루를 보냈는데, 정말 얘기하기 어렵고 다른 방법으로 지지가 필요해." 이것은 거리를 두거나 화를 내어 이 고통을 없애려고 하는 대신에 할 수 있는 선택입니다. 정직이라는 가치는 또 다른 선택일지도 모릅니다.

헨리: 네. 시도해 볼게요. 어렵겠지만요.

치료사: 앤, 당신이 필요한 유대감이나 친밀감을 결코 얻을 수 없을 것이라는 절망감과 깊은 외로움을 느낄 때, 어떻게 그 순간에 가치에 따라 행동할 수 있을까요? 그 순간 당신은 무엇을 할 수 있겠어요?

앤: 저는 그냥 그가 거기에 있고 그 자신에게 무엇이 필요한지 궁금해하도록 둘 수 있어요.

치료사: 그럼 연민에 따라 행동하면 그 순간 그에게 필요한 것이 무엇일까요? 그에 대한 정보를 좀 얻을 수 있을까요? 그게 가치의 일부일까요, 아니면 그렇지 않을까요?

앤: 그런 것 같아요. 제가 여전히 그를 쫓는 것처럼 느끼게 될까 봐 걱정이에요.

치료사: (헨리에게) 앤이 당신에게 필요한 것이 무엇인지 묻는다면 기분이 어떨까요?

헨리: 괜찮을 것 같아요. 추궁하며 물어보는 것보다 기분이 더 좋을 것 같아요. 좀 더 여유를 주죠.

치료사: 그럼 어떻게 진행되는지 보죠. 정말 중요한 것은 오늘 고통을 직면하면서도 계속 접촉할 수 있었다는 것입니다.

헨리: 맞아요.

치료사: 한 번 끊어지긴 했지만 계속 접촉을 하고 가치에 따라 행동할 수 있었고, 처음과는 아주 다른 대화를 나눌 수 있었어요.

앤: 사실이에요.

치료사: 그리고 그것이 우리의 작업이에요. 고통에서 벗어나기 위해 오래된 행동을 하는 대신 가치에 따라 행동하면서 매우 다른 대화를 나누는 것입니다.

헨리: 음. 맞아요.

치료사: 좋습니다.

## 유인물 부록 **D**

### 커플 스키마 이해하기

스키마는 자신과 자신의 관계에 대한 핵심적인 신념으로 자신이나 친밀한 관계에 뭔가 문제가 있다는 느낌을 만들어 낸다. 스키마는 어린 시절에 형성되며 보호자, 형제자매, 또래 등과 함께 진행된 역기능적 경험(dysfunctional experiences)의 결과로 발전한다.

스키마는 자신에 대해 가지게 된 반복된 메시지(예: "너는 나쁘다." 또는 "넌 옳은 일을 할 수 없다.")나 특정 외상 사건으로 만들어진다. 일단 스키마가 형성되면 그것은 매우 안정적이며 자신과 관계를 보고 이해하는 지속적인 방법이 된다.

스키마는 모든 경험을 왜곡하는 선글라스와 같다. 이것은 사물을 보는 방식에 색을 입히고, 스키마가 사실이라거나 사실로 밝혀질 것이라고 말해 주는 가정과 예측에 영향을 미친다. 어린 시절에 형성된 스키마는 평생 영향을 미친다. 일반적인 촉발 요인에는 갈등, 강한 욕구, 힘든 생각과 감정이 있다. 일단 스키마가 촉발되면 수치심, 상실, 슬픔, 두려움, 분노 등과 같은 극도로 고통스러운 감정들이 일어난다. 스키마는 관계에서 안전하다고 느낄 수 있는 능력과 자신의 욕구를 충족시키는 능력 그리고 타인의 욕구를 충족시키는 능력을 발휘하기 어렵게 한다.

### 커플 스키마의 특성[5]

• 분명한 진실처럼 경험된다.

• 자기영속적이며 변하지 않으려고 한다.

• 미래를 예측하는 것처럼 보이는데, 특히 관계에서 더욱 그렇다. 왜냐하면 커플 스키마는 앞으로 어떤 일이 일어날지 알 수 있고 그에 따라 준비할 수 있다는 환상을 만들어 내기 때문이다.

• 보통 강한 스트레스를 주는 사건들, 즉 일반적으로 관계 속에서 많이 힘들 때 촉발되는데, 이것은 자신에 대한 오래된 신념을 활성화시킨다.

• 항상 높은 수준의 감정을 동반한다.

---

5) 『대인관계 문제를 위한 수용·전념치료』(McKay, Lev, & Skeen, 2012)에서 인용함.

## 생각일지

| 파트너와 있었던 일 | 감정 | 생각 |
|---|---|---|
|  |  |  |
|  |  |  |
|  |  |  |
|  |  |  |
|  |  |  |
|  |  |  |
|  |  |  |
|  |  |  |
|  |  |  |
|  |  |  |
|  |  |  |
|  |  |  |
|  |  |  |
|  |  |  |
|  |  |  |
|  |  |  |
|  |  |  |
|  |  |  |

## 커플에 관한 열 가지 스키마

1. 버림받음/불안정 스키마: 파트너가 신뢰할 수 없는 사람이고 관계를 끊거나 떠날 것이라는 신념

2. 불신/학대 스키마: 파트너가 자신을 해치고 학대하거나 소홀히 할 것이라고 예상

3. 정서적 박탈 스키마: 정서적 지지를 받고 싶은 자신의 욕구가 충족되지 않을 것이라고 예상

   a. 보살핌 결핍−주의의 부재

   b. 공감 결핍−이해의 부재

   c. 보호 결핍−도움의 부재

4. 결함/수치심 스키마: 자신은 어떤 면에서든 결함이 있거나, 열등하거나, 사랑스럽지 않다는 신념

5. 사회적 고립/소외 스키마: 자신이 어디에도 어울리지 않고 소속되지 않는다는 신념. 함께 있어도 혼자 있는 것 같고, 눈에 띄지 않고 이해받지 못하는 느낌

6. 의존 스키마: 파트너 없이 정서적으로 살아남기 힘들고 관계를 떠나서는 스스로를 돌볼 수 없을 것이라는 신념

7. 실패 스키마: 자신이 관계 및 삶의 핵심적 측면에서 실패할 것이라는 신념

8. 특권의식/과장 스키마: 파트너가 자신이 필요한 것을 만족시켜 주어야 하고, 자신은 파트너의 지속적인 지지를 기대할 권리가 있다는 신념

9. 자기희생/복종 스키마: 파트너의 욕구가 더 중요하거나 거절을 두려워하기 때문에 항상 파트너의 욕구를 자신의 욕구보다 우선시해야 한다는 신념

10. 엄격한 기준 스키마: 자신과 파트너는 삶과 관계 속에서 높은 성과 기준을 충족해야 한다는 신념. 이 기준들이 충족되지 않으면 자신이나 파트너가 잘못한 것이며 비난받아야 한다는 신념

## 스키마 영향

| 스키마 | 영향 |
|---|---|
| 사회적 고립/소외 | 외로움, 수치심, 낙담, 당황, 고립, 막막한 갈망, 두려움, 불안 |
| 자기희생/복종 | 죄책감, 두려움, 무력함, 의무, 분노 |
| 특권의식/과장 | 분노, 실망, 박탈, 압도 |
| 버림받음/불안정 | 두려움, 외로움, 질투, 불안, 갈망, 비탄 |
| 실패 | 두려움, 슬픔, 실망, 무력함, 분노, 수치심 |
| 정서적 박탈 | 외로움, 긴급함, 박탈, 허기, 무력함, 갈망, 슬픔, 분노 |
| 결함/수치심 | 수치심, 슬픔, 두려움, 무력함, 분노 |
| 엄격한 기준 | 실망, 불만, 허무, 두려움, 수치심 |
| 불신/학대 | 두려움, 의심, 외로움, 경계, 분노, 의혹, 갈망 |
| 의존 | 두려움, 불확실, 외로움, 취약성, 열등감, 의심, 혼란, 불안 |

### 커플의 스키마 촉발 요인

　스키마는 특히 두 사람의 욕구가 다른 상황에서 관계에 대한 관점을 왜곡하는 경향이 있다. 스키마가 촉발되었을 때 우리는 그 결과로 인해 생기는 감정적 고통으로부터 자신을 보호하기 위해 고안된 방법으로 반응을 한다. 관계에서 촉발 요인은 피할 수 없다. 하지만 자신의 주요 스키마의 촉발 요인을 알 수 있다면 싸움과 충돌을 부채질하는 반응을 변화시키는 데 한 걸음 더 가까워질 것이다. 여기 각 스키마에 대한 대표적인 촉발 요인이 있다.

- **버림받음/불안정 스키마.**　이 스키마는 파트너가 멀리하거나, 말을 하지 않거나 또는 곁에 있어 주지 않을 때 활성화될 가능성이 높다. 또한 파트너가 비난하거나, 관계에 만족하지 못하는 것처럼 보이거나, 직접적으로 또는 간접적으로 떠나겠다고 위협했을 때도 활성화될 수 있다.

- **불신/학대 스키마.**　이 스키마는 종종 파트너가 상처를 주는 말이나 행동을 하거나, 내가 배려받지 못한다고 인식할 때 또는 내가 싫어하는 것(행동)을 강요할 때 활성화될 수 있다.

- **정서적 박탈 스키마.**　이 스키마는 외로움을 느끼거나, 파트너가 남처럼 느껴질 때, 이해나 보호 또는 사랑을 받지 못한다고 느낄 때 활성화될 수 있다.

- **결함/수치심 스키마.**　이 스키마는 비판을 받거나, 파트너가 기대에 부응하지 못한다고 느낄 때 활성화될 수 있다. 내가 가치가 없다(별 볼 일 없다) 또는 너무 부족하다(제대로 하는 게 없다)는 메시지로 인해 크게 활성화될 수 있다.

- **사회적 고립/소외 스키마.**　이 스키마는 가치, 관심사, 취향 등의 면에서 파트너, 파트너의 친구 또는 가족과 다르다고 느끼거나 이해받지 못한다고 느낄 때 활성화될 수 있다. 때때로 파트너와 같은 공간에 있으면서 외로움을 느끼면 활성화될 수도 있다.

- **의존 스키마.**　이 스키마는 어려움이나 도전에 직면할 때 활성화될 수 있으며, 파트너가 멀리하거나 곁에 있어 주지 않는 것처럼 보일 때도 활성화될 수 있다. 파트너가 필요할 때 없는 경우—정서적으로나 신체적으로나—에도 활성화될 수 있다. 관계에 대해 위협을 느끼는 경우에도 이 스키마는 활성화될 수 있다.

- **실패 스키마.**　이 스키마는 실수, 비판 또는 파트너의 기대에 부응하지 못하고 있다는 메시지로 인해 활성화될 가능성이 있다. 자신의 업적, 재능, 능력 또는 지성에 대해 무엇인가가 부족하다는 의견으로 인해서도 이 핵심 신념이 활성화될 수 있다.

- **특권의식/과장 스키마.**　이 스키마는 파트너가 내가 원하는 것이나 필요로 하는 것을 하지 않을 때, 나보다 파트너의 필요나 욕구를 선택할 때 활성화될 수 있다.

- **자기희생/복종 스키마.**　이 스키마는 파트너가 무언가를 필요로 할 경우에 자신이 그것을 해 주어야 한다고 느낄 때마다 활성화될 수 있다. 또한 자신이 원하든 원하지 않든 파트너가 욕구를 강요하며 나를 통제한다고 느끼면 활성화될 수 있다.

- **엄격한 기준 스키마.**　이 스키마는 자신이나 파트너가 친밀한 관계에서 어떻게 행동해야 한다는 기준에 맞게 살지 않을 때 활성화될 수 있다. 또한 비판이나 갈등, 불만에 의해 활성화될 수 있다.

## 스키마 촉발 요인 기록표

| 촉발 상황 | 스키마 | 감정 | 행동(한 일) |
|---|---|---|---|
| | | | |
| | | | |
| | | | |
| | | | |
| | | | |
| | | | |
| | | | |
| | | | |
| | | | |
| | | | |
| | | | |
| | | | |
| | | | |
| | | | |
| | | | |
| | | | |
| | | | |
| | | | |
| | | | |
| | | | |
| | | | |

## 관계에서 볼 수 있는 열 가지의 일반적인 스키마 대처 행동

다음 목록은 커플들이 스키마가 촉발될 때 하는 일반적인 부적응적 대처 행동 열 가지이다.

1. 공격: 비난, 비판, 공격적인 말, 비하, 의도 강요

2. 요구: 통제, 주장, 과도한 요청, 관심, 지지, 보살핌 요구

3. 항복: 포기, 굴복, 굴종, 자기희생, 수동적 또는 복종하기

4. 매달리기(추적자): 의존, 관심, 문제해결을 위한 도움, 안심 추구

5. 멀리하기(멀리하려는 자): 침묵, 단절, 의사방해, 감정적·신체적·성적 도피

6. 자극 추구: 충동적인 쇼핑, 섹스, 도박, 위험 감수, 과로 등 흥분과 산만함을 추구하며 회피

7. 중독성 있는 자기위안: 술, 마약, 음식, TV, 인터넷 등으로 무감각해지며 회피

8. 조작: 무엇을 하거나 하지 않겠다는 협박, 탈선, 유혹, 속임수, 죄책감

9. 처벌: 빼앗기, 수동적-공격적 지연, 지체, 불평

10. 얕봄: 상대방의 요구는 중요하지 않다고 주장하거나 최소화하고, 방어하며, 자신의 제안이나 주장을 설명하거나 정당화함

## 관계 속에서의 가치

　다음은 관계 속에서 찾을 수 있는 가치의 예로, 커플이 핵심 가치를 명확히 하는 데 도움이 될 것이다.

| | | |
|---|---|---|
| 수용하는 | 참여하는 | 끈기 있는 |
| 모험하는 | 표현하는 | 현존하는 |
| 이타적인 | 공정한 | 생산성 있는 |
| 감사하는 | 확고한 | 시간을 지키는 |
| 자기주장을 하는 | 융통성 있는 | 믿음직한 |
| 주의하는 | 용서하는 | 존경하는 |
| 조화로운 | 솔직담백한 | 애정이 있는 |
| 유용한 | 재미있는 | 자기옹호하는 |
| 전념하는 | 관대한 | 자기인식하는 |
| 동정적인 | 온화한 | 자비로운 |
| 침착한 | 진실한 | 자기수양하는 |
| 신중한 | 감사하는 | 민감한 |
| 일관성 있는 | 정직한 | 감각적인 |
| 기여하는 | 유머가 있는 | 성적인 |
| 호기심을 가진 | 독립적인 | 자발적인 |
| 결단력 있는 | 궁금해하는 | 지지하는 |
| 숙고하는 | 친절한 | 재치있는 |
| 의지할 수 있는 | 사랑하는 | 신뢰하는 |
| 단호한 | 충실한 | 이해하는 |
| 공감하는 | 마음챙김하는 | 인정하는 |
| 격려하는 | 인내하는 | 취약한 |

## 가치 영역 워크시트

| 관계 영역 | 중요도(0~10) | 가치 | 가치기반 행동 |
|---|---|---|---|
| 의사소통 | | | |
| 성 | | | |
| 육아 | | | |
| 돈 | | | |
| 애정 | | | |
| 일 | | | |
| 갈등 | | | |
| 의사결정/협상 | | | |
| 우정/확대가족 | | | |
| 함께하는 행동 | | | |

## 가치기반 행동 워크시트

| 가치 | 중요도(1~10) | 가치기반 행동 | 장애물로 작용하는 생각 (이야기, 기대, 예측) | 장애물로 작용하는 행동 (수치심, 죄책감, 두려움, 무력감) | 이 새로운 행동을 언제 실천할 것인가? | 나는 이런 장애물을 가지고 여전히 내 가치로 가는 행동을 취할 수 있는가? |
|---|---|---|---|---|---|---|
|  |  |  |  |  |  |  |
|  |  |  |  |  |  |  |
|  |  |  |  |  |  |  |
|  |  |  |  |  |  |  |

주간 촉발 요인 기록표

| 촉발 요인 | 생각<br>(장애물로 작용한<br>생각, 이야기,<br>기대, 예측 등) | 감정<br>(수치심, 두려움,<br>좌책감 등<br>장애물로<br>작용한 감정) | 행동<br>(무엇을 했는가?) | 가치(이 행동에<br>연관된 가치는<br>무엇인가? 당신의<br>행동은 그 가치와<br>일치했는가?) | 가치기반 행동<br>(어떻게 다르게<br>행동하고<br>싶었는가?) | 선택의 순간<br>(다르게 행동할 수<br>있는 선택은<br>언제 했는가?) |
|---|---|---|---|---|---|---|
|  |  |  |  |  |  |  |
|  |  |  |  |  |  |  |
|  |  |  |  |  |  |  |

## 일주일 동안 가치 모니터링하기

지난주에 대해 생각해 보았을 때 자신의 행동과 가치가 얼마나 일치했는가? 파트너의 행동은 얼마나 일치했는가? 먼저, 각 가치를 쓴 다음 각각의 중요도를 매긴다. 각 가치에 대해 0~100% 사이에서 얼마나 일치했는지 적어 본다. 100은 모든 행동이 이 가치와 일치한다는 것이고, 0은 행동이 이 가치와 전혀 일치하지 않는다는 것이다. 파트너의 일치도도 평가해 본다.

| 관계 가치 | 중요도(1~10) | 나의 일치 행동 (0~100%) | 파트너의 일치 행동 (0~100%) |
|---|---|---|---|
|  |  |  |  |
|  |  |  |  |
|  |  |  |  |
|  |  |  |  |
|  |  |  |  |
|  |  |  |  |
|  |  |  |  |
|  |  |  |  |
|  |  |  |  |
|  |  |  |  |
|  |  |  |  |
|  |  |  |  |

## 가치 일치도 워크시트

지난 한 주를 생각해보았을 때 자신의 **행동**이 가치와 얼마나 일치했는가? 먼저, 각 가치를 기입하는 것으로 시작한다. 다음으로 그 가치와 일치하는 행동을 적는다. 파트너가 자신의 행동에 어떻게 반응했는지 적는다. 그 다음 그 가치와 **일치하지 않은** 자신의 행동을 적고, 파트너가 그에 어떻게 반응했는지 적는다. 마지막으로, 일주일 동안 가치와 일치하는 행동에 대해 0~100%까지 점수를 매긴다.

| 관계 가치 | 가치 일치 행동 | 결과<br>(파트너의 반응) | 가치 불일치 행동 | 결과<br>(파트너의 반응) | 이번 주 가치기반<br>행동 점수(0~100%) |
|---|---|---|---|---|---|
|  |  |  |  |  |  |
|  |  |  |  |  |  |
|  |  |  |  |  |  |

## 파트너를 위한 가치 일치도 워크시트

지난 한 주를 생각하면, 나의 가치와 **파트너의 행동**이 얼마나 일치했는가? 먼저, 나의 각 가치를 기입한 다음 나의 가치와 일치된 파트너의 행동을 적는다. 파트너의 행동에 나는 어떻게 반응했는가? 다음으로 나의 가치와 **일치하지 않는** 파트너의 행동을 적는다. 당신은 어떻게 반응했는가? 마지막으로, 일주일 동안 나의 가치와 일치하는 **파트너**의 행동에 대해 0~100%까지 점수를 매긴다.

| 관계 가치 | 파트너의<br>가치 일치 행동 | 결과<br>(나의 반응) | 파트너의 가치<br>불일치 행동 | 결과<br>(나의 반응) | 이번 주 파트너의<br>가치기반 행동 점수<br>(0~100%) |
|---|---|---|---|---|---|
|  |  |  |  |  |  |
|  |  |  |  |  |  |
|  |  |  |  |  |  |
|  |  |  |  |  |  |

대인관계 경험 기록표

| 사건 | 스키마 감정 | 스키마 생각 | 감각 | 충동 | 충동에 따라 행동했는가? |
|---|---|---|---|---|---|
| | | | | | |
| | | | | | |
| | | | | | |
| | | | | | |

## 관계에서의 욕구 목록

| 안전 | 자아존중감 | 연결 | 자율성 | 자기표현 | 현실적인 한계 |
|---|---|---|---|---|---|
| 균형 | 수용 | 애정 | 모험 | 진정성 | 고려 |
| 연민 | 감사 | 주의 | 선택 | 명료함 | 기여 |
| 일관성 | 도전 | 알아차림 | 발견 | 창의성 | 협력 |
| 예측 가능성 | 효과 | 소속 | 자유 | 재미 | 공정성 |
| 존재 | 평등 | 기념 | 독립 | 정직 | 상호관계 |
| 사생활 | 성장 | 친밀감 | 공간 | 유머 | 참가 |
| 신뢰성 | 희망 | 의사소통 | 자발성 | 영감 | 호혜 |
| 존경/자존심 | 의미 | 지역사회 | 자극 | 온전함 | |
| 휴식 | 칭찬 | 동료애 | | 열정 | |
| 보안 | 진보 | 공감 | | 성적 표현 | |
| 안정성 | 목적 | 지침 | | 투명성 | |
| 접촉 | 안심 | 조화 | | | |
| 신뢰 | 알기/알려지기 | 포함 | | | |
| | 중요한 것 | 친밀함 | | | |
| | 보기/보이는 | 사랑 | | | |
| | 확인 | 육성 | | | |
| | | 지지 | | | |
| | | 부드러움 | | | |
| | | 이해 | | | |
| | | 따뜻함 | | | |

## 관계에서 욕구가 충족되지 않았을 때의 감정 목록

| | | | | |
|---|---|---|---|---|
| 겁나는 | 우울한 | 취약한 | 외로운 | 경악한 |
| 약오르는 | 절망한 | 제정신이 아닌 | 갈망하는 | 회의적인 |
| 흥분한 | 자포자기한 | 기진맥진한 | 상실한 | 깜짝 놀란 |
| 고뇌에 찬 | 실의에 빠진 | 겁먹은 | 우울감 | 스트레스가 많은 |
| 두려운 | 무심한 | 낙담한 | 비참한 | 꼼짝 못하는 |
| 소외감을 느끼는 | 충격을 받은 | 맹렬한 | 불신의 | 놀라운 |
| 냉담한 | 실망한 | 침울한 | 굴욕적인 | 의심쩍어하는 |
| 양가감정의 | 당황한 | 슬픈 | 애절한 | 긴장하는 |
| 화난 | 단절된 | 조심스러운 | 긴장되는 | 공포에 질린 |
| 비통한 | 의욕이 꺾인 | 죄책감을 느끼는 | 무감각의 | 피곤한 |
| 적대적인 | 기분이 상한 | 비통한 | 격분한 | 가슴이 미어지는 |
| 짜증이 나는 | 역겨워하는 | 수심에 잠긴 | 압도당한 | 곤혹스러운 |
| 걱정스러운 | 기가 죽은 | 무력한 | 공황 상태에 빠진 | 격동의 |
| 심드렁한 | 낭패한 | 주저하는 | 당황한 | 혼란스러운 |
| 끔찍한 | 불쾌한 | 가망 없는 | 동요된 | 불확실한 |
| 걱정되는 | 동떨어진 | 소름 끼치는 | 비관적인 | 불편한 |
| 부끄러운 | 산만한 | 적대적인 | 겁에 질린 | 거북한 |
| 당혹스러운 | 심란한 | 상처받은 | 무력한 | 흥미없는 |
| 심장이 뛰는 | 괴로운 | 안달하는 | 어리둥절하는 | 불안한 |
| 사별한 | 방해받는 | 무관심한 | 덜덜 떨리는 | 불안정한 |
| 당황한 | 의심스러운 | 분개하는 | 후회하는 | 연약한 |
| 지루한 | 진이 빠진 | 거리끼는 | 양심의 가책을 느끼는 | 경계하는 |
| 소진된 | 몹시 무서운 | 불안정한 | 제거된 | 약한 |
| 차가운 | 날카로운 | 성난 | 메스꺼운 | 지친 |
| 염려하는 | 어색한 | 짜증스러운 | 분개한 | 내성적인 |
| 갈등을 겪는 | 격분하는 | 거슬리는 | 말하지 않는 | 매우 지친 |
| 혼란스러운 | 질투하는 | 외떨어진 | 체념한 | 걱정스러운 |
| 경멸하는 | 몹시 화가 나는 | 질투 나는 | 안절부절못하는 | 야비한 |
| 까다로운 | 극도로 피곤한 | 초조한 | 슬픈 | 갈망하는 |
| 멍한 | 심신이 지친 | 신랄한 | 겁먹은 | |
| 패배한 | 안절부절못하는 | 무기력한 | 남을 의식하는 | |
| 낙심한 | 당황스러운 | 귀찮은 | 예민한 | |
| 고갈된 | 갈팡질팡하는 | (화가 나) 부들부들 떠는 | 떨리는 | |

## 관계에서 욕구가 충족되었을 때의 감정 목록

| | | | |
|---|---|---|---|
| 받아들여지는 | 황홀한 | 관심 있는 | 휴식하는 |
| 다정한 | 마냥 행복해하는 | 호기심이 있는 | 회복한 |
| 기민한 | 권한이 있는 | 원기왕성한 | 안전한 |
| 놀라운 | 고무된 | 관련된 | 만족한 |
| 즐기는 | 활동적인 | 즐거운 | 안심하는 |
| 고마워하는 | 사로잡힌 | 적극적인 | 고요한 |
| 흥분한 | 반한 | 다정한 | 섹시한 |
| 깜짝 놀란 | 열정적인 | 상냥한 | 천진한 |
| 경외하는 | 넋이 나간 | 옮겨진 | 자극적인 |
| 더없이 행복한 | 침착한 | 열린 | 놀라운 |
| 평온한 | 신이 난 | 마음이 탁 트인 | 동정적인 |
| 주된 관심의 | 흥취가 나는 | 낙천적인 | 부드러운 |
| 쾌활한 | 기대하는 | 열렬한 | 감사하는 |
| 명석한 | 활기가 있는 | 평화적인 | 매우 흥분한 |
| 편안한 | 매료된 | 쾌활한 | 감동한 |
| 동정하는 | 충족된 | 반가운 | 차분한 |
| 자신 있는 | 기쁜 | 자랑스러운 | 믿는 |
| 내용 있는 | 기분 좋은 | 상쾌한 | 생기 있는 |
| 궁금한 | 행복한 | 원기를 회복한 | 따뜻한 |
| 간절한 | 기대하는 | 느긋한 | |
| | 영감을 받은 | 안도하는 | |

## 유사 감정 목록

| | |
|---|---|
| 버려진 | 오해받는 |
| 학대를 받은 | 등한시되는 |
| 공격당한 | 깔보는 |
| 경시하는 | 자극받은 |
| 배신당한 | 거부당한 |
| 괴롭힘을 당한 | 당연한 것으로 여겨지는 |
| 사기당한 | 위협적인 |
| 궁지에 몰린 | 속은 |
| 비난받는 | 인정받지 못하는 |
| 폄하되는 | 보살핌을 못 받는 |
| 거절당한 | 귀 기울이지 않는 |
| 무시당한 | 중요하지 않은 |
| 부적절한 | 사랑받지 못하는 |
| 무능한 | 눈에 띄지 않는 |
| 모욕을 당한 | 지지받지 못하는 |
| 주눅이 든 | 원치 않는 |
| 무색해지는 | 이용당한 |
| 조종당하는 | 침해받은 |
| 최소화된 | 부당한 취급을 받은 |

## 결과 대 위협

| 결과 | 처벌과 위협 |
| --- | --- |
| 중간 톤의 목소리로 말한다. | 화난 목소리로 말한다. |
| 일관된 한계 설정을 위해 영향력을 사용한다. | 끝까지 지켜지지 않는 결과는 위협이다. |
| 경계는 사전에 분명하게 표현되어 있다. | 미리 언급되어 있지 않다. |
| 동정적이지만 단호한 자세를 취한다. | 적대적 자세를 취한다. |
| 자신을 보호하고 안전을 창출하는 기능이다. | 파트너를 바꾸거나 제어하는 기능이다. |
| 선택 사항을 제공한다(예: 약속된 시간에 저녁을 함께 먹을 수도 있고, 15분 이상 늦으면 혼자 저녁을 먹을 수도 있다). | 선택의 여지가 없고, 싫다는 말을 들을 마음이 없다. |
| 경계가 주어지는 이유가 있다. | 이유가 그 문제에 필연적이지 않다. |
| 문제행동과 논리적으로 연결되어 있다. | 논리적으로 문제행동과 연관이 없거나 문제행동에 따르지 않는다. |

## 공감적 듣기의 장애물

이러한 모든 전략은 말하는 사람의 경험을 최소화하고 축소하며 영향을 미치기 때문에 효과적인 듣기를 방해한다. 듣는 사람이 이런 전술을 사용하면 말하는 사람의 관점을 완전히 이해하고 인정할 수가 없다.

- **설명하기.**　자신에게 잘못이 없는 이유를 대고 합리화를 할 때 자신의 입장을 옹호하거나, 지나치게 설명하거나, 정당화하고 있다는 것을 알 수 있다. 이러한 방어적인 전술은 말하는 사람의 감정과 요구를 최소화할 수 있다. "당신에게 전화를 할 수 없었어요. 왜냐하면……." "제시간에 나타나려고 최선을 다했지만……." "이 행사가 당신에게 그렇게 중요한지 몰랐어요."
- **위로하기.**　이 전략은 듣기를 다른 사람을 위로하거나 안심시키는 기능으로 대체한다. 이렇게 하는 목적은 고통을 더 낮게 하거나 줄이기 위함이다. 이것

은 감정적인 반응을 최소화하거나 무시하는 것으로 경험된다. "정말 당신을 신경 쓰고 있어요." "당신의 잘못이 아니에요." "당신의 상사가 당신을 해고하지 않을 거예요." "걱정할 거 없어요." "괜찮을 거예요."

- **심문하기.**    심문은 듣는 사람이 말하는 사람의 관점을 이해하기보다는 사실을 올바르게 얻고 자신의 관점을 이해하는 것에 더 관심이 있을 때 장애물이 된다. 여기서 두 사람은 감정에서 벗어나 이성적으로 판단하기 위해 질문을 많이 한다. "몇 시에 전화할 거라고 생각했어요?" "당신에 대한 상사의 의견이 왜 그렇게 중요해요?" "당신 형이 저녁 먹으러 오지 않는 것에 왜 그렇게 신경을 써요?" "우리가 모든 일을 제시간에 맞춰야 하는 이유가 뭐죠?"

- **문제해결하기.**    문제해결은 유용할 수도 있다. 하지만 이 기술은 주로 상대방이 내 말을 잘 듣고 이해했다고 느껴야 효과적이다. 두 사람이 문제를 조급하게 해결하려고 한다면 종종 말하는 사람의 감정에 머무르지 못하게 된다. 이 장애물에서는 한 사람이 경청하기보다는 조언을 하거나 문제를 해결하기 위해 뛰어든다. "상사가 당신에게 그런 식으로 말하게 두면 안 돼요." "제니에게 상관하지 말라고 말해요." "엄마한테 다음 주에 아이를 보러 오시라고 말해요."

- **달래기.**    두 사람이 진심으로 귀 기울이지 않고 모든 것에 동의를 할 때 이것은 달래 주고 있는 것이다. 이들은 이해하기보다는 상대방을 기쁘게 하거나, 상황을 누그러뜨리거나, 갈등을 피하는 것에 더 몰두한다. 대화를 끝내기 위해 책임을 지거나, 사과하거나, 따르기만 할 뿐 진정한 이해를 하지 못한다.

- **주제에서 벗어나기.**    주제에서 벗어나는 것은 보통 충돌 상황에서 일어난다. 두 사람은 주제를 바꾸거나 다른 방향으로 유도할 때 대화 주제에서 벗어난다. 이것은 말하는 사람이 의도한 것과는 다른 방향으로 대화를 움직이기 때문에 장애물 역할을 한다. 결국 말하는 사람의 의제에서 빗나가게 된다.

- **수정하기.**    이러한 행동은 상대방의 경험을 이해하기보다 사실을 '바르게' 이해하고 사소한 것을 검토하는 것에 대화의 초점을 둔다. "5시 25분이 아니라 5시 15분에 전화했어요." "그 일은 금요일 밤이 아니라 화요일 밤에 일어났어요."

이것은 종종 말하는 사람에게 혼란스러움과 산만함을 느끼게 하고, 감정적인 반응을 무효화시킨다.

- **판단하기.**    말하는 사람에 대해 전반적으로 평가하고 그것을 전체 이야기를 듣지 않는 것에 대해 정당화하는 것으로 사용할 때 판단하고 있는 것이다. "당신은 어떤 것에도 만족하지 않아요." "당신은 이기적이에요." "당신은 너무 민감해요." 또한 자신의 신념을 확인하는 이야기의 일부에만 반응할 때도 판단하고 있는 것이다.

- **동일시하기.**    말하는 사람의 말을 자신에게 연관시키고 자신의 경험 이야기를 시작할 때 동일시하는 것이다. "작년 내 생일에 당신이 나를 버렸을 때 나도 똑같이 느꼈어요." "글쎄요, 당신이 나를 얼간이라고 불렀을 때는요?" "우리 엄마도 우리 관계에 끼어들어요." 그러면 말하는 사람이 전달하려고 하는 것보다 듣는 사람의 관심사에 초점을 맞추게 된다.

- **독심술 쓰기.**    실제 하는 말보다 자신이 말하는 사람의 의도가 무엇이라고 믿는지에 따라 반응할 때 독심술을 쓰는 것이다. 두 사람이 독심술을 쓸 때, 그들은 말하는 사람의 '진짜' 의미나 숨겨진 동기가 무엇인지에 대해 가정을 하게 된다.

## 공통 관심사 워크시트

| 나의<br>관심사 | 나의<br>가치와 욕구 | 파트너의<br>관심사 | 파트너의<br>가치와 욕구 | 공통 관심사,<br>가치, 욕구 |
|---|---|---|---|---|
|  |  |  |  |  |
|  |  |  |  |  |
|  |  |  |  |  |
|  |  |  |  |  |
|  |  |  |  |  |
|  |  |  |  |  |

## 타임아웃 지침

타임아웃을 하자고 할 때

1. 즉시 멈춘다.　한 사람이 타임아웃을 요청할 경우에는 즉시 논의를 멈추어야 한다. 타임아웃은 존중되어야 하며, 더 이상의 설명, 방어, 반박 또는 마지막 말이 없어야 한다. 모든 것을 멈춘다.

2. 즉시 떠난다.　타임아웃을 시작한 사람은 그 장소를 떠나서 다른 사람으로부터 거리를 두고 실제 물리적 공간을 확보해야 한다. 비행기나 차 안과 같이 물리적으로 떠날 수 없는 경우에는 합의된 시간 동안 모든 대화와 상호작용을 중단한다.

3. 타임아웃을 효과적으로 사용한다.　휴식 시간을 화를 증폭시키고 문제를 되풀이해서 생각하는 데 사용해서는 안 된다. 오히려 그 시간을 자신을 성찰하고 경험에 대해 책임지는 것에 중심을 두어야 한다. 타임아웃은 두 사람이 가치, 감정, 욕구를 식별하기 위한 시간으로 사용할 때 더욱 효과가 있다.

4. 항상 약속된 시간에 돌아온다.　약속한 시간에 돌아오지 않으면 타임아웃은 역효과를 일으켜 상황을 악화시킬 것이다. 한 사람이 두려움과 혼란을 느낀다면 그 사람은 앞으로 타임아웃을 고수하는 데 어려움을 겪을 것이고, 그 과정은 장기적으로 보았을 때 효과적이지 않을 것이다.

5. 다시 문제로 돌아간다.　타임아웃은 논의의 끝을 의미하지 않는다. 타임아웃은 두 사람 모두가 더 효과적으로 논의를 진행할 수 있을 때까지 논의를 연기하는 것을 의미할 뿐이다.

타임아웃을 하는 동안

• 스키마 중심 사고에서 벗어난다.　이러한 생각을 관찰하고 내려놓고 현재의 경험으로 돌아간다.

• 자신에게 연민을 느낀다.　자신을 친절하게 대하고, 감정적인 고통을 관찰한다.

이 고통은 관계 속에서 자신이 느끼는 감정과 필요한 것에 대한 정보를 제공한다. 비난하는 생각이나 판단으로 고통을 관리하거나 통제하려고 해서는 안 된다.

- **경험에 형태를 부여한다.**    자신의 감정이 물리적인 형태를 가지고 있다고 상상해 본다. 몸 어디에서 이 고통이 가장 심하게 느껴지는지 스스로 물어본다. 무슨 색이고, 어떤 모양이며, 크기는 어떠한가? 얼마나 강렬한가? 움직임이나 미묘한 변화에 주목한다. 타임아웃을 하는 동안 힘든 감정에 마음챙김하며 머무르기 위해 감정 노출을 연습하거나 감정 노출 워크시트를 사용한다.

- **행동 충동을 관찰한다.**    예전의 스키마 대처 행동을 사용하거나 고통을 억제하려는 충동을 알아차린다. 자신의 경험을 제어하거나, 변경하려 하거나, 상대방을 변화시키려는 충동을 알아차린다.

- **가치를 명확히 한다.**    이 순간 자신의 가장 중요한 가치는 무엇인가? 이 고통이 나타날 때 무엇을 나타내고 싶은가? 자신의 행동을 이끌고 어떻게 진행하고 싶은지 명확히 하는 데 어떤 가치가 도움이 될 수 있는가?

- **문제해결을 활용한다.**    자신의 감정과 기본적인 욕구를 파악하고 문제해결 기술을 사용하여 갈등을 이해할 수 있도록 타임아웃을 사용한다. 타임아웃을 더 생산적으로 만들기 위해 문제해결 워크시트(Problem-Solving Worksheet)를 사용한다.

## 노출 워크시트

타임아웃 동안 사용한다.

- 지금 내 몸에서 어떤 감각을 경험하고 있는가?
_____

- 이 경험을 가장 강하게 느끼는 곳은 어디인가?
_____

- 이 경험의 강도를 0부터 10까지 구분하면 내 몸에서 느끼는 것은 어느 정도인가?
_____

- 경험에 대해 묘사한다.

  －색:
  －모양:
  －크기:
  －움직임:

- 이 타임아웃에 대한 나의 두려움은 무엇인가?
_____

- 이 타임아웃에 대한 나의 생각이나 신념은 무엇인가? 이 갈등에 대해 나는 무엇을 예상하는가?
_____

- 나의 가치는 무엇인가?
_____
_____
_____

**문제해결 워크시트**

타임아웃 동안 사용한다.

- 나는 어떤 스키마에 자극을 받았는가?
  _____

- 이 스키마에 대한 나의 전형적인 반응은 무엇인가? 내가 주로 하는 대처 행동은 무엇인가?
  _____

- 구체적인 자극 요인은 무엇이었는가?
  _____

- 나는 무슨 감정을 느끼는가?
  _____

- 내가 원하는 것은 무엇인가?
  _____

- 이 갈등에 대한 나의 가치는 무엇인가?
  _____

- 가치에 기반을 둔 요청은 어떠한 것인가?
  _____


_____할 때

나는 _____을 느꼈다.

나는 _____을 원한다.

_____을 해 주겠는가?

# 참고문헌

Coughlin Della Selva, P. (2004). *Intensive short-term dynamic psychotherapy*. New York and London: Karnac Books.

D'Zurilla, T. J., & Goldfried, M. R. (1971). Problem solving and behavior modification. *Journal of Abnormal Psychology*, 78(1), 107-126.

Gottman, J. (1999). *The marriage clinic: A scientifically based marital therapy*. New York and London: W.W. Norton & Company.

Gottman, J., & DeClaire, J. (2001). *The relationship cure: A 5-step guide to strengthening your marriage, family, and friendships*. New York: Random House.

Gurman, A. (2008). *Clinical handbook of couple therapy* (4th ed.). New York: Guilford Press.

Harris, R. (2009). *ACT with love: Stop struggling, reconcile differences, and strengthen your relationship with acceptance and commitment therapy*. Oakland, CA: New Harbinger Publications.

Hayes, S. C., Strosahl, K. D., & Wilson, K. G. (1999). *Acceptance and commitment therapy: An experiential approach to behavior change*. New York: Guilford Press.

Hayes, S. C., Strosahl, K. D., & Wilson, K. G. (1999). *Acceptance and commitment therapy: The process and practice of mindful change* (2nd ed.). New York: Guilford Press.

Hoopes, J. (2009). *Acceptance and interpersonal functioning: Testing mindfulness models of empathy*. Ph.D. dissertation. The University of Texas at Austin.

Johnson, S. (2004). *The practice of emotionally focused couple therapy: Creating connection* (2nd ed.). Basic Principles Into Practice Series. New York: Routledge.

Lasater, I. (2010). *Words that work in business: A practical guide to effective communication in the workplace.* Encinitas, CA: PuddleDancer Press.

Lev, A. (2011). *A new group therapy protocol come binding acceptance and commitment therapy (ACT) and schema therapy in the treatment of interpersonal disorders: A randomized controlled trial.* Psy.D. dissertation. Wright Institute, Berkeley, CA.

Luoma, J., & Hayes, S. C. (in press). Cognitive defusion. In W. T. O'Donohue, J. E. Fisher, & S. C. Hayes (Eds.), *Empirically supported techniques of cognitive behavior therapy.* New York: Wiley.

Luoma, J., Hayes, S. C., & Walser, R. (2007). *Learning ACT: An acceptance and commitment therapy skills-training manual for therapists.* Oakland, CA: New Harbinger Publications.

Luquet, W. (2006). *Short-term couples therapy: The imago model in action.* New York: Routledge.

McKay, M., & Fanning, P. (1991). *Prisoners of beliefs: Exposing and changing beliefs that control your life.* Oakland, CA: New Harbinger Publications.

McKay, M., Lev, A., & Skeen, M. (2012). *Acceptance and commitment therapy for interpersonal problems: Using mindfulness, acceptance, and schema awareness to change interpersonal behaviors.* Oakland, CA: New Harbinger Publications.

McKay, M., Fanning, P., Lev, A., & Skeen, M. (2013). *The interpersonal problems workbook: ACT to end painful relationship patterns.* Oakland, CA: New Harbinger Publications.

Palmer, A., & Rodger, S. (2009). Mindfulness, stress, and coping among university students. *Canadian Journal of Counseling, 43*(3), 198.

Rosenberg, M. B. (2003). *Nonviolent communication: A language of life.* Encinitas, CA: PuddleDancer Press.

Titchener, E. B. (1916). *A text-book of psychology.* New York: Macmillan.

Tirch, D., Schoendorff, B., & Silberstein, L. (2015). *The ACT practitioner's guide to the science of compassion tools for fostering psychological flexibility.* Oakland, CA: New Harbinger Publications.

Twohig, M. (2007). *A randomized clinical trial of acceptance and commitment therapy versus progressive relaxation training in the treatment of obsessive compulsive disorder.* Ph.D. dissertation. University of Nevada, Reno.

Vuille, P. (n.d.). Thoughts as sales representatives. Association for Contextual Behavioral Science. Retrieved November 22, 2015. https://contextualscience.org/thoughts_as_sales_representatives

Walser, R., & Westrup, D. (2009). *The mindful couple: How acceptance and mindfulness can lead you to the love you want.* Oakland, CA: New Harbinger Publications.

Young, J. (1999). *Cognitive therapy for personality disorders: A schema focused approach.* Sarasota, FL: Professional Resource Press.

Young, J. (2004). Schema therapy for couples. Workshop, November 5 and 6, New York.

Young, J. (2012). Schema therapy: Beyond the basics. Workshop with Wendy Behery, January 27 and 28, Springfield, New Jersey.

Young, J., & Lindemann, M. (2002). An integrative schema-focused model for personality disorders. In R. Leahy & T. Dowd (Eds.), *Clinical advances in cognitive psychotherapy: Theory and application.* New York: Springer.

Young, J., Klosko, J., & Weishaar, M. (2003). *Schema therapy: A practitioner's guide.* New York and London: The Guilford Press.

# 찾아보기

 인 명

**E**
Eifert, G. H.  14

**G**
Gottman, J.  24

**H**
Harris, R.  12
Hayes, S.  11, 25
Holman, G.  15

**K**

Kolts, R.  13

**L**
Lev, A.  5, 7, 8, 9, 11, 12, 13, 15, 28, 291

**M**
McKay, M.  5, 7, 8, 9, 11, 12, 13, 15, 28

**S**
Saint-Exupery, A.  7

Silberstein-Tirch, L.  14
Stoddard, J.  12
Strosahl, K.  13

**T**
Tirch, D.  11

**V**
Villatte, M.  12

**Y**
Young, J.  40

내 용

**A**
ACT  4, 171
ACT 과정  273
ACT 기반 프로토콜의 효과  291

ACT 세션  301
ACT 커플치료  246
ACT의 렌즈  69
ACT의 여섯 가지 핵심 과정  8

**ㄱ**
가치  4, 35, 98, 186
가치 명료화  8, 9
가치 일치도  332

가치 일치도 워크시트 128
가치기반 문제해결 186, 284
가치기반 행동 27, 93, 131
가치기반 행동 확인 108
가치를 상기 249
가치에 대한 명확한 인식 245
가치와 일치하는 특정한 행동 93
가트맨 방법 커플치료 24
갈등 요소 확인 264
갈등의 원인 4
갈등을 선택 277
감각 186
감사 전략 196
감사일지 237
감정 96, 185, 186, 221
감정 노출 37, 171, 172, 182, 183, 193
감정 서술하기 204
감정 중심 커플치료 24
감정 회피 행동 27
감정과 욕구 탐색하기 282
개념화 7
개인 문제 목록 292
거리 두기 과정 159
건강한 관계 7, 9
건강한 기능 7
결과 96, 187
결과 대 위협 218

결함/수치심 197, 295
결함/수치심 스키마 46, 65, 324
경계 설정하기 216
경험 설문지 291
경험을 수용 4
경험적 회피 61, 69
고통 271
공감 220
공감적 듣기 341
공식적 173
과거의 상처와 분노에 대한 기억 154
관계 만족도 235, 291
관계 속에서 성장을 지원 8
관계 속에서의 가치 327
관계 평가 척도 RAS 291
관계가 악화된 원인 4
관계를 맺을 것인가 4
관계를 회복하기 8
관점 받아들이기 9, 255, 257
관점 받아들이기 알아차림 연습 261
관점을 받아들이는 기술 256
관찰 152, 187
구체적인 방법 236
규칙 만들기 156
긍정적인 자질 236
기술 관찰하기 203

ㄴ

나쁜 결과를 초래하는 행동을 반복 4
나아갈 것 281
내용으로서의 자기 36
내적 경험을 통제 9
논의 220
능동적인 듣기 199

ㄷ

다리를 제공 193
다시 떠오르는 회피 283
달래기 201, 342
대응하기 203
대인관계 경험 기록표 180
대인관계 문제 7
대처 행동 9
대처 행동으로 전환되는 순간을 파악 285
대처 행동이 촉발될 것으로 예측 274
더블링 253
독심술 쓰기 202, 343
동일시하기 201, 343
듣기 220
듣기 및 인정하기 199

ㅁ

마음챙김 4, 27, 37, 171, 173
마음챙김 연습 173
마음챙김 훈련 260
매달리기/거리 두기 패턴 73
맥락으로서의 자기 8, 36, 85
맥락의 관계 8
명확 186
모델링 253
목표 95
묘사 184
무력감 136
문제해결 기술 195
문제해결방법 소개하기 285
문제해결하기 200, 342


ㅂ

바꾸어 표현하기 202
박탈감 136
반복적인 패턴 4
버림받음/불안정 196, 294
버림받음/불안정 스키마 45, 65,
    323
부부들의 호소 3
부부관계 향상 7
부부관계 향상을 위한 수용전념
    치료 8
부정적인 역동성 9

부족한 것 97
불신/학대 196, 294
불신/학대 스키마 26, 45, 65, 324
브레인스토밍 246, 249
비공식적 173
비열한 전술 220
비폭력 대화 211
비폭력 대화 기술 273
비폭력적 의사소통 137


ㅅ

사회적 고립/소외 197, 296
사회적 고립/소외 스키마 47, 65,
    324
삶의 가치 3
상태 의존적 학습 182
상호작용 8
상황 221
생각 96, 185
생각 내려놓기 163
생각 알아차리기 152
생각과 거리 두기 159
생각에 이름표 붙이기 157
생각일지 42, 321
생리적 각성 136
선택 95
선택의 순간 277
선택의 순간 인식 132

선택의 순간을 상기 274
설명 185
설명하기 200, 341
성격 차이 3
성급하게 결론 내리기 153
성찰적 경청 137
세션 중 발생하는 장애물 139
소속감 8
수용 8, 9, 37
수용 및 행동 설문지 292
수용전념치료 4, 7, 33
수정하기 201, 342
수치심 136
스키마 4, 24, 29, 40
스키마 공식 8, 26
스키마 공식의 유용성 8
스키마 공식 작업 8
스키마 대처 행동 66, 69, 326
스키마 대처 행동 결과 기록표 78
스키마 영향 193
스키마 작업 7
스키마 촉발 요인 기록표 78
스키마 치료 4
스키마 활성화 방지 8
스키마 회피 전략 29
스키마를 규제 9
스키마에 대한 대표적인 촉발 요
    인 65

스키마에서 비롯된 고통  29
스키마와 스키마 대처 행동이
  촉발  275
습득  173
시작  277
신체 감각  184
신혼 시기  237
실제 경험이 왜곡  8
실패  198, 297
실패 스키마  47, 66, 324
심리 교육  69
심리적 유연성  7
심리적 · 행동적 유연성  7
심문하기  200, 342

ㅇ
아동기에 필요한 여섯 가지 기본
  적인 정서  61
안전감  62
알아차리기 어려운 기대와 욕구
  3
알아차림  8
애착 손상  24
엄격한 기준  198, 298
엄격한 기준 스키마  48, 66, 324
역기능 패턴  8
역기능적 경험의 결과  319
역할 바꾸기  252, 263, 264

역할극 다시 하기  264
역할극 토론  264
연결성  8
열 가지 스키마  322
영화에 비유하기  262
예측  153, 275
오래된 회피 전략  274
완전한 메시지  221
외로움  136
요구  215
요청  213, 215
욕구  96
욕구 표현하기  204
욕구를 인식  271
욕구와 가치  221
우울증  8
원하는 것  96, 222
위로하기  200, 341
윈-루즈 협상  211
윈-윈 협상  211
유대감  62
유발  283
유연성  220
의사소통 기술  195
의존  197, 296
의존 스키마  47, 65, 324
의지  186
이름표  185

이마고 관계치료  24
이상적인 결과  222
인생의 덫  4
인정하기  203
인지적 · 정서적 과정  7
인지적 융합  145
인지적 장애물  145
인지적 탈융합  4, 36, 146
인지행동 커플치료  24
일주일 동안 가치 모니터링하기
  123
일차적 고통  69

ㅈ
자기관리 해결책  247
자기주장 지침  204
자기표현  62
자기희생 스키마  26
자기희생/복종  198, 298
자기희생/복종 스키마  48, 66, 324
자동조종 행동  177
자신만의 규칙이나 가치  4
자신의 개별 가치 목록  98
자아존중감  62
자율성  62
장애물  193
적극적으로 요청하기  213
전념 행동  8, 9, 35

전략 256

전통적인 문제해결 계획서 245

점수 299

정서적 박탈 197, 295

정서적 박탈 스키마 8, 46, 65, 324

정서적 욕구 8

정서적·인지적 패턴 7

주요 사건에 연결 257

주요 스키마 4

주제에서 벗어나기 201, 342

직접적인 접촉을 유지 281


ㅊ

차이점에 감사 236

창조적 절망감 72, 82

책임 285

초기 아동기 61

촉발 184

촉발 요인 257, 323

촉발 요인 기록표 325

충돌 97, 185

치료 단계 37


ㅋ

커플 스키마 설문지 42, 52

커플 스키마의 특성 320

커플관계 3

커플의 스키마 해석 299

ㅌ

타임아웃 228

타임아웃 지침 230, 345

탈융합 8, 9, 34, 145

탐색 220

특권의식 스키마 26

특권의식/과장 198, 297

특권의식/과장 스키마 48, 66, 324

특정 갈등 및 촉발 요인 검토 275

특정 갈등 및 촉발 요인을 검토 273

특정 장애물을 예상 137

티치너의 반복 161


ㅍ

파트너가 없는 삶을 상상 236

판단 154

판단하기 201, 343


ㅎ

학습 패턴을 인식 8

함양 173, 284

해결책 도출 253

해결책 제안 220

핵심 가치 기억하기 282

핵심 가치를 상기 277

핵심 과정 287

핵심 신념 136

행동 274

행동 단계 8

행동을 지속하기 위한 방법 4

행동의 변화를 촉진 3

행동 패턴 8

현실적 한계 62

현재 순간 8

현재 순간과의 접촉 36

현존 8

협력 220

협상하기 219, 251

확인 184, 186, 220, 285

확인하기 203

회피 감정을 경험 193

회피 다루기 250

회피 행동 281

회피 행동을 반복 8

회피 행동을 예측 8

회피와 항복의 스키마 대처 행동 283

회피적 대처 행동 37

효과적인 협상 219

효율성 82

효율성을 탐색 72

## 저자 소개

### Avigail Lev 박사
미국 캘리포니아주 샌프란시스코에 있는 심리치료사이자 집행위원

대인관계 문제, 불안, 외상 및 기분장애로 고생하는 커플치료 및 개인치료 전문가

관계를 강화하기 위한 수용·전념치료(ACT)와 스키마치료법 통합 전문가

저서 『대인관계 문제를 위한 수용·전념치료(Acceptance and Commitment Therapy for Interpersonal Problems)』『The Interpersonal Problems Workbook』 외 다수


### Matthew Mckay 박사
미국 캘리포니아주 버클리에 있는 Wright Institute의 교수

불안과 우울증에 대한 인지적 행동치료 전문가

저서 『Relaxation and Stress Reduction Workbook』『Self-Esteem』
『Thoughts and Feelings』『When Anger Hurts』『ACT on Life on Anger』 외 다수


### 서문을 쓴 Robyn D. Walser 박사
PTSD 국립센터 외상 및 상담서비스 보급 연수 부서(National PTSD Dissemination and Training Division)의 부국장, 임상심리사

미국 캘리포니아 대학교 버클리 캠퍼스의 심리학과 임상교수

저서 『Learning ACT』『The Mindful Couple』『Acceptance and Commitment Therapy for the Treatment of Post-Traumatic Stress Disorder and Trauma-Related Problems』 외 다수

## 역자 소개

**천성문**(Cheon, Seong-moon)

현 부경대학교 평생교육상담학과 교수(상담심리학 박사)

전 (사)한국상담학회 학회장

　　미국 스탠퍼드 대학교 연구 및 방문교수

　　서울대학교 객원교수

저서 상담사례 이해와 슈퍼비전(공저, 학지사, 2019) 외 다수

논문 단기 부부상담 모형의 개발과 적용(공동, 재활심리연구, 2018) 외 다수


**조용재**(Cho, Yong-jae)

현 부경대학교 교육대학원 외래교수(상담심리학 박사)

　　부산가정법원 가정보호사건 전문가

　　휴샵심리연구소 소장

전 경성대학교 외래교수

　　한국교육치료연구소 선임연구원

저서 명상, 내 마음을 챙기다(도서출판 문장21, 2017)

논문 중년기 건강한 부부관계 증진을 위한 자애명상 프로그램 개발과 효과(공동,
　　교육치료연구, 2015) 외 다수


**김정화**(Kim, Jeong-hwa)

현 한국교육치료연구소 선임연구원

　　한국심신치유학회 이사

　　명상지도자, 심리상담가, 스트레스 관리 전문가

　　서울불교대학원대학교 심신치유교육학 박사 수료

# 부부관계 향상을 위한 수용전념치료
## Acceptance and Commitment Therapy for Couples

2020년 1월  5일 1판 1쇄 인쇄
2020년 1월 10일 1판 1쇄 발행

지은이 • Avigail Lev · Matthew McKay
옮긴이 • 천성문 · 조용재 · 김정화
펴낸이 • 김진환
펴낸곳 • (주)학지사
　　　　　 04031 서울특별시 마포구 양화로 15길 20 마인드월드빌딩
대표전화 • 02-330-5114    팩스 • 02-324-2345
등록번호 • 제313-2006-000265호

홈페이지 • http://www.hakjisa.co.kr
페이스북 • https://www.facebook.com/hakjisa

ISBN 978-89-997-1978-3  93180

정가 20,000원

이 도서의 국립중앙도서관 출판시도서목록(CIP)은 서지정보유통지
원시스템 홈페이지(http://seoji.nl.go.kr)와 국가자료공동목록시스템
(http://www.nl.go.kr/kolisnet)에서 이용하실 수 있습니다.
(CIP 제어번호: CIP2019044801)

출판 · 교육 · 미디어기업 학지사

간호보건의학출판 학지사메디컬 www.hakjisamd.co.kr
심리검사연구소 인싸이트 www.inpsyt.co.kr
학술논문서비스 뉴논문 www.newnonmun.com
원격교육연수원 카운피아 www.counpia.com